古代歷史文化研究輯刊

三十編

王明蓀 主編

第 3 冊

宋元之際呂氏家族研究

喬東山 著

國家圖書館出版品預行編目資料

宋元之際呂氏家族研究／喬東山 著 -- 初版 -- 新北市：花木
蘭文化事業有限公司，2023〔民 112〕
目 2+196 面；19×26 公分
（古代歷史文化研究輯刊 三十編；第 3 冊）
ISBN 978-626-344-408-9（精裝）
1.CST：呂氏 2.CST：家族史 3.CST：宋遼金元史
4.CST：研究考訂
618   112010431

ISBN-978-626-344-408-9

9 786263 444089

古代歷史文化研究輯刊
三十編　第三冊　　　　　　　ISBN：978-626-344-408-9

宋元之際呂氏家族研究

作　　者　喬東山
主　　編　王明蓀
總 編 輯　杜潔祥
副總編輯　楊嘉樂
編輯主任　許郁翎
編　　輯　張雅淋、潘玟靜　美術編輯　陳逸婷
出　　版　花木蘭文化事業有限公司
發 行 人　高小娟
聯絡地址　235 新北市中和區中安街七二號十三樓
　　　　　　電話：02-2923-1455／傳真：02-2923-1452
網　　址　http://www.huamulan.tw 信箱 service@huamulans.com
印　　刷　普羅文化出版廣告事業
初　　版　2023 年 9 月
定　　價　三十編 15 冊（精裝）新台幣 42,000 元　　版權所有・請勿翻印

宋元之際呂氏家族研究

喬東山　著

作者簡介

喬東山，男，1986 年生，河北石家莊人，歷史學博士，主要研究宋遼金元史，現為河北政法職業學院思政部副教授。在《浙江學刊》《元史及民族與邊疆研究集刊》《中國社會歷史評論》《宋史研究論叢》《人文中國學報》《中國中古史研究》《歷史文化研究》等海內外刊物發表論文近二十篇。著有《牧野典故》（中國社會科學出版社 2021 年）等書。

提　　要

　　呂氏家族是宋元之際權勢顯赫的大族。這個大族的開創者是呂文德。除呂文德外，家族主要成員還有呂文德弟呂文煥、呂文信，從弟呂文福，呂文德子呂師夔、呂師望、呂師說、呂師龍，呂文德侄呂師孟、呂師張，呂文德女婿范文虎等。這個家族的歷史可以降元為界分為前後兩個時期。前一時期，該家族長期帶兵與蒙元作戰，立下赫赫戰功，為保衛南宋做出了重要貢獻。通過建立軍功，家族中多人擔任軍政要職，掌握了很大權力。而且，呂氏家族與一些有才幹的文人關係較好，並一度得到權相賈似道的大力支持，由此成為宋末首屈一指的武將家族，興盛一時。但與此同時，該家族一些成員的貪污腐敗、畏敵怯戰、嫉賢妒能等行為也給南宋帶來了巨大危害。可以說前一時期的呂氏家族既是南宋的保衛者，又是南宋的掘墓人，對國家起著雙重作用。

　　1273 年，守衛襄陽的呂文煥降元。緊接著，在元朝平宋戰爭中，呂師夔、呂文福、范文虎、呂師孟等紛紛投降。這標誌著呂氏家族為自己和家族的利益背棄了南宋。從此，該家族進入後一時期。呂氏家族投降後，積極為元朝滅宋服務，大大加速了南宋滅亡的進程。

　　平宋後，由於滅宋有功以及元朝需要故宋官員治理南方，所以呂氏家族依然受到重用。但他們因降將的身份而受到欺侮、歧視和嘲諷。隨著主要成員在元成宗大德年間去世，家族開始走向衰落。到元後期，由於子孫不肖和元朝壓制南人的政策，這個家族淪落傾謝，成為普通家族。一個曾經顯赫的大族無聲地消失於歷史舞臺。

目

次

緒　論

一、選題緣起

　　歷史是一條長河。它有時波瀾不驚，緩緩流淌；有時狂濤萬丈，奔湧向前。中國歷史上的朝代鼎革無疑屬於後一種情形。這種情形相較於前一種，因氣勢磅礴、景觀壯麗而更吸引人們的目光。而本文矚目的宋元之際，則更是少有的歷史大變動時期。這一時期，蒙古為滅亡南宋不遺餘力，南宋為立國保種傾其所有。雙方你來我往，鬥智鬥勇，上演了一幕幕精彩紛呈、驚心動魄的歷史活劇。

　　在抗蒙鬥爭中，南宋方面形成了以呂文德、呂文煥為首的武將家族。該家族成員本出身寒微，通過參加宋軍，對蒙作戰，累立邊功，至於顯宦。南宋能長期抵抗住蒙古的進攻，呂氏家族出力甚多，以致南宋朝廷倚之為長城。通過建立軍功和交結權相，呂氏家族成為宋末最有權勢的大族。襄樊之戰後，該家族多人投降元朝，並幫助元朝平定南宋。南宋在襄樊之戰後速亡，與呂氏家族的反戈有密切聯繫。由此可見，研究該家族，對於進一步認識宋元戰爭和宋末政局，具有重要意義。

　　呂氏家族崛起於晚宋，鼎盛於宋度宗時期，衰落於元中後期，發展歷程跨越宋元兩朝。該家族的興衰與時代環境密切相關。動態考察該家族的興衰，對於深入認識宋元之間的社會變遷，把因斷代研究而導致的朝代間的斷裂連接起來，〔註1〕具有重大意義。

〔註1〕黃寬重指出：「中國學者在研究或講授中國歷史時，長期習慣於關注以王朝興替為主的斷代史。這樣的觀察方式，與重視王朝的政治發展的性質有密切關

另外，宋元戰爭時期，南宋大批將領投降了元朝，他們作為一個特殊的群體，有著怎樣的生存狀態和心理狀態？在當時社會中扮演著什麼樣的角色？這些也可以通過研究呂氏家族而予以一定程度的揭示。

綜上所述，呂氏家族是一個對全局具有「牽動」作用的、有較強學術輻射力的議題。故而，本文雖是以呂氏家族為對象的個案研究，但研究意義實已超出家族研究本身。

二、研究史回顧

迄今為止，專門研究呂氏家族（包括家族成員）的論著並不充分。首先值得一提的是屈超立的《論呂文德及呂氏軍事集團》〔註2〕。該文首先對呂氏大族開創者呂文德的抗蒙事蹟做了簡述，並給予了評價，然後對呂氏軍事集團形成的原因和對南宋的影響做了分析。其二是劉迎勝著《二十五史新編‧元史》〔註3〕。該書以紀事、傳記、志、表的體例對元史做了敘述。其中傳記中有范文虎傳，主要敘述范文虎參與第二次征日活動，對其他活動較少涉及。其三是方震華的「Military families and the Southern Song court-the Lü case」〔註4〕。文章首先敘述了宋代「將門出將」的現象，分析了產生這種現象的原因，然後論述了呂文德的崛起和軍事活動，探討了呂文德與文人的關係，最後論述了呂氏家族與襄樊戰役及他們的降元。其四是王茂華的《南宋晚期武將的境遇——圍繞呂文德及呂家軍的分析》〔註5〕。文章對呂文德及其部將做了簡要的介紹，並對呂文德與南宋其他大臣的關係做了分析。作者最後指出，呂家軍憑藉宋蒙戰亂，在血緣、地緣甚至利益認同等因素下形成層層

係。因此，對斷代內的各種問題或現象，都作了精細或廣泛的探討；反之對朝代與朝代間的銜接、轉變，或是對長時期歷史的延續與變化的問題，則疏於關照。如此一來，一部中國通史或各式各樣專題歷史，都出現斷裂的現象，對其中跨越朝代之間變邊與延續的實情，都因缺乏研究而無法提出合理的解釋與說明。」見氏著《唐宋基層武力與基層社會的轉變——以弓手為中心的觀察》，《歷史研究》2004年第1期。近些年學界加強了跨朝代的研究，但黃氏指出的問題依然存在。

〔註2〕屈超立：《論呂文德及呂氏軍事集團》，胡昭曦、鄒重華主編：《宋蒙（元）關係研究》，四川大學出版社，1989年。
〔註3〕上海古籍出版社，1997年。
〔註4〕Cheng-Hua Fang: "Military Families and the Southern Song Court-The Lü Case", Journal of Sung-Yuan Studies 33（2003）.
〔註5〕（韓）《人文學研究》2007年第12期。

相扣的綿密的派系網路。整個派系動員力量使當權者不得不對其倚重。初期，賈似道與呂家軍關係密切，後來由於利益的原因二者發生了矛盾。後在宋元戰爭中，呂家軍全軍覆滅，呂氏將領紛紛投降元朝。呂氏的投降，給南宋戰局帶來了不利影響。文章對呂文德做了較全面的分析，特別是論述了呂文德與南宋其他文武大臣的關係。把呂文德放在社會網絡中加以考察，有利於全面認識此人。這是以往研究所未注意到的。文章副題雖是《圍繞呂文德及呂家軍的分析》，但主要論述呂文德，對呂家軍論述稍顯不足。董濤的碩士論文《宋元之際水軍將領范文虎的事蹟與相關問題探析》〔註6〕。文章論述了范文虎抗蒙的活動、投降的動機、助元滅宋的情況和平宋後在元朝的作為。作者認為，范文虎是一位沒有軍事才能，又貪圖名利的人物。總體來看，這是一篇較充實的碩士論文。付鵬、王茂華《仕元的宋呂氏集團考析》〔註7〕是前揭王茂華一文的延續。主要考證了呂氏集團降元者、呂氏集團投降時的政治生態環境、投降後的仕宦與活動，分析了古人對呂氏集團降元的道德批判。以往研究多關注呂氏集團在南宋的情況，本文重點考察他們在元朝的處境，一定程度上彌補了以往研究的不足。但何謂呂氏集團，文章列舉的一些人是否屬於呂氏集團，似可進一步探究。申萬里的《宋元之際的呂文煥及其家族》〔註8〕主要敘述了呂文煥及其家族在元朝的仕宦、社會經營、家族發展歷程以及元明期間呂文煥形象的演變過程。文章挖掘了以前人們沒有注意的一些呂氏家族成員和他們的事蹟，豐富了人們對呂氏家族的認識。申先生的另一篇文章《宋元之際的呂師孟及其家族初探》〔註9〕認為呂師孟作為南宋議和代表在與元朝談判過程中表現出忠於南宋的臣節，受到此後社會輿論的肯定。進入元朝，呂師孟隱居吳下，過著悠閒富裕的隱士生活。他去世後，其子孫的仕宦比較成功，社會地位比較穩定。在明清學者的語境裏，呂師孟成為忠義之士。呂師孟家族在元朝的成功，與他保持臣節、拒絕投降元朝的人生經歷有關。前人對呂氏家族的研究，多集中於呂文德、呂文煥等，本文注意到呂師孟及其家族，顯示出作者獨到的學術眼光。文章描繪的呂師孟的歷史形象，是構建在與呂氏家族有密切交往的方回、朱德潤撰寫的材料之上的。

〔註6〕四川師範大學碩士學位論文，2008年。
〔註7〕（韓）《中國史研究》第88輯。
〔註8〕「元代多元文化與社會生活」學術研討會，2014年。
〔註9〕《南開學報（哲學社會科學版）》2016年第2期。

方回、朱德潤記載的真實性值得懷疑，因而呂師孟是否忠義之士，值得進一步探討。

此外，學界的一些研究成果涉及呂氏家族，對本文有參考價值。下面分宋元關係、宋末元初政治軍事、相關人物、考古資料和研究等四個方面分別加以介紹。

第一，宋元關係。呂氏家族是在宋元戰爭中形成、發展起來的，他們參與了許多宋元之間的戰鬥，因此，宋元關係的著作都或多或少提到呂氏家族，閱讀這些論著，不僅有利於筆者瞭解他們的軍事活動，為筆者提供史料線索，而且有助於筆者將呂氏家族的活動置於宋元關係的大背景下加以考察。陳世松致力於四川地區的宋蒙戰爭，合著或獨著《宋元之際的瀘州》〔註10〕、《蒙古定蜀史稿》〔註11〕等書。前者敘述了瀘州的沿革、地理位置、宋元在瀘州的戰事、元朝統治下瀘州的情況等。後者集中敘述了十三世紀二十至七十年代蒙古軍攻佔南宋四川的歷史過程，探討了形成元代四川歷史的前半部分的特點。自 20 世紀八十年代後期以來，宋元戰爭成為海峽兩岸學界關注的熱點之一。1988 年 3 月，李天鳴出版了《宋元戰史》〔註12〕。這是較早的，也是迄今為止部頭最大的研究宋元戰爭的著作。該書分四冊，前三冊敘述戰爭過程，第四冊是地圖。書中多處提到呂氏家族抗元和助元滅宋的活動，對筆者幫助很大。但此書的價值在於，詳細敘述了宋元戰爭的全過程，並對南宋的軍隊和政府組織，蒙元的軍隊，雙方使用的武器、裝備及戰法，戰爭勝敗的原因做了探討。該書敘述之詳盡，如蕭啟慶所說：「在史實的層次，未來研究宋元戰爭史者當不能超出本書的範圍。」〔註13〕由於該書過於詳細，導致敘事繁瑣，不利於從宏觀把握戰爭進程。同年 11 月出版的《宋元戰爭史》〔註14〕與李著相反，全書只有 32.6 萬字，在史實層面自然無法與李著相比，但該書敘事簡明，論斷明快，有利於把握戰爭進程，因此，是書可與李著配合閱讀。1989 年，胡昭曦、鄒重華主編的《宋蒙（元）關係研究》〔註15〕出

〔註10〕陳世松、喻亨仁、趙永康編著：《宋元之際的瀘州》，重慶出版社，1985 年。

〔註11〕陳世松：《蒙古定蜀史稿》，四川省社會科學院出版社，1985 年。

〔註12〕食貨出版社，1988 年。

〔註13〕蕭啟慶：《宋元戰史研究的新豐收——評介海峽兩岸的三部新著》，（日）《中國史學》1991 年第 1 卷。

〔註14〕陳世松、匡裕徹、朱清澤、李鵬貴：《宋元戰爭史》，四川省社會科學院出版社，1988 年。

〔註15〕四川大學出版社，1989 年。

版。該書是研究宋元關係的論文集，收入論文 16 篇。從宋元戰爭區域戰場、
重要戰役、相關人物等方面對宋元關係做了探析。由於出於不同學者之手，
文章水平參差不齊，但總體來看，水平較高。之後，胡昭曦又主編了《宋蒙
（元）關係史》〔註16〕。該書將宋元關係分為七個階段加以詳細論述，揭示
了宋元關係的特點和規律。該書是研究宋元關係的重要著作。顧宏義的《天
平：十三世紀宋蒙（元）和戰實錄》〔註17〕對宋元和戰情況作了敘述，該書
是一本通俗讀物，重在向社會普及相關歷史知識。除上述諸書外，還有一些
軍事史著作涉及宋元戰爭。《中國元代軍事史》〔註18〕對蒙元的軍事活動、
軍事制度、軍事思想和兵器等方面做了論述，但比較簡略。《中國歷代戰爭
史》第 13 冊〔註19〕有兩章敘述了宋元戰爭。本書先是交代戰前形勢，然後
描述戰爭過程，最後敘述戰後局勢，並有申論，總結經驗教訓。《蒙古族古代
戰爭史》《中國軍事通史》第 14 卷《元代軍事史》《忽必烈的帝國》《蒙古族
古代軍事史》《蒙元王朝征戰錄》〔註20〕都有對宋元戰爭的敘述，其中以《蒙
古族古代軍事史》最為詳細，不僅對戰爭過程予以介紹，還有對戰前形勢的
敘述和戰後的小結和分析，有利於全面把握戰爭情況。

　　以上是相關著作，還有一些論文。襄樊戰役是關係南宋命運的重要戰役，
呂氏家族的呂文煥是此役南宋方面的主將，因此參考研究此役的論文對研究
呂文煥很有必要。《南宋抗蒙的襄樊保衛戰》〔註21〕全面敘述了戰役過程，並
闡述了雙方勝敗的原因、戰役的意義。《淺析宋元襄樊戰役勝敗的原因》〔註22〕
從戰爭性質、雙方戰略部署、雙方攻守的具體措置、蒙古水軍實力的增強等方
面分析了元勝宋敗的原因。黃寬重《宋元襄樊之戰》〔註23〕對襄樊的重要性、
南宋對襄樊的經營、戰鬥的過程都有詳細的敘述，而且分析了雙方勝敗的原

〔註16〕四川大學出版社，1992 年。
〔註17〕上海書店出版社，2007 年。
〔註18〕吳秀永、牛頌、向平：《中國元代軍事史》，人民出版社，1994 年。
〔註19〕臺灣三軍大學編：《中國歷代戰爭史》第 13 冊，軍事譯文出版社，1983 年。
〔註20〕羅旺扎布、德山、胡泊等：《蒙古族古代戰爭史》，民族出版社，1992 年；史
　　　　衛民：《中國軍事通史》第 14 卷《元代軍事史》，軍事科學出版社，1998 年；
　　　　郝家林：《忽必烈的帝國》，北京圖書館出版社，2000 年；胡泊主編：《蒙古族
　　　　古代軍事史》，遼寧民族出版社，2004 年；陳西進編著：《蒙元王朝征戰錄》，
　　　　崑崙出版社，2007 年。
〔註21〕周寶珠：《南宋抗蒙的襄樊保衛戰》，《史學月刊》1982 年第 6 期。
〔註22〕匡裕徹：《淺析宋元襄樊戰役勝敗的原因》，《歷史教學》1984 年第 4 期。
〔註23〕黃寬重：《宋元襄樊之戰》，《南宋史研究集》，新文豐出版公司，1985 年。

因，最後對呂文煥的降元做了評論。《十三世紀中葉蒙元與南宋在襄樊的軍事鬥爭研究》〔註24〕對從窩闊台汗到忽必烈汗時期蒙元對襄樊的經略做了論述，釐清了一些史實。方震華《賈似道與襄樊之戰》〔註25〕一文指出賈似道未能體察到元軍戰略戰術的演變，重視自己地位的維持更甚於襄樊的得失。自己不願親臨前線，又不信任將帥；本身無奇計良策，又不能廣納群言。在此情況下，南宋軍隊在襄樊的表現是將帥庸弱又不互相合作，墨守陳舊戰法，故屢戰屢敗。襄樊之戰後，賈似道又沒有積極改善邊防。所以，賈似道對襄樊失守負有重要責任。但作者同時指出，南宋政治、財政等問題嚴重，在當時情況下又不可能進行徹底改革，所以不能將戰敗責任完全歸於賈似道，應注意環境對當政者的重重侷限。郭偉對宋蒙（元）釣魚城之戰與襄樊之戰從戰役性質、戰役結局、勝敗原因等方面做了比較研究，認為這兩次戰役都具有侵略性、明確性、野蠻性、掠奪性等共同特點。兩次戰役不同結局，一方面固然是由於蒙（元）統治者採取了正確的戰略和不斷增強自身的軍事實力，但另一方面更為關鍵的是由於南宋朝廷自身的腐敗。〔註26〕宋傑《蒙元滅宋之役中的襄陽》〔註27〕論述了襄陽重要的地理位置。指出忽必烈即位後以襄陽為主攻方向，元軍對襄陽築圍立壘、封鎖交通，聚重兵於襄樊，又分偏師牽制，大造戰船、典練水軍，斷浮橋以絕襄、樊城之聯絡，並使用重炮擊城。南宋政治腐敗，財政衰竭，在防禦指揮上亦犯有嚴重錯誤，致使襄陽守軍浴血抗戰數年，最終仍遭失敗，蒙古軍由此打開了進軍江南、滅亡宋朝的大門。熊燕軍從南宋援襄諸軍的構成分析了襄樊戰役失敗的原因，認為襄樊戰役爆發前夕，蒙古人調整滅宋戰略，將進攻重點由川蜀地區轉移到荊襄地區。遺憾的是，南宋對這一調整卻毫不知情，仍然延續傳統，將長江上游作為防禦重點。這種戰略上的錯位，一方面使得南宋無法真正重視襄陽的防禦地位；另一方面也導致襄陽被圍期間，在京湖尚存大量軍馬的情況下，南宋卻捨近求遠，從兩淮大量抽調軍馬援襄，從而落下「援襄不力」的指責，並最終導致襄陽的陷落。〔註28〕盧偉山概述了襄陽之

〔註24〕 吳彥勤：《十三世紀中葉蒙元與南宋在襄樊的軍事鬥爭研究》，雲南師範大學碩士學位論文，2000年。

〔註25〕 宋史座談會主編：《宋史研究集》第34輯，蘭臺出版社，2004年。

〔註26〕 郭偉：《宋蒙（元）釣魚城之戰與襄樊之戰比較研究》，《重慶科技學院學報（社會科學版）》2010年第9期。

〔註27〕 《國學學刊》2012年第1期。

〔註28〕 熊燕軍：《戰略錯位與宋蒙（元）襄樊之戰——從南宋援襄諸軍的構成談起》，姜錫東主編：《宋史研究論叢》第14輯，河北大學出版社，2013年。

戰的始末，指出該戰是蒙宋戰爭中最關鍵之役。〔註29〕趙炎研究了宋蒙襄陽貿易暗戰，指出蒙古打著進行邊境貿易的幌子，在建立榷場之時乘機建築了堡寨，為日後圍困襄陽奠定了基礎。〔註30〕劉觀林、張寶行敘述了襄樊戰役始末，簡單分析了元勝宋敗的原因。〔註31〕鄧京的碩士論文《南宋國防中的荊襄地區》〔註32〕第三章第五節「『常山蛇陣』之斷裂──襄樊淪陷」論述了元朝攻取襄樊的情況並分析了襄樊淪陷對南宋的致命影響。周曲洋研究了南宋荊湖地區軍事補給體制的構建和運作，同時從軍事補給體制的角度指出了南宋襄樊戰役失敗的原因，認為理宗嘉熙年間將茶利收歸中央，重創了荊湖地區的商業和補給體制，為襄樊戰役的失敗埋下了惡因。〔註33〕杜雁華的碩士論文《1267～1273 年元朝經略襄陽研究》〔註34〕從蒙元經略襄陽的歷史背景、忽必烈經略襄陽和參加戰役的蒙元將領等三個方面論述了 1267～1273 年元朝對襄陽的經略。認為歷史趨勢、統治者、指揮者及其對時局的相機布置等因素，使得元朝最終佔領襄陽。王寶森的碩士論文《晚宋軍事情報與宋蒙（元）戰爭關係研究》〔註35〕第四章「從襄樊戰役看南宋對蒙（元）軍事情報的失誤」從軍事情報的角度研究了南宋襄樊之戰失利的原因，指出襄樊戰役中宋朝對蒙（元）的情報多有失誤，戰法上未能及時偵知蒙（元）最新戰法，作出訓練應對，以致戰役中救援不及，在蒙（元）招降及強大的軍事壓力下，呂文煥獻城投降。呂氏投降後利用自身影響，造成沿江上下呂氏舊部紛紛歸附，這些降將不僅直接納城獻池，還提供對宋朝軍隊、城池駐守的軍事情報，致使不數年之後，宋朝滅亡。曾祥波《宋末襄樊圍城陷落的一個內部原因》〔註36〕認為李曾伯與賈似道對襄樊戰略地位認識的分歧以及由此帶來的矛盾糾葛，是襄樊被圍陷落、京湖戰區覆滅的內部原因之一。白立超《蒙宋襄樊之戰》〔註37〕敘述了雙方交戰的過程，分析了該戰的影響。除襄樊戰役外，還有一些其他論文與

〔註29〕盧偉山：《襄陽之戰──蒙宋最關鍵之役》，《國家人文歷史》2013 年第 4 期。

〔註30〕趙炎：《襄陽城外的貿易暗戰》，《國企》2014 年第 1 期。

〔註31〕劉觀林、張寶行：《淺談宋元襄樊戰役之始末》，《學理論》2015 年第 29 期。

〔註32〕中國社會科學院研究生院碩士學位論文，2017 年。

〔註33〕周曲洋：《南宋荊湖地區軍事補給體制的構建與運作──兼論宋元襄樊之戰失利之原因》，《學術研究》2016 年第 3 期。

〔註34〕內蒙古大學碩士學位論文，2017 年。

〔註35〕河北大學碩士學位論文，2018 年。

〔註36〕曾祥波：《宋末襄樊圍城陷落的一個內部原因──以李曾伯、賈似道關於襄樊戰略地位的矛盾為起點》，《國學學刊》2020 年第 2 期。

〔註37〕《文史天地》2021 年第 10 期。

本研究有關。裴一璞《宋蒙涪州藺市之戰》〔註38〕分析了宋蒙參加此戰的兵力，戰鬥的過程，勝敗的原因和此戰的影響。羅美潔等也對藺市之戰做了研究，他們著重指出了此戰的世界影響和在中國軍事史上的地位。〔註39〕石堅軍《蒙古「斡腹之謀」與南宋西南邊防》〔註40〕對蒙古實施「斡腹之謀」，從側翼進攻南宋和南宋措置西南邊防的情況做了研究。黃健對發生於開慶年間的宋蒙鄂州之戰和鄂州議和做了研究，認為宋蒙雙方圍繞鄂州展開了長達三個月之久的激烈戰爭，由於戰爭形勢的變化，宋軍在各方有利的時機下成功阻擋了蒙古南侵的步伐，蒙古軍隊最終撤軍北返。並指出所謂的「鄂州和議」並不存在。在當時的情況之下，戰爭雙方尤其是蒙古方面為了盡早結束戰爭，在鄂州之役中雖然與宋方有過使者間的來往與聯繫，但宋蒙雙方並沒有簽訂相關的「和議條約」。〔註41〕霍達的碩士論文《南宋抗蒙（元）戰爭京湖戰區防禦研究》〔註42〕從京湖戰區的地形走勢、歷史沿革、將帥經略及重大戰役出發，分析宋蒙戰爭中京湖戰區的地位與意義。

第二，宋末元初政治軍事。關於南宋與蒙元戰爭的論著，前面已經介紹過了，本部分介紹研究南宋或蒙元單方面政治軍事的論著。方震華《晚宋邊防研究》〔註43〕除緒言和結論外，分四章對晚宋邊防做了研究。第二章「晚宋邊防布置」，第三章「邊防軍隊的組成與變化」，第四章「朝廷政爭與邊防」，第五章「武官權位的變化和影響」。作者指出，在蒙古的強大攻勢下，南宋修築城池和山水堡寨，以堅壁清野、水路赴援等戰術，發揮擅長守城和水戰的特長，來抵禦蒙軍。在制度上，設立了以制置使為主的制度，以加強軍政運行效率。招來北人，組建新軍，以彌補軍隊數量的不足。由於南宋政治腐敗、文武關係緊張、中央對制置使過分干預等，晚宋在邊防上的努力最終失敗。後方先生又撰有《晚宋政爭對邊防的影響》〔註44〕一文。他指出，晚宋政爭激烈，不同的政派對邊防和人事都有自己的堅持，因此，邊帥的任免與掌權的派別有很大關

〔註38〕 《長江文明》2011 年第 1 期。

〔註39〕 羅美潔、黃權生：《宋末川江涪陵藺市浮橋爭奪戰研究》，《長江師範學院學報》 2017 年第 2 期。

〔註40〕 四川大學博士學位論文，2008 年。

〔註41〕 黃健：《南宋末年京湖戰區的戰役與戰略——以開慶之役及鄂州議和為例》， 華中科技大學碩士學位論文，2015 年。

〔註42〕 哈爾濱師範大學碩士學位論文，2021 年。

〔註43〕 臺灣師範大學碩士學位論文，1992 年。

〔註44〕 《大陸雜誌》第 88 卷第 5 期。

係。與掌權派有良好關係成為邊帥長期任職的重要因素。邊帥為了保住自己的
職位，將大量財物用於給朝中當權派，從而影響了邊防建設。何忠禮《南宋史
稿》（政治軍事編）、《南宋政治史》、《南宋全史》（政治、軍事和民族關係卷）
〔註45〕對南宋的政治軍事情況進行了簡明的論述。粟品孝等《南宋軍事史》
〔註46〕對南宋的軍事領導體制、軍事技術、對金元的戰爭、兵變民變、軍事戰
略戰術、軍事著作和思想做了全面的研究。呂氏家族的范文虎參與了元朝第二
次侵日戰爭，所以參考相關論著也有必要。陳有和《忽必烈侵日的原因及其歷
史影響》〔註47〕指出忽必烈侵日主要動機是他的貪婪和成為世界上唯一君主
的野心，日本政府屢次怠慢、殺害元朝使臣的做法催促了戰爭的早日到來。作
者同時指出，元朝的侵日戰爭影響深遠，戰爭使元朝江南地區人民生活困苦，
為了生存，人民被迫起義，造成元朝在這一地區統治不穩；元朝為侵日對高麗
大肆索取，給當地人民帶來巨大痛苦；戰爭導致了鐮倉幕府的衰敗及為害元末
以及整個明代的倭患。文章也強調，戰爭期間兩國貿易仍在繼續，戰後雙方經
濟文化交流頻繁，被俘的元朝士兵在日本為傳播科技文化做出了貢獻。李迺廣
《十三世紀末蒙元征日事件考議》〔註48〕考述了元朝侵日的原因和結果，並對
戰後元日關係做了考察，指出戰後元日民間往來頻繁。毛瑞明《忽必烈的伐日
及其失敗》〔註49〕認為忽必烈為在外部世界面前確立起霸主地位，發動了征日
戰爭。文章對戰爭的經過做了詳細敘述，最後指出元朝伐日失敗的原因是日本
的頑強抵抗，元朝將帥不和，人民群眾反對戰爭等。徐黎麗《元朝對日本的東
征及其失敗》〔註50〕一文首先敘述了元朝五次遣使日本，二次東征日本均遭失
敗的過程。然後分析了元朝失敗的原因：日本特殊的地理位置和海洋性氣候是
元朝慘敗的客觀因素；元朝軍隊作戰部署失當、人民存在厭戰心理、元朝對日
本東征的非正義性是元朝失敗的主觀因素。馬駿騏《試論元帝國對日本的征
伐》〔註51〕首先敘述了元日外交往來和戰爭的經過，然後指出元朝失敗是因為

〔註45〕何忠禮、徐吉軍：《南宋史稿》，杭州大學出版社，1999年；何忠禮：《南宋政
　　　　治史》，人民出版社，2008年；何忠禮：《南宋全史》（政治、軍事和民族關係
　　　　卷），上海古籍出版社，2011年。
〔註46〕上海古籍出版社，2008年。
〔註47〕南京大學歷史系元史研究室：《元史及北方民族史研究集刊》第9期，1985年。
〔註48〕《松遼學刊（社會科學版）》1985年第3期。
〔註49〕《贛南師範學院學報》1996年第1期。
〔註50〕《西北民族學院學報（哲學社會科學版）》1999年第1期。
〔註51〕《貴州文史叢刊》2000年第5期。

元軍不擅長海戰；將領內部矛盾重重；日本舉國上下，團結一致，保家衛國；中、朝兩國人民的反元鬥爭等。文章最後指出侵日戰爭對元、日都產生了重要影響。對元朝，征伐日本是蒙古對外征掠史的轉折點。昔日所向無敵的世界征服者，已輝煌不再。對日本，戰爭促進了北條氏統治的崩潰，武勇的重要性徹底代替了日本昔時那種詩文競雅，郊野尋春的高風。方駿《元初亞洲征伐戰爭的對外影響》〔註52〕論述了元世祖對亞洲戰爭的影響。在談到元朝對日戰爭時，首先敘述了兩次戰爭的經過，然後指出戰爭產生了巨大影響：元朝為征日不時對高麗索取，造成高麗「內外公私俱竭」；對日本造成了物質破壞；留在日本的元朝士兵傳播了漢文化；戰爭間接導致中下層武士的破產和沿海浪民海盜的出現和發展，從而使元朝和後來的明朝遭受日本倭寇之侵襲；戰爭期間雙方貿易受到一定影響，但仍在進行，戰後貿易繼續發展，出現繁榮景象。中島樂章、四日市康博《元朝的征日戰船與原南宋水軍──關於日本鷹島海底遺跡出土的南宋殿前司文字資料》〔註53〕結合 2002 年日本鷹島海底遺跡出土的噴漆木製品上的文字資料和相關史料，論述了南宋末年殿前司水軍和范文虎率水軍抗擊蒙古的情況。作者認為元朝第二次侵日戰爭的江南軍的戰船多數應為從南宋水軍接管而來的戰船，士兵多為南宋水軍。南宋戰船多數為內河船隻，吃水較淺，抗暴風雨能力較弱。即使沒有「神風」，普通的颱風便可使之遭受致命打擊。金子《日本海的「神風」──元朝東征日本始末》〔註54〕對元朝水軍發展狀況、兩次元日戰爭的經過以及元軍的征日戰船和武器裝備做了論述。作者指出元朝失利的主要原因是把內河水軍當成海軍來使用，加之原南宋投降士卒士氣低落，將領貪生怕死及颱風等因素，導致元軍失敗。《中日關係史》〔註55〕（第一卷）第三章第六節對元朝和日本的交涉、雙方備戰狀況、戰爭過程做了較詳細的敘述。黃飛《元朝忽必烈對日本的戰爭》〔註56〕首先分析了元朝侵日的原因，認為戰爭的根本原因與其奴隸制社會所殘留的意識形態有關，把對外戰爭看作是大汗應有的高尚事業，戰爭的直接原因是遣使無果，元朝皇帝忽必烈感到威嚴掃地，決定報復。然後作者簡要地敘述了戰爭的

〔註52〕南京大學民族研究所、暨南大學文化史籍研究所、香港教育學院社科系編：《元史及民族史研究集刊》第 14 輯，南方出版社，2001 年。

〔註53〕《海交史研究》2004 年第 1 期。

〔註54〕《艦載武器》2006 年第 11 期。

〔註55〕張聲振、郭洪茂：《中日關係史》（第一卷），社會科學文獻出版社，2006 年。

〔註56〕《河北理工大學學報（社會科學版）》2010 年第 5 期。

過程，接著分析了元朝失敗的原因，認為日本是島國，元軍勞師遠征，異地作戰，不熟悉當地的地形、氣候等。忽必烈以及元朝將領指揮不當，輕視日軍作戰能力。元朝作戰面過於龐大，牽制了元軍的作戰發揮。最後指出戰爭對元日的影響，對於日本而言，國內政治和經濟遭到重創；元朝兩次戰敗，使大元帝國在周邊國家的威信降低。高小岩、全美英《九州海底的馬鞭——從民族學角度對忽必烈征日戰爭失利的探析》〔註57〕以民族學的視角詮釋蒙元軍失敗的原因。文章從民族角度對軍心、作戰方式以及雙方最高執政者的個人因素一一分析，指出蒙元軍隊內部民族矛盾重重，自身優勢被極大遏制，以及忽必烈急於攻剋日本，存在準備不足的戰略失誤，軍事實力對比的優勢無法在短時間內轉化為決定戰爭勝負的優勢，而日本方面則逐漸佔據天時、地利、人和。但是，這場戰爭加劇了日本國內的矛盾，間接促成了幕府的倒臺，也使得終元一世，中日之間交往停止，對整個東亞的歷史發展都有影響。王金林《元朝忽必烈兩次東征日本及其失敗原因》〔註58〕詳細敘述了元朝兩次侵日戰爭的過程，分析了元朝失敗的原因。認為元朝未能知己知彼，內部矛盾重重，將帥戰術指揮失當，中朝民眾厭戰反戰強烈是失敗的主要原因。只誠的碩士論文《元朝東征日本研究》〔註59〕論述了元朝征日戰爭的原因、過程和影響。在談到戰爭影響時，文章指出，戰後日本形成了「神國思想」。這種思想成為後世日本對外侵略的根源，至二戰時發展至高峰。元朝的兩次侵日戰爭，對參戰各國的歷史、外交關係和民眾心理，產生了深遠的影響。

第三，相關人物研究。《伯顏與平宋戰爭》〔註60〕在考察伯顏率軍平宋的表現後，認為伯顏是一位優秀的統帥。段玉明《論夏貴》〔註61〕論述了夏貴的軍事活動，指出夏貴並非呂氏軍事集團的成員。衣川強《劉整的叛亂》〔註62〕全面考察了劉整叛亂的原因、過程、結果。作者認為劉整在蒙哥汗侵宋的涪州藺市之戰和白鹿磯之戰中都立有大功。由於賈似道、呂文德和俞興等的迫害，

〔註57〕《江淮論壇》2011 年第 6 期。

〔註58〕《東北亞學刊》2012 年第 5 期。

〔註59〕河北大學碩士學位論文，2014 年。

〔註60〕葉新民：《伯顏與平宋戰爭》，中國蒙古史學會編：《中國蒙古史學會論文選集》，內蒙古人民出版社，1980 年。

〔註61〕段玉明：《論夏貴》，劉道平主編：《釣魚城與南宋後期歷史——中國釣魚城暨南宋後期歷史國際學術討論會論文集》，重慶出版社，1991 年。

〔註62〕劉俊文主編：《日本中青年學者論中國史》（宋元明清卷），上海古籍出版社，1995 年。

劉整被迫降蒙。《宋理宗　宋度宗》《宋理宗研究》〔註63〕，對理宗朝的政治、軍事、思想情況做了全面敘述，而前者的敘述不限於理宗一朝，還延續至宋廷投降。《南宋末三帝》〔註64〕對南宋最後三個皇帝及當時政局做了論述。《從邊疆將帥群體探索南宋能長期抗蒙的原因——以孟珙為重點》〔註65〕從邊防將帥的抗戰信念，處理各種關係兩方面探討了晚宋能長期抗擊蒙軍的原因。文章認為大部分將帥抗戰信念堅定，能夠處理好各種關係，從而使南宋長期抵禦蒙軍。王茂華的碩士論文《試論宋蒙（元）戰爭中的南宋降將》〔註66〕對宋元戰爭中降元的南宋將領的投降動機、原因、蒙元統御降將的方式、降將在宋元戰爭中的作用、人們對降將的評價做了研究。她的另一篇文章《宋蒙（元）戰爭中的南宋降將考》〔註67〕對宋蒙（元）戰爭中的南宋降元將領做了考述，指出降將改變了雙方力量對比，加速了南宋的滅亡，降將的行為對盡早結束戰爭，重建國家機器，恢復生產創造了條件。她還在《南宋降將與宋蒙（元）戰爭進程》〔註68〕中指出了南宋降將在宋元戰爭中的巨大作用，他們的行為加速了戰爭進程。由於他們大多數貪婪無恥、兇狠殘暴，所以時人和後人給予他們貶多於褒的評價。但作者也指出，降將的行為使許多城池和平交接，減少了戰爭傷亡，有利於盡快結束戰爭。劉冬青、賈修蓮也對南宋降元將領做了研究。她們在《宋蒙（元）戰爭中的蒙方招降政策》〔註69〕一文中指出隨著蒙古戰爭觀的轉變，他們認識到降將對戰爭的巨大作用，所以積極招來降將。蒙古招降的策略主要是給降將以物質和精神上的厚遇，同時也解除降將所帶的軍隊。蒙元的降將政策運用得相當成功，降將在蒙宋戰爭中發揮了重要而獨特的作用。蒙元能迅速滅亡南宋，是與降將作用的充分發揮分不開的。寺地遵《賈似道的對蒙防衛構想》〔註70〕認為在蒙哥汗攻宋失敗後，賈似道逐漸形成了抗蒙構想。這個構想是以賈似道的「私客」李庭

〔註63〕 胡昭曦、蔡東洲：《宋理宗　宋度宗》，吉林文史出版社，1996 年；張金嶺：《宋理宗研究》，人民出版社，2008 年。

〔註64〕 曾慶瑛、劉耕荒：《南宋末三帝》，吉林文史出版社，1997 年。

〔註65〕 趙治樂：《從邊疆將帥群體探索南宋能長期抗蒙的原因——以孟珙為重點》，武漢大學碩士學位論文，2004 年。

〔註66〕 上海師範大學碩士學位論文，2004 年。

〔註67〕 姜錫東、李華瑞主編：《宋史研究論叢》第 6 輯，河北大學出版社，2005 年。

〔註68〕 王茂華：《南宋降將與宋蒙（元）戰爭進程》，《赤峰學院學報（漢文哲學社會科學版）》2007 年第 1 期。

〔註69〕 姜錫東、李華瑞主編：《宋史研究論叢》第 8 輯，河北大學出版社，2007 年。

〔註70〕 《國際社會科學雜誌（中文版）》2009 年第 3 期。

芝守淮東，以與賈關係密切的呂文德守京湖，賈自己在臨安，形成了藩鎮鼎足的防衛蒙古的體制。為了鞏固自己的地位，賈似道實施打算法，打擊與自己不和及可能威脅到自己地位的人。在襄樊戰役時，呂文德死去，藩鎮鼎足防衛體系出現漏洞，賈似道沒能及時彌補。後呂氏家族的成員紛紛降元，並為元朝滅宋服務，促進了南宋的滅亡。

　　第四，考古資料和研究。1956 年在安徽省安慶市棋盤山發現了范文虎夫婦墓。白冠西《安慶市棋盤山發現的元墓介紹》〔註 71〕對發現的范文虎夫婦墓的大小、方位、出土文物、文字資料做了介紹。由於墓已被破壞，所以減低了研究價值。周崇雲主編的《安徽考古》〔註 72〕也對此墓的形制、出土文物做了介紹。隨葬品中有一虎鈕玉押。金鑫《元代虎鈕玉押》〔註 73〕對這個虎鈕玉押的外形、質地做了介紹。並指出這種虎鈕玉押是當時高級官吏或皇親國戚所用。范文虎擁有這個玉押，應是皇帝特賜。左駿對范文虎墓出土的玉貫耳壺、玉帶具、白玉壺做了考古學考察。〔註 74〕1959 年 1 月發現了呂師孟墓。《江蘇吳縣元墓清理簡報》〔註 75〕一文介紹了墓的情況。墓中出土遺物有金、銀、銅、玉、瓷器等，並有呂師孟的墓誌銘。這對於瞭解呂師孟的生平和呂氏家族的世系具有重要價值。向珊的《方回撰〈呂師孟墓誌銘〉考釋》〔註 76〕對出土的呂師孟墓誌銘拓片進行了錄文和標點，並根據墓誌和其他史料考述了呂師孟的仕宦和社會關係。作者的工作有利於後人使用墓誌。魏采蘋《呂師孟墓金銀器考察》〔註 77〕首次對呂師孟墓金銀器做了系統考察。作者認為大部分金銀器是南宋時期的文物，其裝飾紋樣反映了南宋特色。這些金銀器的用途可分為賞賜或交換用的貨幣，金銀束帶上的裝飾，婚嫁禮器和文房用具及生活用具等。這些金銀器除少部分是朝廷賜予外，大部分是親友之間互相饋贈，或自己購買，反映了民間手工藝的水平。這些金銀器造型

〔註 71〕《文物參考資料》1957 年第 5 期。

〔註 72〕安徽文藝出版社，2011 年。

〔註 73〕《收藏》2011 年第 3 期。

〔註 74〕左駿：《輕素結玉盒——元代范文虎墓玉貫耳壺的考古學觀察》，《東南文化》2016 年第 6 期；《腰玉橫金——中國國家博物館藏元范文虎墓玉帶具的考古學觀察》，《中國國家博物館館刊》2017 年第 2 期；《元代「常敗將軍」范文虎的一件白玉壺》，《大眾考古》2017 年第 5 期。

〔註 75〕江蘇省文物管理委員會：《江蘇吳縣元墓清理簡報》，《文物》1959 年第 11 期。

〔註 76〕《中國國家博物館館刊》2015 年第 6 期。

〔註 77〕《東南文化》1994 年第 3 期。

和圖案花紋別具特色、寓意深刻、內容豐富，為研究當時的歷史和民俗提供了條件，彌足珍貴。揚之水《讀物小札：呂師孟夫婦墓出土金銀器細讀》〔註78〕介紹了呂師孟墓出土金銀器的名稱與用途。楊海濤《試論蘇州元代呂師孟墓出土的金銀貨幣》〔註79〕考察了呂師孟墓出土的金鋌、銀錠。文章認為，從形制上看，可能是宋代貨幣，但不能排除元初曾短暫製作和使用的可能。作者推測墓中的金銀貨幣來自元朝統治者賞賜的可能性較大。1967年冬，在湖北黃石西塞山東發現了一個古代錢窖，其中有大量銅錢，絕大部分是宋代銅錢，西漢到遼夏金等朝代的銅錢也有一些。這個重要發現引起了學者們的重視。《黃石市發現的宋代窖藏銅錢》〔註80〕一文對黃石錢窖發現的銅錢做了分析，這些銅錢主要包括西漢、新莽、隋、唐、五代十國、北宋、南宋和遼、夏、金等朝的銅錢。作者認為這個錢窖可能是南宋淳祐以後在軍事緊急情況下窖藏的庫錢。管維良《黃石錢窖與南宋貨幣經濟》〔註81〕認為這個錢窖的銅錢是呂文德儲存國家財賦的錢庫，並指出錢窖的出現有深刻的社會根源。北宋和南宋前期商品經濟迅猛發展使社會急需大量鑄錢，宋政府一方面發行紙鈔，另一方面鑄造了大量銅錢。但到南宋晚期，由於與蒙古戰事激烈，南宋社會經濟遭到嚴重破壞，生產消退，進入市場的物品銳減，貨幣經濟迅速萎縮，大量貨幣無法發揮等價交換物的作用，只好在國家官僚和富商大賈手裏積攢下來。這就是呂文德能聚集大量銅錢的社會原因。《西塞山錢窖考》〔註82〕認為錢的主要來源有三，一是呂文德的私有財產，二是呂文德掌管使用的軍費，三是呂文德負責徵集的地方賦稅。窖藏的時間應在淳祐十二年以後到臨安陷落前。作者認為這麼多的錢應為多次入窖。《試論黃石西塞山宋代錢窖的性質》〔註83〕一文認為黃石錢窖的銅錢數量巨大，不可能是呂文德個人財產，可能是開慶元年九月，在蒙古進圍鄂州前的緊急情況下，宋廷由鄂州大軍庫順流運抵西塞山窖藏的庫錢。龔長根等介紹了西塞山錢幣窖藏歷史背景、西塞

〔註78〕《南方文物》2014年第2期。

〔註79〕《中國錢幣》2022年第3期。

〔註80〕湖北省博物館：《黃石市發現的宋代窖藏銅錢》，《考古》1973年第4期。

〔註81〕《江漢考古》1991年第2期。

〔註82〕胡永炎：《西塞山錢窖考》，政協湖北省黃石市石灰窯區委員會文史資料委員會編：《西塞山古文化》，1997年。

〔註83〕徐勁松、胡莎可、謝四海：《試論黃石西塞山宋代錢窖的性質》，《江漢考古》2004年第4期。

山寶藏與錢幣窖藏歷史上六次被開掘的情況和 1967 年出土錢幣種類。〔註 84〕
龔長根還獨立撰文考訂了部分銀錠銘文、錢幣種類與窖藏時代，介紹了南宋
錢幣窖藏的歷史背景及呂文德其人，認定西塞山錢幣窖藏當屬宋廷之軍資。
〔註 85〕劉遠芳認為西塞山發現的錢窖是南宋軍庫。1967 年銅錢出土後，各方
圍繞銅錢角力，最終大部分銅錢作為工業原料入爐冶煉。珍貴文物化為銅液，
造成重大損失。〔註 86〕周建華也對西塞山出土的宋代錢窖做了簡要介紹。
〔註 87〕孫斌、姜錫東《從西塞山錢幣窖藏看宋蒙（元）戰爭對南宋貨幣經濟
的影響（1234～1279 年）》〔註 88〕指出南宋晚期，貨幣因戰爭而流通不暢、
經常性貶值與軍費的貨幣化稅收引起了貨幣供需的不均衡，貨幣的供應量已
大幅過剩，大量金屬貨幣退出流通領域、「沉澱」在政府管理機構中，這是西
塞山得以累積巨量金屬貨幣窖藏的主因。宋蒙（元）戰爭既使得錢會中半制
度日益扭曲，加強了金屬貨幣的貯藏職能，也為西塞山錢幣窖藏的形成提供
了論據支撐。

三、本文所用的方法和理論

　　本文運用了歷史學的實證法、分析—綜合法、比較研究法和軍事理論等方
法和理論。

　　首先，本文主要運用了實證法。實證是歷史學的最大特性，沒有實證就不
是歷史學，所以儘管歷史學研究的方法很多，但「實證性方法始終是史學研究
的最佳途徑」〔註 89〕。歷史學實證的基礎是史料，沒有史料就無法進行研究。
20 世紀上半葉，傅斯年等提出「史學就是史料學」。這一提法雖有其片面性，
但無疑指出了史料的極端重要性。因此，本文十分注意史料的搜集，以做到敘
述有來歷，論斷有依據。為使史料來源多元化，筆者在搜集文獻史料的同時，
也注重搜集考古資料。與其他斷代史研究相比，宋史學界似乎更關注現存的文

〔註 84〕龔長根、周建華、彭友送：《湖北省黃石市西塞山歷代出土錢幣窖藏概述》，
　　　　　《湖北錢幣專刊（總第 17 期）》2018 年。
〔註 85〕龔長根：《西塞山南宋錢幣窖藏》，《湖北錢幣專刊（總第 17 期）》2018 年。
〔註 86〕劉遠芳：《最終化為銅液的西塞山窖藏古幣》，《檔案記憶》2017 年第 5 期；《揭
　　　　　開西塞山出土錢幣去向之謎》，《湖北錢幣專刊（總第 17 期）》2018 年。
〔註 87〕周建華：《西塞山宋代錢窖之謎》，《湖北錢幣專刊（總第 17 期）》2018 年。
〔註 88〕《歷史教學》2022 年第 2 期。
〔註 89〕游彪：《廟堂之上與江湖之間：宋代研究若干論題的考察》，北京師範大學出版
　　　　　社，2011 年，自序，第 3 頁。

獻，較少利用考古和金石史料。〔註90〕其實，考古資料大多是一手資料，其價值不言而喻，所以本文對此予以高度重視。當然，史料有正誤、真偽之別。這就需要對搜集來的史料進行辨析，以使歷史敘述建立在堅實可信的史料基礎之上。本書在研究中也努力做到這一點。

其次，本文使用了分析—綜合法。家族是由一個個個體組成的。要想對家族有深刻的認識，就必須對家族中的個體有清楚的認識。這就需要用分析法對家族所包括的人物進行研究，只有這樣才有可能正確認識整個家族。但家族不是個體的拼湊，而是複雜的組合。因此，要想對家族有全面的認識，在深入研究個體的基礎上，還需要超越個體，從宏觀上把握這個家族，即進行綜合研究。只有這樣，才能擺脫「只見樹木，不見森林」的弊病。因此，本文使用分析—綜合法，既對家族中的人物做顯微鏡式的分析，也從全局的高度對家族做綜合研究。

再次，本文使用了比較研究法。比較研究法是認識、研究歷史的重要方法之一。有比較才會有鑒別，事物往往只有放在比較的視野下，其特點才會顯現出來。當然，運用比較研究法，要遵循可比性原則，「歷史比較只能在具有某種共同性或相似性的事物間來進行」〔註91〕。本文選擇吳氏（吳玠）家族來與呂氏家族做比較。之所以選擇吳氏家族，是因為吳氏家族與呂氏家族一樣，是南宋著名的武將家族，屬同一性質。通過與吳氏家族比較，可以看出呂氏家族的特點，從而更好地認識這個家族。

最後，本文運用了軍事理論。本文的研究對象——呂氏家族，是一個典型的武將家族。他們參與了許多戰役、戰鬥，可以說，這個家族的興起、形成和發展，都與當時的戰爭緊密相關。研究這個家族，必然要對與該家族有關的戰役、戰鬥進行研究，因此運用軍事理論實為必要。

需要說明的是，關於史學研究的理論和方法問題，筆者贊同「史無定法」的主張。只要有助於解決問題，任何方法都可以而且應該應用。正如吳承明所闡述的，方法論有新老、學派之分，很難說有高下、優劣之別。應當根據研究對象和具體問題選擇適用的方法。〔註92〕

〔註90〕 游彪：《廟堂之上與江湖之間：宋代研究若干論題的考察》，自序，第1頁。近年來這一狀況有所改觀，但與其他朝代特別是唐以前的朝代相比，在重視和運用程度上，宋史學界還存在著一定的差距。

〔註91〕 李振宏：《歷史學的理論與方法》，河南大學出版社，1999年，第2版，第479頁。

〔註92〕 吳承明：《中國經濟史研究的方法論問題》，《中國經濟史研究》1992年第1期；

四、關於本文的幾個基本概念

本文的基本概念有二：一是宋元之際，一是呂氏家族。下面分別予以說明。

本文所說的宋元之際，是指從呂氏家族在宋寧宗末年理宗初年從軍到元後期家族衰落這段時期。當然，為了論述的完整，本文會適當地向前後延伸。由於資料的分布不均，本文重點對呂氏家族在南宋時期和元朝初期的情況作探討。

再來看第二個概念。「家族是以血緣、婚姻為基礎組成的群體。」〔註93〕所以，本文所說的呂氏家族就是以血緣關系聯繫起來的呂氏諸人和與呂氏有姻親關係的人。另外，以往學界多用「呂氏軍事集團」的概念。這是一個什麼樣的概念？它與「呂氏家族」的概念有何關係？這裡有必要弄清楚。我們先來看看前人是怎樣使用「呂氏軍事集團」這個概念的。

據筆者所知，較早使用這個概念的是匡裕徹先生。他在《淺析宋元襄樊戰役勝敗的原因》一文中說：「後來賈似道派自己的親信、當時南宋作戰力較強的呂氏軍事集團負責（襄樊戰事——引者）。」〔註94〕但作者並未對這一概念加以闡釋。後來不少學者在各自的論著中使用了這一概念，但對這個概念進行較詳細闡釋的似只有屈超立先生。他在《論呂文德及呂氏軍事集團》一文中說：

> 南宋晚期，以呂文德為首，形成了一個龐大的呂氏軍事集團……
> 文德之弟呂文煥、呂文信、呂文福、子侄輩的呂師孟、呂師夔，其婿范文虎，舊部夏貴等人，皆為南宋重要的軍政要員。

後來，他又在胡昭曦先生主編的《宋蒙（元）關係史》中寫道：

> 在南宋晚期，以呂文德為首，形成了一個龐大的呂氏軍事集團……呂文德之弟呂文煥、堂弟呂文福、子侄輩的呂師孟、呂師夔、女婿范文虎、舊部夏貴、孫虎臣等人，皆為南宋重要的軍政官員。〔註95〕

通過上述論述，我們可知，屈先生指的呂氏軍事集團包括呂氏諸人、呂文德女婿范文虎和呂氏舊部。其他學者雖未對這一概念加以闡釋，但通過上下文可知，他們使用的呂氏軍事集團的概念大體與屈先生的意思相同。至今，這個概念已用了三十多年，已為眾多學者所接受。但方震華先生早在1992年就對

<hr>

方行主編：《中國社會經濟史論叢：吳承明教授九十華誕紀念文集·序》，中國社會科學出版社，2006年，第4頁。

〔註93〕黃寬重：《宋代的家族與社會·序》，東大圖書公司，2006年，第1頁。

〔註94〕匡裕徹：《淺析宋元襄樊戰役勝敗的原因》，《歷史教學》1984年第4期。

〔註95〕胡昭曦主編：《宋蒙（元）關係史》，第329頁。

這個概念提出了質疑，認為「雖然呂文德的親屬和舊部皆居高位，但是否能稱為一個『集團』？恐怕還有待商榷」〔註96〕。方先生提出了這個問題，但沒有深入論證。此後其他學者也沒有注意到這個問題。筆者在方先生的啟發下，對這個問題進行了思考，認為目前「呂氏軍事集團」這個概念暫不宜使用。

其一，如前所述，學界認為呂氏軍事集團不僅包括呂氏家族的人，還包括呂氏舊部。呂氏家族多人身居南宋軍政要職，舊部很多，這些舊部都屬於呂氏軍事集團麼？在伯顏平宋戰爭中，呂氏諸人及「呂氏舊部，爭望風款附」〔註97〕。但也有一些呂氏舊部，沒有投降，而是堅持戰鬥，甚至為保衛趙宋社稷獻出了寶貴的生命。如張世傑、蘇劉義等。〔註98〕像張、蘇這樣的人物屬於呂氏軍事集團嗎？如果不都屬於，那麼哪些舊部屬於，哪些不屬於，有一個清晰的界定標準嗎？前人沒有回答這些問題，筆者認為解答這些問題是困難的。這個問題無法解答，意味著呂氏軍事集團概念的外延不確定。我們知道，一個概念特別是核心概念，需要有相對明確的內涵和外延。呂氏軍事集團的外延不確定，就不是一個科學概念，也就難以在論文使用。〔註99〕

其二，由上可知，呂氏舊部哪些屬於呂氏軍事集團無法確定。我們姑且不管呂氏舊部。根據前人的論述，可以確定的是，呂氏家族無疑屬於呂氏軍事集團。翻檢史籍，可知呂氏家族在宋元戰爭中，大多投降了元朝，如呂文煥、呂師夔、呂師孟等。可以說，他們為了自己和家族的利益，拋棄了國家。但也有

〔註96〕方震華：《近四十年南宋末政治史中文論著研究》，《臺灣師範大學歷史學報》第 20 期，1992 年。

〔註97〕柯劭忞：《新元史》卷一百七十七《呂文煥傳》，開明書店，1935 年，第 360 頁。

〔註98〕脫脫：《宋史》卷四百五十一《張世傑傳》：「張世傑，范陽人。少從張柔戍杞，有罪，遂奔宋，隸淮兵中，無所知名。阮思聰見而奇之，言之呂文德，文德召為小校。累功至黃州武定諸軍都統制。……（至元十六年）二月癸未，弘範等攻厓山，世傑敗，走衛王舟。……世傑復欲奉楊太妃求趙氏後而立之，俄颶風壞舟，溺死平章山下。」趙宏恩：《江南通志》卷一百五十五《人物志·忠節三》：「蘇劉義，貴池人。歷官殿帥。初隸呂文德麾下，及諸呂降元，招之，不從，死崖山之難。」

〔註99〕王智勇先生用「吳氏軍事集團」指稱以吳玠為首的武將群體，同時考證了這個集團包括的成員，並特別指出，郭浩雖是吳氏部下，但「把郭浩看成是吳氏軍事集團的成員似乎根據不足」。（見氏著：《南宋吳氏家族的興亡——宋代武將家族個案研究》，巴蜀書社，1995 年，第 93～98 頁。）筆者認為，這是嚴謹的做法。相形之下，我們還不能明確指出「呂氏軍事集團」所包括的成員，說明這一概念還不成熟。

呂氏家族的人並沒有投降，而是戰死沙場，為保衛南宋壯烈犧牲，如呂文信。〔註100〕據《現代漢語詞典》，集團是「為了一定的目的組織起來共同行動的團體」〔註101〕。呂氏家族的人有的為了自身利益叛變投降，有的為了國家利益壯烈犧牲。他們有為了一定的目的組織起來共同行動嗎？顯然是否定的。所以，即使呂氏家族的人都難以稱為一個集團，更不要說呂氏家族及其舊部了。

　　綜上，目前而言，稱以呂文德為首的呂氏家族及其舊部為呂氏軍事集團並不合理。所以，在講究概念科學、明晰的現代論著中暫不宜使用呂氏軍事集團這個概念。〔註102〕

　　基於以上二點，筆者不使用呂氏軍事集團這個概念，也不以其為研究對象，而使用呂氏家族這個概念，並對其加以研究。

〔註100〕脫脫：《宋史》卷四百五十四《忠義九‧呂文信傳》，中華書局，1977 年，第13343 頁。

〔註101〕中國社會科學院語言研究所詞典編輯室編：《現代漢語詞典》，商務印書館，2012 年，第 608 頁。

〔註102〕參見喬東山：《呂文德若干問題研究》，《宋史研究論叢》第 16 輯，河北大學出版社，2015 年。

第一章　呂氏家族及其所處的時代背景

第一節　呂氏家族概述

南宋晚期，形成了以呂文德、呂文煥為首的勢力龐大的武將家族——呂氏家族。這個家族包括呂文德及其兄弟、子侄和女婿等。關於這個家族的源流，元人認為是北宋名相呂蒙正之後。鄭元祐就寫到：

> 宋丞相呂文穆公（呂蒙正）以厚德兩入相，及大小申公（呂夷簡、呂公著）相次柄用，致宋德業偉耀如兩漢盛時。逮宋將亡，而文穆子孫生武勇，將帥如武忠（呂文德諡號）兄弟，起田間，秉旄鉞，赫然以功名顯著於天下。〔註1〕

對於這種說法，申萬里先生認為鄭元祐的青年時期呂文煥還健在，並且他在杭州交友頗廣，所以其說法應該可信。〔註2〕然而，筆者對鄭氏之說表示懷疑。第一，姚紅和羅瑩女士分別詳細考述了宋代東萊呂氏家族（即呂蒙正家族）的世系和成員。〔註3〕她們的研究均不見呂文德屬於東萊呂氏家族。第二，史料明確說呂文德「不識字」〔註4〕。東萊呂氏家族是著名的文化家族，世代以

〔註1〕鄭元祐：《鄭元祐集》卷八《送呂惟清序》，浙江大學出版社，2010年，第186頁。

〔註2〕申萬里：《宋元之際的呂文煥及其家族》，「元代多元文化與社會生活」學術研討會，2014年。

〔註3〕姚紅：《宋代東萊呂氏家族及其文獻考論》，中國社會科學出版社，2010年，第73頁；羅瑩：《宋代東萊呂氏家族研究》，人民出版社，2011年，第24~58頁。

〔註4〕黃震：《古今紀要逸編》，四明叢書本。該書還記道：「（呂文德）初為郡，不肯禮祭先聖，罵其不曾教我識字。」

文化、學術相傳，雖然該家族在南宋後期開始逐漸走向衰落，但恐怕還未淪落
到子孫「不識字」的地步。第三，若呂文德家族與東萊呂氏有關係，呂文德等
人肯定會說的。東萊呂氏是宋代的名門望族，產生過宰相呂蒙正、呂夷簡、呂
公著，文學家呂本中，大學者呂祖謙等。若呂文德家族與東萊呂氏有淵源，他
們怎會不說呢？然據現有史料，未見呂文德及其兄弟、後人說過自己與東萊呂
氏有關係。綜上，筆者不同意鄭元祐的觀點。呂文德家族和東萊呂氏家族沒有
關係，二者是兩個不同的家族。其實，將家族的祖先追溯到某同姓著名人物，
在中國是常有的事。人們往往通過這種方式，顯示自己是名門之後，提升自家
的地位。鄭元祐與呂文煥後人呂惟清有交往，他將呂文德呂文煥家族說成呂蒙
正之後，應是這種情況。〔註5〕

下表是筆者依據史料搜到的呂氏家族的成員及他們之間的關係。

呂氏家族成員表

姓　名	身　份	妻	史料依據
呂全	呂文德祖父	劉氏	方回：《故宣慰嘉議呂公墓誌銘》，江蘇省文物管理委員會：《江蘇吳縣元墓清理簡報》，《文物》1959年第11期。
呂深	呂全子	馬氏	同上。
呂文德	呂全孫	程妙靜	方回：《故宣慰嘉議呂公墓誌銘》；曲毅：《西塞山元代周氏墓誌考釋》，政協湖北省黃石市石灰窯區委員會文史資料委員會編：《西塞山古文化》，1997年。
呂文煥	呂文德弟		張鉉：《至正金陵新志》卷十三上之上《人物志一》；畢沅：《續資治通鑒》卷第一百七十一。
呂文信	呂文德弟		《宋史》卷四百五十四《呂文信傳》。
呂文福	呂深子	劉氏	方回：《故宣慰嘉議呂公墓誌銘》。《宋史》卷四十六《度宗》載：「呂文福言『從兄文煥以襄陽降，為其玷辱，何顏以任邊寄，乞放罷歸田里。』」一說呂文福與呂文德是親兄弟，見《至正金陵新志》卷十三上之上《人物志一》和《錢塘遺事》卷八《張世傑入衛》。顯然，《宋史》記載的是呂文福自己的話，無疑是可靠的。

〔註5〕方回贈呂氏家族的呂師張詩中云「華胄所自出，恭惟齊太公」（《桐江續集》卷二十一《呈呂使君留卿》，文淵閣四庫全書本，臺灣商務印書館，1986年，第1193冊，第485頁。以下使用的四庫全書，均是這個版本，不再一一注明）。認為呂氏出自齊太公呂尚。此說的出發點和鄭元祐一樣，將呂文德家族追溯至某一歷史名人。只不過此說更加虛無縹緲。

呂師夔	呂文德子		周密：《癸辛雜識》別集上《郭閬》；別集下《襄陽始末》。
呂師望	呂文德子		方回：《桐江集》卷一《送白廷玉如當塗詩序》。
呂師說	呂文德子		方回：《桐江續集》卷二十《贈呂肖卿三首呂武忠第十一子師說戊辰生年二十八飽學失怙時一歲耳》。
呂師龍	呂文德子		《劉克莊集箋校》卷七十《右武大夫高州刺史左領衛大將軍呂師龍將藤草坪所得兩官及父文德回授兩官轉左武大夫》。
呂師山	呂文德子		姚燧：《牧庵集》卷十一《江州廬山太平興國宮改為九天採訪應元保運妙化助順真君殿碑》。
呂師寬	呂文德子		同上。
呂師順	呂文德子		同上。
呂師謙	呂文德子		同上。
呂師孟	呂文福子	束氏	方回：《故宣慰嘉議呂公墓誌銘》。
呂師張	呂文福子		方回：《桐江續集》卷二十一《呈呂使君留卿師張文福子衢州路同知》。
呂師憲	呂文信子		《宋史》卷四百五十四《呂文信傳》。
呂師愈	呂文信子		《劉克莊集箋校》卷六十九《武功大夫沿江制司諮議官呂文信，總統兵船，在欄林夾白鹿磯陣歿於王事。得旨，特贈寧遠軍承宣使，其子師愈特與帶行閣職。除合得致仕恩澤外，更與二子恩澤，仍與立廟賜額》；《宋史》卷四十五《理宗五》；《宋史》卷四百五十四《呂文信傳》；《元史》卷一百六十六《張榮實傳》。
呂師召	呂文煥從子		弘治《溫州府志》卷八。
呂儀之	呂師孟子		方回：《故宣慰嘉議呂公墓誌銘》。
呂儼之	呂師孟子		同上。
呂元愷	呂師夔子		方回：《桐江續集》卷二十四《寄撫州呂使君元愷索李雁湖注王半山詩》；卷四《送呂才甫之官合肥元愷》。由以上可知呂元愷是呂氏家族的人，由其姓名可推知他與呂元方等是兄弟，係呂師夔之子。
呂元方	呂師夔子		蔡呈韶等：《臨桂縣志》卷九《山川八》；汪森：《粵西叢載》卷二《龍隱岩題名》。
呂元直	呂師夔子		同上。
呂元仁	呂師夔子		同上。
呂元哲	呂師夔子		同上。
呂惟清	呂文煥曾孫		鄭元祐：《鄭元祐集》卷八《送呂惟清序》。

| 呂濤 | 呂師孟孫 | | 方回：《故宣慰嘉議呂公墓誌銘》。 |
| 呂溥 | 呂師孟孫 | | 同上。 |

　　關於呂氏家族的成員和世系，還有以下幾點需要說明：

　　范文虎、丘通甫和趙宗斌是呂氏的女婿，表中沒有列入。關於范文虎是呂文德的女婿，見陳桱：《通鑑續編》卷二十四，咸淳五年十二月條；柯劭忞：《新元史》卷一百七十七《范文虎傳》；屠寄：《蒙兀兒史記》卷一百一十二《范文虎傳》。惟陶宗儀《南村輟耕錄》卷一《浙江潮》載：「文虎，呂文煥婿」〔註6〕。本文以前者記載為準，這也是多數現代學者的觀點。關於丘通甫，見方回：《桐江續集》卷十八《贈醫士清溪居士丘通甫》。關於趙宗斌，見喻長霖等纂修：《台州府志》卷一百二十一《人物傳二十二‧趙宗斌》。

　　《元史》卷十四《世祖十一》載：「（至元二十三年春正月）己卯……呂文煥以江淮行省右丞告老，許之，任其子為宣慰使。」〔註7〕可知呂文煥有一子曾任宣慰使，但未詳其姓名。劉曉指出，《至正金陵新志》卷三《金陵世、年表》將上述一事繫於至元二十二年，其中提到「呂師聖為江東宣慰使」。故劉先生認為呂文煥任宣慰使的兒子就是呂師聖。〔註8〕劉先生的推斷不無道理。筆者考慮到畢竟沒有文獻明確記載呂師聖為呂文煥子，且《元史》和《至正金陵新志》繫年不同，故沒有將呂師聖列入表中。

　　關於呂氏家族中呂文德、文煥和文福的關係，在此還需一辨。向珊《方回撰〈呂師孟墓誌銘〉考釋》〔註9〕對墓誌進行了錄文，加了標點，並考述了呂師孟其人。在該文中，向女士根據出土的《呂師孟墓誌銘》指出，既然呂師孟是呂文福的兒子，師孟稱文德為「伯」，而非「從伯」、「從父」，文煥為「從叔父」，可見文福為文德胞弟，文煥與文德、文福則為堂兄弟關係。她根據出土墓誌否定了傳世文獻中呂文德與文煥是親兄弟，呂文福與文德、文煥是從兄弟的說法。關於三人之間的關係，我們可以分開考察。先看呂文煥和文福的關係。出土的墓誌和傳世文獻都記載呂文福和呂文煥是從兄弟關係，這沒有疑問。但二者誰大誰小則有出入。墓誌說呂文煥是呂師孟的從叔父，則呂文煥比呂文福年少。但《宋史》卷四十六《度宗》載：「呂文福言：『從兄文煥以襄陽降，為

〔註6〕陶宗儀：《南村輟耕錄》卷一《浙江潮》，遼寧教育出版社，1998年，第14頁。
〔註7〕宋濂：《元史》卷十四《世祖十一》，中華書局，1976年，第285頁。
〔註8〕劉曉：《宋元對峙時期的大都督》，《隋唐遼宋金元史論叢》（第6輯），上海古籍出版社，2016年。
〔註9〕《中國國家博物館館刊》2015年第6期。

其玷辱，何顏以任邊寄，乞放罷歸田里。』」〔註10〕可知呂文煥比呂文福年長。顯然，《宋史》記載的是呂文福自己的話，無疑是可靠的。這一點向女士也認為應從《宋史》，「可能方回將文福與文煥的年齒顛倒」。所以，呂文煥是呂文福的從兄。再看呂文德和呂文煥的關係。向女士根據出土墓誌認為呂文德和呂文煥是從兄弟。筆者認為，雖然墓誌是與呂氏有密切關係的方回撰寫的，有高度的史料價值，但還不能憑藉這一墓誌否定傳世文獻的記載。第一，由前述可知，方回撰寫的這塊墓誌並非沒有錯誤，他就將呂文福和文煥的年齡大小搞顛倒了。方回雖與呂氏家族過從密切，但呂氏人多族大，方回未必對呂氏諸人的關係有十分清楚的認識。第二，多種傳世文獻記載呂文德和文煥是親兄弟，如張鉉《至正金陵新志》卷十三上之上《人物志一》和畢沅《續資治通鑒》卷第一百七十一。特別是當時蒙古方面的士人宋衛在招降呂文煥的《與襄陽呂安撫書》〔註11〕中明確說「令兄少保制置（按，少保制置指呂文德，因呂文德被封為少保，任京湖制置使）」。明確說呂文德和呂文煥是親兄弟。這是當時人的記載，比方回的年代更早，而且這是招降信，蒙古方面必然對呂文煥的情況十分瞭解之後才下筆的，所以此處的記載無疑更可靠，更具權威性。故，關於呂文德、文煥和文福的關係，還是以傳世文獻為準，即呂文德是呂文煥是親兄，呂文福是呂文德、呂文煥的從弟。

付鵬、王茂華在《仕元的宋呂氏集團考析》〔註12〕一文中列舉了呂師賢、呂師寶、呂元瑛、呂元規、呂德隆等人，但正如作者自己所說：「以上人物身份斷定，尚需更多的證據支撐。」筆者以為，在尚缺乏證據的情況下，暫不宜將這些人列入呂氏家族。

申萬里的《宋元之際的呂文煥及其家族》〔註13〕一文羅列了一些呂氏家族成員，筆者有所參考，但本表與申文並不完全一致。

為便於瞭解呂氏家族的世系，筆者將世系清楚的成員製成呂氏家族世系圖：

〔註10〕脫脫：《宋史》卷四十六《度宗》，第913頁。
〔註11〕蘇天爵編：《元文類》卷三十七，吉林人民出版社，1998年。
〔註12〕（韓）《中國史研究》第88輯。
〔註13〕「元代多元文化與社會生活」學術研討會，2014年。

呂氏家族世系圖

```
呂全（劉氏）
├── 呂深（馬氏）
├── 呂文福（劉氏）
│   ├── 呂師孟
│   │   ├── 呂儀之
│   │   └── 呂儼之
│   └── 呂師張
├── 呂文德（程妙靜）
│   ├── 呂師夔
│   │   ├── 呂元橙
│   │   ├── 呂元方
│   │   ├── 呂元直
│   │   ├── 呂元仁
│   │   └── 呂元哲
│   └── （師輩）
│       ├── 呂師望
│       ├── 呂師說
│       ├── 呂師龍
│       ├── 呂師山
│       ├── 呂師謙
│       ├── 呂師寬
│       └── 呂師順
├── 呂文煥
├── ？
└── 呂文信
    ├── 呂師憲
    └── 呂師愈
```

第二節　時代背景

公元 1127 年，北宋滅亡，宋室南渡。宋高宗趙構建立了南宋。女真繼續攻擊南宋，企圖滅亡之。但在南宋軍民的頑強抵抗下，女真未能達到目的。1141 年，宋金簽署紹興和議。之後，雙方維持了二十年的和平局面。1161 年，金完顏亮南侵，企圖滅亡南宋，但自己卻死於政變，南侵以失敗告終。1162 年，宋孝宗即位。他為恢復失地，於次年舉行了隆興北伐，但也很快失敗。在宋金均勢的情況下，雙方簽署了隆興和議。此後，雙方維持了四十餘年的和平局面。1206 年，南宋權臣韓侂胄為建立不世之功，也為鞏固自己的地位，發動了開禧北伐，但宋軍在戰場上處於劣勢。南宋的主和大臣史彌遠等乘機發動政變，殺死了韓侂胄，並與金朝簽署了屈辱的嘉定和議。之後，南宋進入史彌遠專權時代。這時的金朝，已走向衰落，並不斷受到新興蒙古的打擊。1214 年，在河北已殘破不堪的情況下，金宣宗將首都從中都（今北京）遷到汴京（今河南開封）。南宋看到金朝衰弱，便不再按嘉定和議的規定向金輸送歲幣。南遷後的金宣宗於 1217 年四月以南宋違約為藉口挑起了金宋戰爭。其實金朝發動戰爭的真正目的不僅是逼迫南宋繳納歲幣，同時也想侵佔土地，掠奪財物，把失之於蒙古的損失從南宋方面補回來。但金朝已經衰落，內部不穩，又受北方蒙古的攻擊，所以在與南宋的戰爭中沒有占到便宜，反而損失了大量軍隊，消耗了國力，加速了自己的衰亡。直到 1227 年，這場戰爭才結束。這時金朝已失去北方大片土地。1232 年，蒙古取得三峰山之戰的勝利，摧毀了金朝軍隊主力。1233 年二月，金汴京守軍向蒙古投降。同年六月，蒙古派使者約南宋夾擊金朝。南宋在經過商議後，同意了蒙古的請求。1234 年正月，宋蒙聯合攻破蔡州城，金哀宗自殺，金末帝完顏承麟被亂軍殺死，金亡。金亡後，南宋知道蒙古遲早會進攻自己，所以在是年六月，宋理宗在宰相鄭清之、邊臣趙葵等支持下，乘蒙軍北還，河南空虛之機，發動了旨在收復中原的「端平入洛」之役。〔註14〕但蒙古早有準備，對北上的宋軍進行了突襲，加之宋軍準備不充分，所以大敗而回。這樣，宋蒙戰爭爆發。〔註15〕第二年，蒙古以南宋率先挑起戰端

〔註14〕楊倩描認為南宋的這次行動是為收復北宋的「三京」，即東京開封府、西京河南府、南京應天府為重點，所以應稱「三京之役」。可備一說。參見氏著：《端平「三京之役」新探——兼為「端平入洛」正名》，姜錫東、李華瑞主編：《宋史研究論叢》第 8 輯，河北大學出版社，2007 年。

〔註15〕關於宋蒙戰爭爆發的時間，學界有分歧。李天鳴以 1220 年蒙軍侵入南宋控制下的大名、齊州等城市為起點，見氏著：《宋元戰史》，第一冊，例言，第 3 頁；

為藉口，發動了大規模的侵宋戰爭。在這樣的背景下，呂氏家族登上了歷史舞臺。

胡昭曦以 1231 年拖雷借道伐金與宋軍衝突為起點，見氏著：《略論南宋末年四川軍民抗擊蒙古貴族的鬥爭》，胡昭曦、鄒重華主編：《宋蒙（元）關係研究》；陳世松等以 1234 年宋軍發動「端平入洛」之役為起點，見陳世松等：《宋元戰爭史》，前言，第 1 頁。蕭啟慶同意第三種觀點。他認為，1234 年以前的宋蒙衝突，皆從屬反金的首要目標之下，且皆係局部的、暫時的，不是兩軍的正面衝突，不足以減低是否滅金之意願。筆者贊同陳先生、蕭先生的觀點。蕭說見氏著《宋元戰史研究的新豐收──評介海峽兩岸的三部新著》（《中國史學》1991 年第 1 卷）一文。

第二章　呂文德的抗蒙事蹟

　　呂氏家族中的呂全和呂深沒有留下任何事蹟。呂氏家族登上歷史舞臺其實是從呂文德開始的。那麼研究呂氏家族，自然也就從呂文德開始。

第一節　出身和從軍

　　呂文德雖是個非常重要的歷史人物，但由於宋末局勢的動盪和宋元戰爭的兵燹，關於他的記載極為匱乏，以致後來編修的《宋史》《宋史翼》和《宋史新編》等斷代宋史，都沒有為呂文德立傳。現存的關於呂文德的記載，主要分散於宋元人的筆記小說、文集和野史等文獻中。筆者搜集各種史料，鉤稽排比，考證分析，並加以必要的推理想像，希望能最大程度地呈現呂文德的戎馬一生。

　　呂文德，字景修，〔註1〕淮南西路安豐軍霍丘縣人，〔註2〕生年不詳，可能生於六月。因為據《古今紀要逸編》記載：「（劉）整虞禍之將及也，大遺賂，慶（呂）文德生朝，乘其間亟叛歸。」〔註3〕這是說劉整乘呂文德過生日、開宴會之機投降了蒙古。劉整降蒙是在六月，〔註4〕則呂文德應出生於六月。關於呂文德的出身，《宋季三朝政要》載：

〔註1〕馬蓉等點校：《永樂大典方志輯佚・江州志》，中華書局，2004 年，第 1663 頁。
〔註2〕《江蘇吳縣元墓清理簡報》（《文物》1959 年第 11 期）所載的呂師孟墓誌銘說
　　　他「世居安豐路霍丘縣」，指出了呂氏家族的籍貫。這裡所說的是元朝的行政
　　　區劃。南宋時期的行政建置是安豐軍霍丘縣，屬淮南西路。
〔註3〕黃震：《古今紀要逸編》，四明叢書本。
〔註4〕無名氏：《昭忠錄・黃仲文　廉節》：「景定辛酉六月，都統知瀘州劉整以瀘降。」
　　　守山閣叢書本。

　　　　（呂）文德，安豐人，魁梧勇悍，嘗鬻薪城中，趙葵於道傍見
　　其遺屨，長尺有咫，訝之，或云安豐鬻薪人也。遣吏訪其家，值文
　　德出獵，暮負鹿、虎各一而歸。留吏一宿，偕見趙，留之帳前。在
　　邊立功，遂至顯宦。〔註5〕

可知，呂文德從軍之前，是一名以賣柴和打獵為生的平民。而黃震《古今紀要
逸編》卻記道：

　　　　文德起土豪，趙葵始擢之為將。〔註6〕

明確說呂文德起於土豪。

　　兩種說法不同。《宋季三朝政要》的編纂者是元初宋代遺老或遺民，〔註7〕
黃震是宋末著名學者，二者基本都是同時代人。到底哪種說法準確呢？屈超立
認為，在無其他材料佐證的情況下，應該存疑。〔註8〕筆者認為前一種說法更
可靠。這是因為：第一，《宋季三朝政要》的記載比《古今紀要逸編》的記載
更詳細、豐富，還有關於呂文德細節的描寫，不像空穴來風。而黃震的記載僅
有「起土豪」三個字。第二，黃震雖是宋元之際著名學者，但他關於呂氏家族
的記載卻未必可靠。例如，他在《古今紀要逸編》中記道：「（范）文虎尤愚鄙
不才，買歌童舞女，謳歌於郢上，六年而不進。」說范文虎不救援襄樊，與事
實不符。實際上，范文虎曾多次帶兵援襄，雖然有些行動是不情願的。所以，
《古今紀要逸編》對呂氏家族的記載不一定可信。之所以出現這種情況，可能
是黃震和賈似道不和，自然黃震對與賈似道關係密切的呂氏家族也沒有好感，
記錄時難免有一些不實之詞。第三，元人鄭元祐說：「武忠（呂文德）兄弟，
起田間。」〔註9〕鄭元祐與呂文煥的曾孫呂惟清有交往，對呂氏家族比較熟悉，
故他的這句話應是可信的。他的說法與《宋季三朝政要》的說法一致。所以，
綜合以上三點，筆者以《宋季三朝政要》的說法為準。

　　從《宋季三朝政要》的記載看，呂文德的鞋很大（「遺屨長尺有咫」），則
腳很大，一般來說，腳的長短和身高是成正比的。趙葵看到很長的「遺屨」，

───────────

〔註5〕佚名著、王瑞來箋證：《宋季三朝政要箋證》卷一，中華書局，2010年，第102
　　　～103頁。
〔註6〕黃震：《古今紀要逸編》。
〔註7〕王瑞來：《宋季三朝政要箋證·前言 宋季三朝政要略說》，第3頁。
〔註8〕屈超立：《論呂文德及呂氏軍事集團》，胡昭曦、鄒重華主編：《宋蒙（元）關
　　　係研究》，四川大學出版社，1989年。
〔註9〕鄭元祐：《鄭元祐集》卷八《送呂惟清序》，第186頁。

一定推測呂文德很高大。而宋朝招募士兵，最主要的標準就是身高。〔註10〕所以趙葵看中了呂文德，派史徵他加入軍隊。這是呂文德及其家族命運的轉折點。如果呂文德不參軍，可能一輩子只是一介以賣柴和打獵為生的平民。他加入了軍隊，便有可能通過軍功，登上顯位，並帶動家族的發展。丟失鞋子，本是壞事，但呂文德卻因禍得福，得以參軍。人的命運可謂難以捉摸。

關於呂文德從軍的時間，屈超立根據前引《宋季三朝政要》中呂文德被趙葵賞識的記載，做了如下推斷：

> 趙葵是在宋理宗紹定六年（1233 年）至淳祐元年（1241 年）之間任淮東安撫制置使。文德是在此期間從軍的，而史書上已有他在嘉熙元年（1237 年）作戰的記載，大概可以認為文德是在 1233 至 1236 年之間從軍的；〔註11〕

屈先生是較早關注這個問題的人，探索之功不可沒，但還有進一步探討的空間。第一，從地域上講，呂文德是安豐人，屬淮南西路，而趙葵在擔任淮東制置使時怎會見到淮西的呂文德呢？第二，從時間上說，史書記載，1237 年呂文德已是池州都統制，若呂文德於 1233～1236 年間從軍，他怎麼可能在短短幾年內升為都統制呢？雖然南宋後期都統制因濫設濫授，地位有所降低，〔註12〕但畢竟是一支八千人軍隊的首領。〔註13〕第三，劉岳申為夏貴寫的神道碑銘說，紹定二年夏貴到福建平定叛亂，「事平見知呂武忠公（指呂文德）」〔註14〕。紹定二年是公元 1229 年。可知，此時呂文德已經從軍，並且級別不會很低（否則夏貴不會見知他）。筆者認為，呂文德從軍很可能是在嘉定十五年（1222）至寶慶元年（1225）間。據《宋史・趙葵傳》，嘉定十五年趙葵「起復直秘閣、通判廬州，進大理司直、淮西安撫參議官」〔註15〕，直到寶慶元年調任，此間正好在淮西任職，有可能見到呂文德。若呂文德在此

〔註10〕王曾瑜：《宋朝軍制初探》（增訂本），中華書局，2011 年，第 267～271 頁。

〔註11〕屈超立：《論呂文德及呂氏軍事集團》，胡昭曦、鄒重華主編：《宋蒙（元）關係研究》，四川大學出版社，1989 年。

〔註12〕王曾瑜：《宋朝軍制初探》（增訂本），第 243 頁。

〔註13〕吳潛在嘉熙三年的奏議中說：「池州有水軍、防江軍八千人。」見氏著：《許國公奏議》卷三《奏乞增兵萬人分屯瓜洲、平江諸處防拓內外》，叢書集成初編本，商務印書館，1939 年，第 63 頁。

〔註14〕劉岳申：《申齋集》卷八《大元開府儀同三司行中書省左丞夏公神道碑銘》，文淵閣四庫全書本，第 1204 冊，第 274 頁。

〔註15〕脫脫：《宋史》卷四百一十七《趙葵傳》，第 12499 頁。

期間從軍，於紹定二年見知於夏貴，並在嘉熙元年升為都統制，都是有可能的。

若筆者的上述推斷不誤，則我們還可以推出呂文德出生的年份。《咸淳遺事》保留了呂文德死後，宋廷賜他諡號「武忠」的詔書，其中說呂文德「結髮從戎」〔註16〕。結髮一般指男子成年。按古禮，男子一般二十弱冠，算是成年。〔註17〕據此，呂文德大概是在二十歲從的軍。若他在嘉定十五年（1222）至寶慶元年（1225）間從軍，則他生於宋寧宗嘉泰二年（1202）至開禧元年（1205）間。當然，這只是大致的推測。

第二節　抗蒙事蹟

呂文德從軍後，就投入到抗擊蒙軍的鬥爭中去了。他的軍事活動大致可分為三個時期。

一、奮戰兩淮

端平二年（1235），蒙古大舉進攻南宋。戰爭逐漸分為三大戰場——四川戰場、京湖戰場和兩淮戰場。其中，兩淮戰場距南宋首都最近，它的得失直接關係南宋政權的安危。呂文德在淮西從軍，就首先在這一地區與蒙軍展開激戰。

嘉熙元年（1237）八月，蒙軍進攻兩淮。宋沿江制置使、兼知建康、兼淮西制置使陳韡派池州都統制呂文德前往安慶協防。〔註18〕由於史料的缺乏，具體結果我們不得而知。這是現存史料中最早的呂文德參加宋蒙戰爭的記載。

同年，一支蒙軍在史天澤的率領下大舉進攻安豐（今安徽壽縣西南）。後另一支由口溫不花統率的蒙軍在攻打黃州不克後，也轉攻安豐，從而對安豐形成合圍之勢。安豐控扼淮、潁，襟帶江、沱，適當南北交通要衝，是南宋兩淮地區的三大重鎮之一，時人認為「三州安則淮甸無虞，江面奠枕」〔註19〕。

〔註16〕不著撰人：《咸淳遺事》卷下，守山閣叢書本。

〔註17〕謝和耐認為宋代男子滿 20 歲要加冠。見謝和耐著、劉東譯：《蒙元入侵前夜的中國日常生活》，江蘇人民出版社，1995 年，第 116 頁。如若這樣，宋代的成年禮是與古禮相符的。

〔註18〕劉克莊：《劉克莊集箋校》卷一百四十六《忠肅陳觀文神道碑》，中華書局，2011 年，第 5771 頁。

〔註19〕不著撰人：《宋史全文》卷三十三《宋理宗三》，中華書局，2016 年，第 2755 頁。

安豐的得失關係南宋江淮防禦。加之安豐附近「淮流淺澀」，易「揭厲以涉」〔註20〕，所以蒙古進攻這裡。當時防衛安豐的是知軍杜杲。他在蒙軍到來之前就「濬舊濠，築外郭」，做好了戰鬥準備。蒙軍兵臨城下後用火炮攻城，杜杲「隨壞隨補」。後蒙古以八都魯（意謂死囚）攻城，杜杲「用小箭專射其目，盡殪之」。蒙軍又乘東南風起，縱火燒城，「俄而反風。雨雪驟至」〔註21〕，蒙古的火攻歸於失敗。杜杲率領南宋軍民多次擊退蒙軍的進攻，但蒙軍對安丰采取了圍困戰術，企圖將宋軍拖垮。這時，池州都統制呂文德和余玠、趙東、夏皋等奉命救援安豐。余玠等遭到蒙軍的阻擊，無法進入城內。呂文德到達安豐附近後，命部下先鋒夏貴「築土圍於濱江瓦步，因樹五色旗幟於廢寺林落中」，以為疑兵。蒙軍以為南宋援軍在此，就向這裡進攻。而呂文德等趁機「間道潛師渡河」〔註22〕，進入了安豐城中，有力地支持了守軍。在救援的幾支宋軍中，「惟池帥呂文德突圍入，葉力捍禦」〔註23〕。呂文德進入城中後，本為軍隊指揮的安豐總轄聶斌「以所部盡付之文德」〔註24〕。這樣，呂文德成為安豐城內各軍的總指揮。為打破蒙軍的包圍，呂文德與城外的援軍夾擊蒙軍，蒙軍大敗。安豐被圍三個月，至此終於解圍。此戰，蒙軍死亡一萬七千人。後來杜杲向朝廷報功時說：「安豐之役，呂文德、聶斌功也。」〔註25〕這一戰充分展現了呂文德高超的軍事謀略。他為能進入城中支持守軍，在無力打敗強大蒙軍的情況下，採用旗幟等表現戰鬥力和戰鬥行動的標誌，露虛隱實，把敵軍的兵力引到預設的方向，從而乘機進入城中。在救援的多支軍隊中，唯有呂文德的軍隊進入城中，給守軍以有力的支持，顯示出他「高出流輩」〔註26〕的軍事才能。

　　嘉熙二年（1238），蒙軍再次進攻兩淮，時呂文德守衛儀真。蒙軍的哨騎侵擾儀真，呂文德「以單騎衝突，賊頗披靡」。後滁州告急，呂文德奉命趕赴滁州救援，而當他十二月到達那裡時，蒙軍已破城而去。呂文德離開儀真後，

〔註20〕脫脫：《宋史》卷四百一十六《王萬傳》，第 12483 頁。
〔註21〕劉克莊：《劉克莊集箋校》卷一百四十一《杜尚書神道碑》，第 5624 頁。
〔註22〕劉岳申：《申齋集》卷八《大元開府儀同三司行中書省左丞夏公神道碑銘》，文淵閣四庫全書本，第 1204 冊，第 275 頁。
〔註23〕劉克莊：《劉克莊集箋校》卷一百四十一《杜尚書神道碑》，第 5624 頁。
〔註24〕吳潛：《許國公奏議》卷二《奏申論安豐軍諸將功賞》，第 49 頁。
〔註25〕劉克莊：《劉克莊集箋校》卷一百四十一《杜尚書神道碑》，第 5626 頁。
〔註26〕周密：《癸辛雜識》別集下《襄陽始末》，中華書局，1988 年，第 307 頁。

蒙軍「有哨騎薄真州城下，趕殺人民」〔註27〕。南宋派水軍統制陳亮救援。宋廷認為，蒙軍「窺伺儀真，事勢頗急。真之備禦，素不如滁，而真之存亡，關係江面」。因此「令呂文德仍舊帶所部人馬，即赴儀真之急」〔註28〕。後呂文德奉命，趕回儀真，保證了這裡的安全。

嘉熙三年，蒙軍再度策劃進攻兩淮，以雪前恥。淮西制置使杜杲得到諜報，「練舟師，扼淮河」，蒙軍不能渡淮，被迫繞道荊湖北路與兩淮西路接壤的信陽，費半月始到達淮西。杜杲遣其子杜庶「監呂文德、聶斌軍，伏精銳於要害」，蒙軍所至遇伏。經過激戰，宋軍取得 27 場戰鬥的勝利。後雙方大戰於朱皋（今河南固始東北六十里）、四冢（位置不詳），宋軍俘敵無數，「獲酋妻、黃金、鎧甲、駝馬」〔註29〕等。

淳祐元年（1241）初，宋廷任命呂文德知廬州。他朝辭時，宋理宗對他說，淮西諸軍冒濫虛名的很多，三萬游擊軍情況尤其嚴重。理宗要呂文德回去揀選。並囑咐他邊事要與沿江制置使、兼知建康府、兼淮西制置使別之傑商量，遵從制閫，便是遵依朝廷。呂文德恭領聖諭。〔註30〕

淳祐三年夏，時為福州觀察使、侍衛馬軍副都指揮使、總統兩淮出戰軍馬、兼知黃州的呂文德奉李曾伯之命，率一支 3000 人的部隊，乘坐戰艦，沿渦河北上，出河南，「入亳搗汴」〔註31〕，「攻撓敵壘」〔註32〕。呂文德此次征戰，「由夏涉冬，以數千之孤軍橫挑堅陣，取其城邑，敵為之牽制」〔註33〕，使蒙軍南下侵襲的時間比往年晚一些，並且入侵之後，很快就撤回來。是年十二月二十九日，呂文德因此功進秩四等。〔註34〕呂文德的這次戰鬥，與以往不同，是主動出擊，殺傷蒙軍。宋朝將領由於受傳統戰略的影響，「少有遠程奔襲，機動作戰，出奇制勝的戰例」〔註35〕，呂文德的這次戰鬥，就是少數幾次主動

〔註27〕 吳潛：《許國公奏議》卷二《奏已差軍剿逐難賊》，第 55 頁。
〔註28〕 吳潛：《許國公奏議》卷二《奏論儀真存亡關係江面》，第 55 頁。
〔註29〕 劉克莊：《劉克莊集箋校》卷一百四十一《杜尚書神道碑》，第 5627 頁。
〔註30〕 不著撰人：《宋史全文》卷三十三《宋理宗三》，第 2744～2745 頁。
〔註31〕 李曾伯：《可齋續稿》後卷三《奏為徐提刑申呂馬帥事》，文淵閣四庫全書本，第 1179 冊，第 620 頁。
〔註32〕 李曾伯：《可齋續稿》後卷五《回宣諭關閣長二月六日兩次聖旨奏》，文淵閣四庫全書本，第 1179 冊，第 654 頁。
〔註33〕 李曾伯：《可齋續稿》後卷三《奏為徐提刑申呂馬帥事》，文淵閣四庫全書本，第 1179 冊，第 620 頁。
〔註34〕 不著撰人：《宋史全文》卷三十三《宋理宗三》，第 2756 頁。
〔註35〕 王曾瑜：《宋朝軍制初探》（增訂本），第 529～530 頁。

出擊並取得成功的戰例之一。有學者認為呂文德「只會墨守宋廷消極防禦成規」〔註36〕，似並不符合史實。

蒙軍屢次進攻兩淮，使南宋不得不加強這一帶的防務。鑒於蒙軍多從入淮隘口以通安豐的教訓，宋廷深感淮河中流防線「安豐最緊」，而「欲固安豐，須復壽春」〔註37〕。所以宋廷命兩淮制置使李曾伯收復壽春。嘉熙四年（1240），南宋壽春守將叛變，投降了蒙古。但蒙古並沒有留下軍隊駐守，南宋也沒有及時收復，所以壽春城池毀壞，無人居住，成為狐狸出沒和野草叢生的荒涼之地。李曾伯考慮到廬州義士軍都統王安曾駐守過壽春，於是派他率領淮安、揚州、廬州、建康、無為、安豐、池州、招信、鎮江等處軍隊兩萬餘前去收復壽春，並加固城池。從淳祐三年（1243）十二月二十日開始，王安率軍修復壽春城。壽春位於淮河北岸，與安豐隔河相對，是兩淮的門戶，南北的要衝。對宋軍的修城，蒙古不會坐視不管。次年二月，蒙軍為阻止宋軍築城，派軍進攻壽春。雙方在淮河隘口展開激戰。這次蒙軍採取「水陸協同、三面夾擊」的水戰戰法，改變了過去只由水軍單獨作戰的傳統方法，進行水陸聯合作戰。對蒙古的這種新式戰法，當時大臣李曾伯做了描述：「蓋舟師本吾長技，敵乃習而用之。由諸隘出淮，皆順流建瓴之勢。而敵人又於南北兩岸夾以馬、步，翼以炮弩，每每吾以一面而受敵三面之鋒，而又眾寡相絕，勢所難御。非吾師之不盡用力也。」〔註38〕李天鳴先生對此作了解釋。他說，當蒙古水軍與敵作戰時，「正面上由戰艦攻擊敵方的戰艦，左右兩岸的軍隊則使用弩炮向敵方的戰艦射擊，並且由步、騎兵予以掩護——以防宋軍上岸攻擊蒙軍的弩炮部隊」〔註39〕，形成三面夾擊之勢。這種戰法，充分發揮了蒙古騎兵優勢，以騎兵的優勢來彌補蒙軍水上舟師能力的不足，以己之長，剋彼之短。而且由於當時宋騎兵羸弱，無法效法。憑藉這種方法，蒙軍在渦河口擊敗宋軍。其後，蒙古的馬步軍都元帥察罕率一部分軍隊將壽春城包圍了起來。另派一支軍隊去渦河口阻擋南宋的援軍。壽春被圍後，宋廷派鎮江都統劉虎、知蘄州呂文德以及京湖制置使孟珙之一部援助壽春，各路援

〔註36〕陳世松等：《宋元戰爭史》，第 204 頁。

〔註37〕不著撰人：《宋史全文》卷三十三《宋理宗三》，第 2755 頁。

〔註38〕李曾伯：《可齋雜稿》卷十七《淮閫奏詔言邊事奏》，文淵閣四庫全書本，第 1179 冊，第 351 頁。

〔註39〕李天鳴：《宋元戰爭中元軍的水陸協同三面夾擊水戰戰法》，《國際宋史研討會論文集》，中國文化大學史學研究所，1988 年。

軍由呂文德統一指揮。三月十八日,呂文德接到救援的命令後,準備了兩天,二十日就率軍離開蘄州,前往救援。他們沿長江順流而下,二十六日抵達揚州,然後又沿著運河、淮河西上。此時,劉虎已擊退了在渦河口阻擋宋軍的蒙軍,並繼續沿著淮河轉戰而上。不久,劉虎和呂文德兩軍會師,軍威更盛。宋軍繼續西上,至洛河口,宋軍遭到阻擊,雙方從四月十四日相持到五月三日。宋軍白日張耀兵勢,晚上劫營。這時,淮河水位不高,河中露出許多沙灘,以致宋軍舟船難以前行。但不久,下起雨來,淮河水位上漲,宋軍舟師得以前行。呂文德率軍接連擊敗蒙軍,抵達壽春附近。蒙軍為阻止宋軍的救援,在淮河兩岸架起了浮橋,又構築了土壩,並安放了弩炮。呂文德與蒙軍於五月初九、初十、十一水陸奮戰「凡三晝夜」,「寸寸而上之」〔註40〕。為了能進入城中,呂文德命其部下先鋒夏貴與蒙軍「夜戰一鼓,盡平諸寨」,打通了食盡告急的壽春府的糧道。呂文德、夏貴「命各賞軍陸路之糧,半進半撒直抵壽春城下」。蒙軍第二天早上「見城下所撒米甚眾」,「皆欲解圍去」。後呂文德、夏貴「命舟師人持兩囊磚石,囊兩兩相繫,競擲棄橋上,橋壓沉水底,人船魚貫而上,兵食俱進」〔註41〕。十二日,宋軍終於進入被圍已久的壽春城中。但蒙軍依然「圍繞如故」。呂文德於「次日持兵出剿,一鼓而破之」,蒙軍始北遁。此戰,從二月到五月,壽春被圍困七十餘日,南宋最終取得了勝利。其中呂文德所起作用最大,「非文德指授諸校,布置方略,未必能以全勝若此」〔註42〕。呂文德的上司淮東安撫制置使、知揚州、兼淮西制置使李曾伯致語稱讚呂文德:「中興第一之人才,國士無雙之聲望。引戈船而競進,斷鐵鎖以先驅。聽鶴唳以走秦師,未數宇之之略;乘鵝池而入蔡壘,盡歸李愬之功。」〔註43〕五月十九日,宋廷因呂文德解圍有功,要他到樞密院面陳戰況。六月一日,宋廷因此功以呂文德兼淮西招撫使兼知濠州,節制濠、安豐、壽、亳州軍。〔註44〕

此戰的意義不僅在於保衛了重鎮壽春,而且在於以呂文德為首的援軍創

〔註40〕李曾伯:《可齋續稿》後卷三《奏為徐提刑申呂馬帥事》,文淵閣四庫全書本,第 1179 冊,第 620 頁。

〔註41〕劉岳申:《申齋集》卷八《大元開府儀同三司行中書省左丞夏公神道碑銘》,文淵閣四庫全書本,第 1204 冊,第 275 頁。

〔註42〕李曾伯:《可齋續稿》後卷三《奏為徐提刑申呂馬帥事》,文淵閣四庫全書本,第 1179 冊,第 620 頁。

〔註43〕李曾伯:《可齋雜稿》卷二十二《壽城凱還宴將帥》,第 1179 冊,第 416 頁。

〔註44〕不著撰人:《宋史全文》卷三十三《宋理宗三》,第 2759 頁。

造了一個舟師經由水陸赴援的典型戰例。〔註45〕所謂水路赴援，是當一城受圍時，南宋其他軍隊通過水路前往救援。因為南宋陸軍難以與蒙軍對抗，通過陸路救援，很容易被蒙軍打敗或阻擊。所以，南宋充分發揮自己的水軍優勢，實施水路赴援，加之兩淮地區河流眾多，為實施這種救援提供了條件。呂文德經由水路成功救援壽春，為南宋實施這種戰法積累了寶貴經驗。此外，我們通過此戰再次看到呂文德不僅是位勇將，而且是員智將。當呂文德率領的宋軍打通進入壽春的糧道後，他故意讓宋軍「半進半撤」地把糧食運送到城中。第二天，敵人看到灑落在地上的糧食，以為南宋很多部隊攜帶大批糧食進入城中，從而產生畏懼心理，以致「皆欲解圍去」。呂文德的這種方法，其實是運用了中國古代兵法所謂的「致疑」戰術。《兵經百言・法部・張》說：「不足者故盈。或設偽以疑之。」〔註46〕即自己力量不足時通過一些假象顯示自己力量有餘，造成敵人的迷惑和錯覺。從當時情況看，呂文德所帶的軍隊和糧餉不可能太多。他就是通過故意掉落在地上的糧食來迷惑敵人，使敵人誤認為宋軍力量很強大，從而造成敵軍信心和士氣的低落。後來他抓住時機，率軍攻擊蒙軍。蒙軍一戰而潰，應與信心和士氣低落有關。有學者說呂文德「有勇無謀」〔註47〕，似不符合史實。

淳祐四年（1244）秋，南宋趙文亮、劉虎、湯孝信部與蒙軍在五河口「相持累日，弗能遏敵兵」。張濟、呂文德率水軍救援，擊敗了蒙軍。〔註48〕五河口是渦水與淮河的交叉口，是蒙軍進入淮河的主要入口之一，所以蒙軍此次雖戰敗，但在接下來的幾年，仍試圖從此突破南宋淮河防線。呂文德率宋軍與蒙軍在此展開了激烈爭戰。

淳祐五年春，蒙軍又進攻五河口堡寨。南宋「（呂）文德、（趙）文亮聚重兵於此堡」，皆南北之精銳。他們與蒙軍「轉戰幾晝夜」，但由於「敵勢四集」，所以「圍堡亦遂勿支」。呂文德為避免主力被殲，「見機急急收斂」〔註49〕，燒毀堡寨，退入濠州固守。可能是蒙軍「稍畏呂文德，故以兵綴之，卻攻他

〔註45〕 李天鳴：《淳祐四年壽春之捷考》，《中華文化復興月刊》，第19卷，第11期，1986年。

〔註46〕 揭暄：《兵經百言》，熊武一主編：《古代兵法鑒賞辭典》，軍事譯文出版社，1991年，第845頁。

〔註47〕 周寶珠：《南宋抗蒙的襄樊保衛戰》，《史學月刊》1982年第6期。

〔註48〕 李曾伯：《可齋雜稿》卷十七《淮閫奉詔言邊事奏》，第1179冊，第351頁。

〔註49〕 李曾伯：《可齋雜稿》卷十七《淮閫奉詔言邊事奏》，第1179冊，第351頁。

郡」〔註50〕。呂文德趁機於二月九日收復了五河口堡寨。他因功進三秩。〔註51〕

淳祐五年七月，呂文德與蒙軍戰於五河隘口，又戰於濠州，蒙軍退還。宋朝取得了勝利。宋廷「詔文德屯駐諸軍戰守將士，推恩有差」〔註52〕。

淳祐六年四月，呂文德上奏統制汪懷忠、路鈐夏貴、知州王成、倪政等與蒙軍作戰有功，請朝廷獎賞。朝廷准奏。〔註53〕

是年七月，蒙軍圍壽春城，呂文德率軍至黃家穴，「總管孫琦、呂文信、夏貴等戰龍堰，有功」。呂文德官一轉。〔註54〕

淳祐八年二月，蒙軍又進攻淮南。其中一支軍隊圍困泗州，另一支軍隊越過淮河，牽制招信、淮安。宋軍奮勇抗擊越過淮河的蒙軍，蒙軍失利。這樣，蒙軍將其餘部隊召集在泗州、招信附近的淮河南北兩岸，並架設浮橋，橫築甬道，企圖長期圍困泗州。泗州位於汴水和淮河的交叉處，與盱眙相對，是南北水陸交通咽喉。南宋大臣胡銓曾說，海、泗丟失則「兩淮決不可保，兩淮不可保則大江決不可守，大江不可守則江浙決不可安」〔註55〕。所以泗州對南宋國防十分重要。泗州被圍後呂文德率軍救援，打斷了蒙軍設在泗州和招信軍之間的浮橋，大破蒙軍，解除了泗州之圍。〔註56〕

淳祐九年，蒙軍入侵淮南，與宋軍交戰。呂文德「指授將士，累策奇功」，所以「進官二等」〔註57〕。

從以上記載可以看出，呂文德在此期間多次參加對蒙軍作戰。雖然他曾失敗過（如淳祐五年的五河口之戰），但正如李天鳴先生所說，「他的戰績是勝利的占絕對的多數」〔註58〕。然而，在此期間卻發生了淮西提刑徐敏子誣告呂文德的事情。從保存的《奏為徐提刑申呂馬帥事》〔註59〕來看，徐敏子指責呂文

〔註50〕 杜範：《清獻集》卷十四《三月十二日巳時奏》，文淵閣四庫全書本，第 1175 冊，第 728 頁。

〔註51〕 不著撰人：《宋史全文》卷三十四《宋理宗四》，第 2777 頁。

〔註52〕 脫脫：《宋史》卷四十三《理宗三》，第 833 頁。

〔註53〕 脫脫：《宋史》卷四十三《理宗三》，第 835 頁。

〔註54〕 脫脫：《宋史》卷四十三《理宗三》，第 835～836 頁。

〔註55〕 胡銓：《澹庵文集》卷二《上孝宗封事》，文淵閣四庫全書本，第 1137 冊，第 21 頁。

〔註56〕 脫脫：《宋史》卷四十三《理宗三》，第 839 頁。

〔註57〕 不著撰人：《宋史全文》卷三十四《宋理宗四》，第 2799 頁。

〔註58〕 李天鳴：《宋元戰史》，第 555 頁。

〔註59〕 李曾伯：《可齋續稿》後卷三《奏為徐提刑申呂馬帥事》，文淵閣四庫全書本，第 1179 冊，第 620 頁。

德「泱泱怨望，行之語言，及以積蒙議朝廷，以爾汝待君父」，污蔑呂文德在入亳州搗汴之戰、壽春之戰中無功。當時，呂文德和徐敏子的上司兩淮制置使李曾伯為呂文德做了辯解。李曾伯認為徐敏子反覆無常，心胸狹窄，所說並非事實。憑藉著自己對呂文德多年的認識，認為呂文德「雖性頗直而言論自不苟」。他又通過詳細敘述呂文德在入亳州搗汴之戰、壽春之戰中的表現，說明呂文德不會「以積蒙議朝廷，以爾汝待君父」。最後，李曾伯以「闔門百口」擔保呂文德的清白。通過李曾伯的解釋，朝廷知道呂文德是冤枉的，沒有處罰他。事實上，這一時期的呂文德，不僅不是作戰無功，相反，通過前面的敘述可知，他的戰功是顯赫的。除李曾伯稱讚呂文德「久董戎行，素負忠赤，聲名在於敵國，勳績著於三邊」〔註60〕外，「素有才望」〔註61〕的名臣吳潛說呂文德是一位「良將」，他的去留，「關係一城之休戚」〔註62〕。另一賢臣杜範甚至認為蒙軍「稍畏呂文德」〔註63〕。蒙古軍隊是當時世界上最強大的軍隊，而呂文德能讓蒙軍「稍畏」，可以想見他的軍事才能和戰功。當然，呂文德在此期間的表現也不是完美的。據劉克莊記載，淳祐初，呂文德前往朝廷，趙希瀞暫時接替他的職位。趙希瀞到軍營裏，發現「軍無宿儲，萬口籍籍，憤呂掊克」。趙希瀞「密刻其不法」，向朝廷做了秘密報告。最後呂文德受到「奪帥權移馬司」〔註64〕的處分。當時呂文德地位還不是很高，但就已開始剋扣軍餉，據為己有，日漸腐敗。宋廷雖對呂文德做了處罰，但並不有效。後來，隨著地位的提高，呂文德貪污腐敗的程度日益加深。

二、轉戰湖、川

（一）措置西南邊防

從 1234 年宋蒙戰爭全面爆發至蒙哥汗即位，蒙古對南宋實施了長達 17 年的進攻，但蒙古並未突破南宋防線，取得很大進展。蒙哥汗即位後，為改變這種局面，開始實施「斡腹之謀」，試圖從側翼進攻南宋。為此，他派遣忽必烈、兀良合臺於 1254 年滅亡了大理。寶祐三年（1255），兀良合臺從雲南進攻四

〔註60〕 李曾伯：《可齋續稿》後卷三《奏為徐提刑申呂馬帥事》，文淵閣四庫全書本，第 1179 冊，第 620 頁。

〔註61〕 黃震：《古今紀要逸編》。

〔註62〕 吳潛：《許國公奏議》卷二《奏論儀真存亡關係江面》，第 55 頁。

〔註63〕 杜範：《清獻集》卷十四《三月十二日巳時奏》，文淵閣四庫全書本，第 1175 冊，第 728 頁。

〔註64〕 劉克莊：《劉克莊集箋校》卷一百五十五《安撫殿撰趙公墓誌銘》，第 6092 頁。

川，與陝、蜀的蒙軍會合，夾擊宋軍。在宋軍的頑強抵抗下，蒙古的這次行動沒有成功，但這次進攻對南宋構成了威脅，使南宋不得不加強西南邊防。

早在寶祐二年七月，宋廷令湖北安撫使、知峽州呂文德總統江陵、漢陽、歸、峽、襄、郢軍馬事，暫置司公安，上下應援。〔註65〕同年十月，因李曾伯進司重慶，宋廷令呂文德主持京湖職事。〔註66〕寶祐三年，宋廷任命呂文德知鄂州，節制鼎、澧、辰、沅、靖五州。〔註67〕寶祐五年閏四月二十四日，為預防雲南的蒙軍經由思、播侵入沅、靖，宋廷命湖北安撫使、兼常澧辰沅靖鎮撫使呂文德兼知靖州，〔註68〕並將治所從常州移至靖州。九月，宋廷得到四川宣撫制置使蒲擇之的奏報，獲悉蒙軍可能侵入羅氏鬼國。為此，宋廷指示呂文德和潼川路安撫使朱禩孫，若蒙軍果真進攻這裡，朱禩孫在後面追襲，呂文德在前面阻擊，夾擊蒙軍。〔註69〕同時，播州向宋廷奏報，蒙軍可能侵入這裡，請求支援。宋廷命呂文德從靖州進入播州。呂文德起初考慮播州乏糧，後京湖宣撫大使、兼夔路策應大使趙葵說沅州有糧可以運發，蒲擇之也說播州有糧，於是呂文德便率部進入了播州。〔註70〕到達後，呂文德與當地少數民族首領、雄威軍都統楊文一起，前往播州以西的羅氏鬼國「諭群酋內屬，大酋勃先領眾降」〔註71〕。為抵擋蒙軍前行，寶祐六年，宋廷又命呂文德修築黃平城，後又派樞密院編修官呂逢年前去督導。〔註72〕同年十一月，黃平城終於修竣。〔註73〕

呂文德在湖南西部和四川的舉措，「對防備蒙軍自大理透漏至荊湖亦確實功不可沒」〔註74〕。為此，宋廷於開慶元年（1259）正月下詔褒獎「呂文德築城黃平，深入蠻戎，撫輯有方」，將其「進官三等」〔註75〕。

〔註65〕不著撰人：《宋史全文》卷三十五《宋理宗五》，第 2836 頁。

〔註66〕不著撰人：《宋史全文》卷三十五《宋理宗五》，第 2838 頁。

〔註67〕脫脫：《宋史》卷四十四《理宗四》，第 855 頁；不著撰人：《宋史全文》卷三十五《宋理宗五》，第 2842 頁。

〔註68〕脫脫：《宋史》卷四十四《理宗四》，第 860 頁。

〔註69〕不著撰人：《宋史全文》卷三十五《宋理宗五》，第 2862 頁。

〔註70〕不著撰人：《宋史全文》卷三十五《宋理宗五》，第 2863 頁。

〔註71〕宋濂：《宋學士文集》卷三十一《楊氏家傳》，四部叢刊初編本；參見貴州省博物館：《遵義高坪「播州土司」楊文等四座墓葬發掘記》，《文物》1974 年第 1 期。

〔註72〕不著撰人：《宋史全文》卷三十五《宋理宗五》，第 2865 頁。

〔註73〕不著撰人：《宋史全文》卷三十五《宋理宗五》，第 2869 頁。

〔註74〕石堅軍：《蒙古「斡腹之謀」與南宋西南邊防》，四川大學博士學位論文，2008年，第 156 頁。

〔註75〕不著撰人：《宋史全文》卷三十六《宋理宗六》，第 2879 頁。

（二）援助釣魚城、鄂州

　　寶祐五年（1257）春，蒙哥汗經過數年準備，大舉攻宋。他將軍隊分為三路：一路由他自己率領，進攻四川；一路由塔察兒率領，進攻京湖；一路由兀良合臺率領，自雲南入廣西，從側翼進攻南宋。蒙哥汗計劃以主力奪取四川後，順江而下，三路大軍會合後直搗臨安，滅亡南宋。寶祐五年九月，蒙哥汗率軍出發。蒙軍一路勢如破竹、進展順利。寶祐六年十二月，蒙軍到達釣魚山下，形成了對釣魚山的包圍。蒙哥汗計劃攻下釣魚山後，再率軍前進。

　　宋廷得知四川危急的消息後，先後派軍予以支援。開慶元年三月十三日，宋廷以呂文德為保康軍節度使、四川制置副使、兼知重慶府，〔註76〕令其支援四川。需要注意的是，這是呂文德首次建節，標誌著他成為南宋重要將領，而他擔任四川制置副使，說明他已是掌握一個大軍區實權的獨當一面的閫帥。這些表明呂文德在南宋軍中地位的大幅提高。蒙古知道南宋會派軍支援，所以早已令紐璘在涪州藺市和銅羅峽架設浮橋，駐紮軍隊，「以杜宋援兵」〔註77〕。呂文德、向士璧等到達藺市附近後，賈似道令向士璧將兵權交給呂文德，讓後者統一指揮，但向士璧不從。〔註78〕宋軍與蒙軍形成對峙，雙方相持七十日。〔註79〕後「蜀江雪漲水冒橋趾，呂文德等與宣司所調兵數戰皆克，攻斷浮梁」〔註80〕。蒙軍被迫撤退至離重慶東20里的銅羅峽。阿八赤奉命監元帥紐璘軍，遏宋朝援兵，駐重慶下流之銅羅峽，夾江據崖為壘。宋軍都統甘順自夔州溯流西上，乘舟來攻。「阿八赤預積薪於二壘，明火鼓譟，矢石如雨，順流而進，宋人力戰不能支，退保西岸，斂兵自固」。第二天黎明宋軍復至，阿八赤身率精兵，緣崖而下，乘戰艦進攻宋軍。結果宋軍敗走，被殺傷數千人。〔註81〕宋軍兩次欲衝破蒙軍的阻攔，都失敗了。最後，呂文德「乘風順戰勝」，突破蒙軍的阻攔，「遂入重慶」。宋理宗十分高興，卜御筆說「呂文德身先士卒，攻斷橋樑，蜀道已通，忱可嘉尚。令學士院降詔獎諭。」〔註82〕

〔註76〕不著撰人：《宋史全文》卷三十六《宋理宗六》，第 2881 頁。
〔註77〕宋濂：《元史》卷一百二十九《紐璘傳》，第 3145 頁。
〔註78〕脫脫：《宋史》卷四百一十六《向士璧傳》，第 12477 頁。
〔註79〕宋濂：《元史》卷一百五十四《石抹按只傳》，第 3641 頁。
〔註80〕不著撰人：《宋史全文》卷三十六《宋理宗六》，第 2882 頁。
〔註81〕宋濂：《元史》卷一百二十九《來阿八赤傳》，第 3142 頁。
〔註82〕不著撰人：《宋史全文》卷三十六《宋理宗六》，第 2883 頁。

　　上面所述就是著名的斷橋之功，但有些史料卻與此記載不同。如《古今紀要逸編》記載：「劉整與曹世雄同斷橋，功成，文德深忌之。」〔註83〕《宋史全文》也記道：「斷橋之役，曹世雄功第一，整次之。」〔註84〕這些記載表明，是曹世雄、劉整立下了斷橋之功，這與我們前面根據史料記載的敘述是矛盾的，這怎麼解釋呢？筆者認為，史料對斷橋之功的記載極為混亂，斷橋之功屬於呂文德，還是屬於劉整與曹世雄，都有重要史料予以支持，〔註85〕要徹底搞清楚當時的情況已不大可能。在這種情況下，筆者有一個推測，即呂文德和劉整、曹世雄都在斷橋之役立有功勳，由於史料記載的側重點不同而導致出現牴牾的情況。開慶元年（1259）三月，宋廷看到蒙軍在涪州藺市架設浮橋，就招募能打斷浮橋的人。〔註86〕這時劉整正轉戰四川各地，〔註87〕他與曹世雄可能都到涪州藺市參與了斷橋之役。在作戰中，曹世雄功勞最大，劉整次之，呂文德也應參與了此戰。但需要注意的是，此戰宋軍的統帥是剛剛被朝廷任命為四川制置副使、兼知重慶府的呂文德。曹世雄、劉整都是呂文德的下屬。曹世雄、劉整立了功，作為他們上級的呂文德自然也有功勞。可能因此之故，有的史書強調曹世雄、劉整，有的史書徑直記載呂文德。按照筆者的這個推測，關於斷橋之功混亂的記載就得到合理的解釋了。當然，要弄清楚史實，還需更充分的資料。

〔註83〕黃震：《古今紀要逸編》。

〔註84〕不著撰人：《宋史全文》卷三十六《宋理宗六》，第 2904 頁。

〔註85〕衣川強認為，「對於破壞涪州藺市浮橋、重開南宋方面往來通路的這個事件，《宋史》以外的史料都認為是曹世雄和劉整兩位將領功績」。見氏著：《劉整的叛亂》，劉俊文主編：《日本中青年學者論中國史》（宋元明清卷）。衣川強所說並不正確。記載呂文德破壞涪州藺市浮橋、重開南宋方面往來通道的史書，除《宋史》外，還有《宋史全文》，見不著撰人《宋史全文》卷三十六《宋理宗六》，第 2882 頁。另《元史》卷一百二十九《紐璘傳》也記載了此事，「宋將呂文煥攻涪浮橋……（紐璘）大敗文煥軍，獲裨將二人，斬之，遂班師。文煥以兵襲其後，紐璘戰卻之」。這段記載諱言蒙古失敗，反說蒙古獲勝。還將宋軍的首領呂文德誤記為呂文煥，這也說明呂文德是參與了涪州藺市之戰的。

〔註86〕不著撰人：《宋史全文》卷三十六《宋理宗六》載：「（開慶元年）三月己酉，都省言：『北兵見在涪州藺市大渠縛橋，及在江南作過，奸謀巨測，合行痛剿。乞立賞格以激將士。』詔如能出奇斫橋襲寨有顯著者，旌賞有差。」第 2881 頁。

〔註87〕衣川強：《劉整的叛亂》，劉俊文主編：《日本中青年學者論中國史》（宋元明清卷），上海古籍出版社，1995 年。

　　呂文德等打通道路後，便進入重慶。當時蒙軍正圍攻釣魚城，形勢危急，因此，他又立即率軍溯嘉陵江而上，救援釣魚城。五月，呂文德與蒙軍「大戰三槽山西」，宋軍勝。六月，呂文德又在「山之東」擊敗了蒙軍。蒙哥汗令史天澤阻擊宋軍。雙方在黑石峽相遇。「宋兵戰艦三百餘泊黑石峽東，以輕舟五十為前鋒，北軍之船七十餘泊峽西，相距一里許」〔註88〕。史天澤依然使用水陸協同戰術，將陸軍「分軍為兩翼，跨江注射」〔註89〕，配合水軍攻擊宋軍。史天澤用旗幟和鼓聲指揮軍隊。蒙軍在聽到鼓聲，看見旗幟東指，遂鼓譟衝入宋軍陣中。雙方「兵一交，宋前鋒潰走，戰艦繼亂」〔註90〕，失敗而歸。蒙軍乘勝追擊，直追至重慶，三戰三捷，奪得宋戰艦百餘艘，〔註91〕最後「全師而還」〔註92〕。呂文德救援釣魚城的行動以失敗而告終。呂文德失敗的主要原因，一是宋軍處於嘉陵江的下游，蒙軍處於上游，蒙軍可以順流而下進攻宋軍，而宋軍不得不逆流仰戰，在地理上，宋軍處於不利地位。第二，蒙軍使用水陸協同戰術，使宋軍一面受三面之鋒。第三，蒙軍建立了良好的指揮系統。史天澤通過旗幟、鼓聲等指揮軍隊，提高了指揮效率和準確度。呂文德雖未衝破蒙軍的阻攔進至釣魚城下，但他的增援行動使蒙哥汗改變了本打算撤軍的計劃。史載「秋疫作，（蒙哥汗）方議回鑾。宋將呂文德帥艨艟千餘，蔽嘉陵江來犯，（蒙軍）逆戰不利」。〔註93〕在這種情況下，蒙哥汗派史天澤南下阻止呂文德的增援，取消了撤軍的打算，繼續攻打釣魚城。後蒙哥汗被釣魚城守軍的炮風所震，染病而死。〔註94〕如果不是呂文德救援，蒙哥汗已經「回鑾」了，也就不會死在戰爭前線，那麼世界歷史恐怕就要改寫了。所以，呂文德救援行動本身就具有重要意義。況且呂文德的增援行動牽制了蒙軍，減輕了釣魚城中宋軍的壓力，對釣魚城之戰的勝利產生了

〔註88〕　宋濂：《元史》卷一百五十四《李進傳》，第3639頁。
〔註89〕　宋濂：《元史》卷一百五十五《史天澤傳》，第3660頁。
〔註90〕　宋濂：《元史》卷一百五十四《李進傳》，第3639頁。
〔註91〕　宋濂：《元史》卷一百五十五《史天澤傳》，第3660頁。
〔註92〕　蘇天爵輯撰：《元朝名臣事略》卷七《丞相史忠武王》，中華書局，1996年，第119頁。
〔註93〕　王惲：《秋澗集》卷四十八《開府儀同三司中書左丞相忠武史公家傳》，四部叢刊初編本。
〔註94〕　《（萬曆）合州志》卷一《釣魚城記》。關於蒙哥汗的死因，還有不同說法。《元史·憲宗紀》載：「是月（六月），帝不豫。秋七月……癸亥，帝崩於釣魚山。」《史集》第二卷（拉施特主編，余大鈞、周建奇譯，商務印書館，1985年，第270頁）認為蒙哥汗得了霍亂而死。

積極影響。〔註95〕所以宋理宗說：「況合州之圍已解，亦其（呂文德）應援之力。」〔註96〕

　　蒙哥汗親征四川的同時，蒙古東路軍也在塔察兒的率領下向南宋京湖地區進攻。但塔察兒師久無功，蒙哥汗改任忽必烈為東路軍統帥。忽必烈率軍南下，選擇以鄂州為攻擊目標和突破口。開慶元年（1259）九月八日，忽必烈抵達鄂州城下。後張柔、嚴忠濟和嚴忠嗣也率軍來到鄂州，與忽必烈會合。蒙軍對鄂州進行了猛烈的進攻。宋廷得知鄂州被圍後，中外大震，先後派數支軍隊援鄂。呂文德在四川戰事緩和後，也從重慶趕赴鄂州救援。途中，他與要去岳州的蒙古將領拔突兒相遇，呂文德擊敗這支蒙軍，「乘夜入鄂城」，使城「守愈堅」〔註97〕。蒙軍使用鵝車、挖地道等各種方法攻城，都被宋軍擊敗。蒙軍師久無功，士氣低落，加之糧食匱乏、疾病流行，愈益處於不利的境地。而且，由於忽必烈急於回去與阿里不哥爭奪汗位，所以他於十一月北返，後蒙軍陸續撤退，鄂州之圍遂解。

　　由於材料的缺乏，呂文德在此役的詳細情況我們不得而知。但不同史料載，「（蒙軍）將攻鄂州，宋賈似道、呂文德將兵來拒，水陸軍容甚盛」〔註98〕，「文德乘夜入鄂城，守愈堅」〔註99〕，「呂文德已並兵拒守，知我國疵，鬥氣自倍」〔註100〕，都提到呂文德。且鄂州之捷後的景定元年（1260）正月庚辰，宋廷晉升呂文德為檢校少傅、京西湖北安撫大使兼制置使、知鄂州。〔註101〕後宋廷認為「呂文德援蜀之賞未足酬功，今援鄂之勳，尤為顯著」〔註102〕，「賜緡錢百萬、浙西良田百頃」〔註103〕，說明呂文德在此役中是立了很大功勞的。

〔註95〕張亮先生也認為，呂文德救援釣魚城雖然失敗，「但在一定程度上提高了釣魚城軍民的士氣，也緩解了釣魚城的防守壓力」。見氏著《點防與面控——地緣關係視野下的釣魚城防禦》，《長江文明》2014年第1期。

〔註96〕不著撰人：《宋史全文》卷三十六《宋理宗六》，第2883頁。

〔註97〕宋濂：《元史》卷四《世祖一》，第62頁。

〔註98〕宋濂：《元史》卷一百四十八《董俊傳附董文用傳》，第3495頁。

〔註99〕宋濂：《元史》卷四《世祖一》，第62頁。

〔註100〕宋濂：《元史》卷一百五十七《郝經傳》，第3706頁。

〔註101〕不著撰人：《宋史全文》卷三十六《宋理宗六》，第2888～2889頁。

〔註102〕不著撰人：《宋史全文》卷三十六《宋理宗六》，第2889頁。

〔註103〕脫脫：《宋史》卷四十五《理宗五》，第871頁。《宋史全文》卷三十六《宋理宗六》載「萬頃」。顯係誇大，不取。

在蒙哥汗全面攻宋的戰爭中，呂文德先是西入四川，增援釣魚城，後又東下京湖，助解鄂州之圍，奔馳於兩大戰場，為抗擊蒙軍、保衛南宋做出了重要貢獻。

三、鎮撫荊襄

1259 年蒙軍攻宋失敗後，因忽必烈忙於與阿里不哥爭奪汗位和平定李璮叛亂，一時無暇侵宋。而南宋在賈似道的擅權下日益腐敗，也無力進擊蒙古，收復失地，所以從 1260～1267 年，雙方關係處於相對緩和的狀態。呂文德自開慶元年（1259）至咸淳五年（1269）十二月逝世，一直擔任京湖制置使（後為大使），〔註104〕坐鎮荊襄與蒙軍對峙。荊襄地區「控引京洛，側睨淮蔡；包括荊楚，襟帶吳蜀。沃野千里，可耕可守；地形四通，可左可右」〔註105〕。處於南北東西的中心位置，「進可以蹙賊，而退可以保境」〔註106〕，具有重要戰略地位。呂文德長期鎮守此地，說明宋廷對他的充分肯定和信任，當然也與賈似道的支持有關。

在坐鎮荊襄期間，呂文德主要做了五件事，一是在景定四年（1263）二月，濬築了鄂州、岳州、常德、澧州城池，並受到朝廷褒獎。〔註107〕有學者認為，呂文德修築城池是「墨守宋廷消極防禦成規」〔註108〕的表現。這種觀點似可商榷。首先，宋軍主要是步兵，蒙古主要是騎兵，兩軍在平原曠野正面對陣，南宋的步兵很難抵擋蒙古強大的騎兵。所以，宋軍只有依靠城池來防禦蒙古的進攻。而且，守城正是宋軍所擅長的，在宋蒙戰爭中，宋軍多次通過守城戰打退蒙古的進攻，如著名的釣魚城之戰、鄂州之戰等。因而，呂文德修築城池，正是為了充分發揮宋軍的優勢，以抵擋蒙古的進攻。第二，呂文德修築城池，特別是修築鄂州城，具有重要戰略意義。鄂州是南宋荊襄戰區三大重鎮之一，長江下游的屏障，地位十分重要。〔註109〕1274 年十二月，元軍渡過長江後，

〔註104〕 其間兼任過京湖安撫制置屯田使、夔路策應使、湖廣總領財賦、四川宣撫使等職，參見《宋史》卷四十五《理宗五》，第 877～878 頁。

〔註105〕 陳亮：《陳亮集（增訂本）》卷二《中興論》，中華書局，1987 年，第 24 頁。

〔註106〕 徐夢莘：《三朝北盟會編》卷二百一十三，上海古籍出版社，1987 年，第 1533 頁。

〔註107〕 不著撰人：《宋史全文》卷三十六《宋理宗六》，第 2916 頁。

〔註108〕 陳世松等：《宋元戰爭史》，第 204 頁。

〔註109〕 由迅：《南宋荊襄戰區軍事地理初探》，華中師範大學碩士學位論文，2011 年，第 33～34 頁。

有人主張元軍直接東下，攻取蘄、黃。阿朮認為：「若赴下流，退無所據，先取鄂、漢，雖遲旬日，師有所依，可以萬全。」〔註110〕元軍渡江後不敢放棄鄂州直接東下，可見鄂州地位之重要。浩浩長江數千里，宋人每每有難以防守之歎，所以只能將有限的兵力用來防守重要據點。鄂州重要的戰略地位，自然成為宋軍著力防守的位置之一。而且，在開慶元年的鄂州之戰中，鄂州城池遭到蒙軍破壞，〔註111〕需要修築。所以，呂文德修築鄂州等城池，是必要的，並非「墨守宋廷消極防禦成規」的表現。

二是呂文德聯合賈似道等逼死曹世雄及平定劉整之叛，收復瀘州。

蒙哥汗攻宋失敗後，呂文德嫉妒曹世雄在 1259 年涪州藺市所立的斷橋之功，逼死了他。史載：「斷橋之役，曹世雄功第一，整次之。大將呂文德忌二人，捃世雄罪逼以死。」〔註112〕

景定二年，南宋驍將劉整叛宋降蒙。劉整本是金人，金末投奔南宋。開始在京湖制置使孟珙麾下，後於 1254 年隨李曾伯入川。他英勇善戰，屢立戰功，被譽為「賽存孝」〔註113〕，是四川制司下四大主力將之一。劉整降蒙的原因，一是呂文德嫉妒劉整的戰功，「所畫策輒擯沮，有功輒掩而不白」〔註114〕。二是劉整與南宋另一大將俞興「有隙」。史載：「俞興守嘉定被兵，整自瀘州赴援，興不送迎亦不宴犒，遣吏以羊酒饋之。整怒，杖吏百而去。」〔註115〕因為此事，俞興對劉整產生了不滿。三是賈似道、俞興等借實施打算法對劉整迫害。《錢塘遺事》載：「及興為蜀帥而瀘州乃其屬郡，興遣吏打算軍前錢糧，整賂以金瓶，興不受。復至江陵求興母，書囑之，亦不納。整懼，又似道殺潛、殺士璧，整益不安，乃以瀘州降。」〔註116〕歸根到底，劉整的叛降是「南宋腐

〔註110〕宋濂：《元史》卷一百二十八《阿朮傳》，第 3121 頁。

〔註111〕《元史》卷一百六十五《張禧傳》、《宋史》卷四百七十四《賈似道傳》、《元文類》卷五十《濟南路大都督張公行狀》均記蒙軍攻破鄂州城東南牆。唯有《元史》卷一百四十七《張柔傳》：「（張）柔乃令何伯祥作鵝車，洞掘其城（指鄂州城），別遣勇士先登，攻其西南陬，屢破之。」認為蒙軍攻破西南牆，恐誤。參見胡昭曦主編：《宋蒙（元）關係史》，第 242 頁。但不管怎樣，蒙軍曾攻破鄂州城無疑。

〔註112〕不著撰人：《宋史全文》卷三十六《宋理宗六》，第 2904 頁。

〔註113〕宋濂：《元史》卷一百六十一《劉整傳》，第 3785～3786 頁。存孝指唐代名將李存孝。

〔註114〕宋濂：《元史》卷一百六十一《劉整傳》，第 3786 頁。

〔註115〕劉一清：《錢塘遺事》卷四《劉整北叛》，上海古籍出版社，1985 年，第 90 頁。

〔註116〕劉一清：《錢塘遺事》卷四《劉整北叛》，第 90～91 頁。按，文中說「又似

敗的封建政治軍事制度的必然結果」〔註117〕。宋廷得知劉整叛變後，十分震驚，宋理宗大呼：「瀘南劉整之變，宜急措置。」〔註118〕宋廷先派俞興去收復瀘州，但俞興被劉整和蒙軍擊敗。後宋廷又任命呂文德兼四川安撫使，令其收復瀘州。呂文德從夔州溯江而上，直奔瀘州治所神臂城。呂文德吸取俞興失敗的教訓，採取步步為營、穩紮穩打的戰術，從外圍層層逼近神臂城。景定二年十月，呂文德「已復瀘州外堡」。然後他又在神臂城隔江對岸「壘石為城，以示持久之計」〔註119〕。是年冬天，宋軍在呂文德的率領下，對神臂城中的蒙軍發動了總攻，「水陸並進，雨雪載塗。或築堡以逼其城，或巡江以護吾餉，或出奇以焚其積粟，或盡銳以剿其援師」〔註120〕。蒙軍支持不住，被迫撤出瀘州。景定三年正月，南宋復瀘州，改為江安軍。呂文德因此功進開府儀同三司。〔註121〕

　　雖然呂文德平定了劉整的叛亂，但劉整叛宋降蒙給南宋帶來了巨大損失：一是南宋失去了瀘州大部分地區。雖然呂文德收復了瀘州，但其所隸之州，除瀘、敘、長寧、富順外，其他均為蒙軍佔有。〔註122〕二是南宋失去了一位能征善戰的勇將，南宋本來就缺少善於打仗的將領，劉整叛宋降蒙，對南宋來說，無異於雪上加霜，而蒙古方面卻多了一位勇將，更是如虎添翼。三是劉整長期在南宋軍中任職，掌握許多軍事情報，「上下數千里間，要害阨塞，深淺遠近緩急之勢，備禦屯戰之宜，舟騎糧草之數，纖細不遺」〔註123〕。軍事情報事關戰爭勝負，乃至國家存亡，其重要性不言而喻。劉整的降元無疑洩漏了南宋大量重要的軍事情報，為蒙古攻宋創造了條件。如至元四年（1267）十一月，劉整向忽必烈說：「攻蜀不若攻襄，無襄則無淮，無淮則江

道殺潛、殺士璧，整益不安，乃以瀘州降」，誤。劉整於景定二年六月降元。向士璧是同年八月才被奪去官職（《宋史》卷四十五《理宗五》），吳潛則死於景定三年（《宋史》卷四百一十八《吳潛傳》）。

〔註117〕陳世松、喻亨仁、趙永康編著：《宋元之際的瀘州》，第82頁。

〔註118〕不著撰人：《宋史全文》卷三十六《宋理宗六》，第2903頁。

〔註119〕脫脫：《宋史》卷四十五《理宗五》，第878頁。

〔註120〕劉克莊：《劉克莊集箋校》卷五十三《收復瀘州獎諭宣制兩闈立功將帥詔》，第2602頁。

〔註121〕脫脫：《宋史》卷四十五《理宗五》，第880頁。

〔註122〕李蘭盼：《元一統志》卷五《四川等處行中書省》，中華書局，1966年，第522頁。

〔註123〕虞集：《劉垓神道碑》，國家文物局：《中國文物精華大辭典（書畫卷）》，上海辭書出版社，1996年，第46頁。

南可唾手下也。」〔註124〕所以「攻宋方略，宜先從事襄陽」〔註125〕，蒙軍若「浮漢入江，則宋可平」。忽必烈採納了這個建議，很快就大舉進攻襄樊。事實證明，這一建策是完全正確的。因此劉整是「元滅南宋的關鍵決策人物」〔註126〕。四是劉整建議蒙古加強水軍建設，並親自訓練，「造船五千艘，日練水軍，雖雨不能出，亦畫地為船而習之，得練卒七萬」〔註127〕。元軍之所以很快滅亡南宋，其水軍實力的增長是重要原因之一。元朝滅宋的五場大規模戰役，襄樊之戰、陽邏堡之戰、丁家洲之戰、焦山之戰、厓山之戰，或是水陸協同作戰，或是單純的水戰。可見，元朝不採取相應的對策，制服宋朝的水戰之長，是無法取勝的。〔註128〕劉整為元朝訓練水軍，大幅提高了元水軍的戰鬥力，為以後滅亡南宋奠定了基礎，所以「蒙元水軍之壯大，劉整無疑為一樞紐人物」〔註129〕。第五，蒙古圍襄樊五年不下，劉整獻計說：「樊、襄唇齒也，宜先攻樊城。」〔註130〕元軍統帥採納此策，進攻並拿下樊城。這樣，襄陽孤立，被迫降元。由上述可見劉整叛宋降蒙給南宋帶來的危害。劉整叛亂固然有諸多因素，〔註131〕但呂文德的嫉妒和壓制與劉整之叛不無關係。呂文德等害死曹世雄，逼走劉整，無異於自毀長城，嚴重損害了南宋國防。

第三件事，是命人在瞿塘峽口設置鐵索以攔截江面。瞿塘峽口附近的岩石上保留有當年負責此事的徐宗武的刻字，全文如下：

> 帥守淮右徐宗武面奉
> 開府兩鎮節度京湖制
> 置大使四川宣撫大使
> 呂公文德指授鑿洞打釬
> 鑄鐵柱造鐵纜鎖瞿塘關

〔註124〕周密：《癸辛雜識》別集下《襄陽始末》，第306頁。
〔註125〕宋濂：《元史》卷六《世祖三》，第116頁。
〔註126〕王曾瑜：《宋朝軍制初探》（增訂本），第535頁。
〔註127〕宋濂：《元史》卷一百六十一《劉整傳》，第3787頁。《元史》卷七《世祖四》載：「教水軍七萬餘人。」
〔註128〕王曾瑜：《宋朝軍制初探》（增訂本），第536頁。
〔註129〕蕭啟慶：《蒙元水軍之興起與蒙宋戰爭》，劉道平主編：《釣魚城與南宋後期歷史——中國釣魚城暨南宋後期歷史國際學術討論會文集》。蕭先生還在同一篇文章中說，劉整「對蒙古水軍大肆擴張的推動與執行出力最大」。
〔註130〕宋濂：《元史》卷一百六十一《劉整傳》，第3788頁。
〔註131〕參見陳世松、喻亨仁、趙永康編著：《宋元之際的瀘州》，第74～82頁。

永為萬年古蹟景定癸亥

季冬吉日記石

當朝大丞相賈公似道〔註132〕

　　工程的具體做法是鑿洞、打舿、鑄鐵柱、造鐵纜，將鐵纜橫穿過江面。這
種鐵纜的升降是可以控制的。鐵纜上升到水位以上，能夠阻止敵方艦船通過；
下降到水位以下，可以讓己方船艦通過。這個工程完成於景定四年冬。瞿塘峽
是川東的交通孔道和軍事要地。修建鐵柱、鐵纜的目的是阻截元軍舟師，既防
止其逆流入川增援，更遏止在川蒙軍順流而下。至於工程的效果，史未明載，
據胡昭曦先生推測，是起到一定作用的。〔註133〕

　　第四件事，是收復了開州。咸淳二年（1266）冬季起，宋蒙雙方對開州展
開激烈爭奪。次年十月，呂文德終於擊敗蒙軍，佔領開州。開州具有較重要的
戰略地位。如果蒙軍佔領了開州，則很容易南下切斷四川和東方的主要交通線
長江，從而阻止宋軍支持四川。因此，宋廷在得知呂文德收復開州後，下詔褒
獎。詔書中說：「（呂文德）奮鷹揚之勇，卯詔辰行；率虎闞之師，風驅霆擊。
我環攻而氣倍，彼株困而技窮。氈裘之援莫前，金湯之險遄復。膚公甚焉，勝
勢用張。巴夔西土之喉衿，既克敉定；襄峽上流之唇齒，猶肆窺覦。」〔註134〕
指出了呂文德作戰之英勇和佔領開州的重要意義。

　　呂文德在鎮撫荊襄期間做的第五件事，是同意蒙軍在襄陽附近設置榷場。

　　蒙古方面吸取蒙哥汗從四川進攻南宋失敗的教訓，逐漸改變了攻宋方向，
將京湖地區作為下一步攻宋的主要目標和突破口。為此，蒙軍做了一系列準
備，其中一項重要舉措是圍困京湖重鎮襄陽。為達到這一目的，劉整以與南宋
開展貿易為藉口，爭取了呂文德的同意，在襄陽附近設立榷場，並借機築起土
牆和堡壘，從而為進一步圍困襄陽創造了條件。關於此事，《錢塘遺事》記載：

　　　　整初至襄陽，與少保呂文德借地開互市。互市既置，因築城築

　　堡，江心起萬人臺，立撒星橋，以過南兵之援。〔註135〕

〔註132〕轉引自胡昭曦：《反映南宋末年四川軍民抗元鬥爭的幾件歷史文物》，《四川大
　　　　　學學報》1981年第4期。
〔註133〕胡昭曦：《反映南宋末年四川軍民抗元鬥爭的幾件歷史文物》，《四川大學學
　　　　　報》1981年第4期。
〔註134〕不著撰人：《咸淳遺事》卷上，守山閣叢書本。
〔註135〕劉一清：《錢塘遺事》卷六《襄陽受圍》，第124頁。

《錢塘遺事》記述失之於略,《宋季三朝政要》記載稍詳:

> 文德號「黑灰團」,整叛,遂獻言曰:「南人惟恃一黑灰團,可
> 以利誘也。」乃遣使獻玉帶於文德,求置榷場於襄城外,文德許之。
> 使曰:「南人無信,安豐等處榷場每為盜所掠,願築土牆,以護貨物。」
> 文德不許,使辭去。或謂文德曰:「榷場成,我之利也,且可因以通
> 和好。」文德以為然。追使者不及矣。既而使者至,復申前議,文
> 德遂許焉,為請與朝,開榷場於樊城外。〔註136〕

蒙古先是賄賂呂文德,請求在襄城外設置榷場。呂文德受賄,答應了這個請求。
後蒙古以保護貨物為由,請求在榷場周圍建築土牆,呂文德一開始不同意,後
有人說這對南宋有利,呂文德最終答應了這一請求。其實蒙古建築土牆保護貨
物是假,乘機修建堡壘圍困襄陽是真。據學者考證,這一事件發生在咸淳三年
(1267)。〔註137〕是年底,呂文煥出任知襄陽府兼京西安撫副使。他到任後,
看到了蒙古築堡圍襄的情況,立即向上級呂文德彙報。但他的彙報沒有及時到
達呂文德處。《宋季三朝政要》卷三載:

> (蒙古)築土牆於鹿門山。外通互市,內築堡。文煥知被欺,
> 凡兩申制置司,為親吏陳文彬匿之。北人又於白鶴城增築第二堡,
> 文煥再申方達。

〔註136〕佚名著、王瑞來箋證:《宋季三朝政要箋證》卷三,癸亥景定四年,第303頁。
鄭思肖的《大義略敘》中記載:「整素知似道好玉帶,難密遣使貢玉帶於文德,
求轉達似道。彼言:『襄陽舊有互市場,不開久矣,南北物貨俱絕,難人慾借
白河之地為互市場,通南北貨物。我固知官府蔽護商旅,但白河荒野,商旅
各有財本,懼為盜賊所劫。難人又欲就白河築小小家基寨,防拓以蔽商旅。』
似道納玉帶,諾其請。」(《鄭思肖集》,上海古籍出版社,1991年,第160
頁)此處說劉整向來知道賈似道喜歡玉帶,遂遣使貢玉帶於呂文德,請他轉
交給賈似道。也就是說,劉整行賄的對象是賈似道,而非呂文德。與前述《宋
季三朝政要》卷三的記載不同。考諸史籍,賈似道確實喜歡玉帶,《宋史》卷
四百七十四《賈似道傳》說賈似道「酷嗜寶玩」,「聞余玠有玉帶,求之,已
徇葬矣,發其家取之」。似乎《大義略敘》的記載可信,但沒有旁證,很難判
斷其真偽。估附於此。近年,鍾焓先生對《心史》中的《大義略敘》進行了
考證,得出了比較令人信服的結論。他運用王國維「二重證據法」中的「取
異國之故書與吾國之舊籍相互補正」的論證方法,研究後指出「至少《大義
略敘》可以確定為一篇史料價值很高的元代文獻」。參見氏著:《〈心史·大義
略敘〉成書時代新考》,《中國史研究》2007年第1期。

〔註137〕洪學東:《名開榷場,實修堡壘——宋元襄樊戰役元軍築堡年代考》,《元史及
民族與邊疆研究集刊》第31輯,上海古籍出版社,2016年。

由於呂文煥的親吏陳文彬藏匿了報告，[註138]致使呂文德沒有及時得到情報。[註139]呂文德得知情報後，立即向朝廷上報，「請益兵於朝」[註140]。宋廷「檄知郢州翟貴、兩淮都統張世傑申嚴備禦」[註141]，「調世傑與夏貴赴之」[註142]。宋軍企圖擊退蒙軍，破壞堡壘，但都遭失敗。[註143]呂文德知道自己被蒙古欺騙，憂憤交加，大病不起。

除以上幾事外，史料記載此期間呂文德大肆侵吞國家財產。黃震記道：

> 京湖兵在岳鄂王時額三十萬，史嵩之初為帥時尚二十五萬，似道自為帥時尚二十萬，李芝庭自淮東為帥時尚十七萬，至文德減至七萬，而掩取六十四州養三十萬兵之賦入為己有，又用私人戴塤者，名總領，歲科降朝廷金帛錢楮三十萬，瓜分為己私，以至寶貨充棟，宇產遍江淮，富亦極矣。[註144]

何忠禮先生認為：「呂文德不僅戰功卓著，而且在當時武將中可以稱得上是最廉潔奉公的一位。」並舉出了《宋史全文》卷三十六記載的呂文德派其子呂師夔將府庫所積多餘錢財上交國庫，得到宋理宗讚揚的事例以為證明。[註145]筆者認為，只憑藉這一件事恐怕不足以說明呂文德廉潔奉公，相反，

〔註138〕據《新元史》卷一百七十四《李秉彝傳》載，元朝將領李秉彝的計議官叫陳文彬，不知和此處的陳文彬是否同一人。若是，則陳文彬很可能在襄陽之戰前或期間就投靠了蒙古，或是蒙古安插在宋軍中的奸細。

〔註139〕鄭思肖《大義略敘》記載呂文煥向呂文德報告了襄陽被圍的情況，呂文德「竟不答」。《宋史紀事本末》卷一百〇六《蒙古陷襄陽》載，呂文煥遣人以蠟書報告襄陽被圍情況，呂文德怒且罵曰：「汝勿妄言邀功賞！設有之，亦假城耳。襄、樊城池堅深，兵儲支十年，令呂六堅守，果嶪妄作，春水至，吾往取之。比至，恐遁去耳！」這兩處記載與《宋季三朝政要》記載不同，就是待考，這裡採用《宋季三朝政要》的記述。

〔註140〕脫脫：《宋史》卷四百五十一《張世傑傳》，第 13272 頁。

〔註141〕脫脫：《宋史》卷四十六《度宗》，第 899 頁。

〔註142〕脫脫：《宋史》卷四百五十一《張世傑傳》，第 13272 頁。

〔註143〕洪學束：《名開榷場，實修堡壘——宋元襄樊戰役元軍築堡年代考》，《元史及民族與邊疆研究集刊》第 31 輯。

〔註144〕黃震：《古今紀要逸編》，四明叢書本。方震華指出，引文中的李芝庭應為李曾伯。李曾伯任職時，京湖的軍額只剩九萬（《可齋雜稿》卷二十《回奏置游擊軍創方田指揮》），而非十七萬。呂文德任職時，京湖的軍額恐怕不只七萬。因為呂文德常派萬人以上的部隊支援四川。若京湖只有七萬軍隊，似無法如此調度。參見氏著：《晚宋邊防研究》，臺灣師範大學碩士學位論文，1992 年，第 79 頁。

〔註145〕何忠禮：《宋代政治史》，浙江大學出版社，2007 年，第 541 頁。

以上所舉的呂文德在淳祐年間剋扣軍餉及在鎮撫荊襄時期侵吞國家財產的例子均證明呂文德是一位利用手中職權，大肆貪污國家財產的人。明人鄭真說呂文德是一名「貪將」〔註146〕，倒是符合史實的。晚宋時期，南宋本就處於嚴重的財政危機中。〔註147〕呂文德大肆貪污，侵吞國家財產，無疑加劇了這一危機。

第三節　呂文德之死及對南宋戰局的影響

　　咸淳五年（1269）十月十七日，宋廷進封呂文德為崇國公，加食邑七百戶。〔註148〕呂文德以病重為由不受，並請求辭去京湖安撫制置大使的職務。十一月二十六日，宋廷進呂文德為少師，允許他辭職。十二月一日，呂文德病逝。宋廷追封他為太傅，賜諡武忠。〔註149〕

　　以上我們對呂文德一生的主要事蹟做了敘述，現在有必要對他做一評價。呂文德是一員武將，所以人們最關注他的軍事才能。學界對呂文德軍事才能的評價是有分歧的，甚至截然相反。有學者稱呂文德「素有才勇」〔註150〕，「能征慣戰」〔註151〕；有學者認為他「只會墨守宋廷消極防禦成規」〔註152〕，「有勇無謀」〔註153〕。我們認為要準確地評價呂文德的軍事才能，首先要全面瞭解他一生的軍事活動。如前文所述，呂文德作為南宋晚期的將領，參加了許多宋蒙之間的戰役，僅規模較大的就有安豐之戰、壽春之戰、釣魚城之戰和鄂州之戰等。在這些戰役中，他要麼是指揮官，要麼負責救援，在其中發揮了重要作用，為保證南宋取得勝利作出了重要貢獻。雖然他也曾失敗過，但從他一生的戰鬥事蹟看，戰功還是主要的。此外，宋代行伍出身的將領，文化水平多不高，甚至目不識丁，所以這些將領作戰主要憑藉武勇，缺乏謀略。〔註154〕呂

〔註146〕鄭真：《滎陽外史集》卷九十二《送陳君祥上任襄陽府照磨》，文淵閣四庫全書本，第 1234 冊，第 549 頁。

〔註147〕參見張金嶺：《晚宋時期財政危機研究》，四川大學出版社，2001 年。

〔註148〕脫脫：《宋史》卷四十六《度宗》，第 903 頁。

〔註149〕不著撰人：《咸淳遺事》卷下。

〔註150〕鄧廣銘、程應鏐主編：《中國歷史大辭典》（宋代卷），上海辭書出版社，1984年，第 122 頁。

〔註151〕顧宏義：《天平——十三世紀宋蒙（元）和戰實錄》，第 277 頁。

〔註152〕陳世松等：《宋元戰爭史》，第 204 頁。

〔註153〕周寶珠：《南宋抗蒙的襄樊保衛戰》，《史學月刊》1982 年第 6 期。

〔註154〕陳峰：《論宋朝武將培養選拔體制的缺陷及影響》，《西北大學學報（哲學社會科學版）》2004 年第 5 期。

文德雖也不識字，但他作戰不僅英勇，而且善於運用謀略，可以說是一名謀勇兼備的將領，這是不多見的。故就軍事才能而論，他在南宋晚期乃至南宋諸多將領中，是比較優秀的。宋廷在賜呂文德諡號的詔書中說他：「結髮從戎，奮身許國。入探虎穴，盛年吳下之蒙；出展龍韜，晚歲渭濱之望。營壘信其號令，草木知其威名。梯棧半空，捫參歷井；舳艫千里，據水斷橋。在洞庭則有掩虜之功，在夏口則有益城之助。扞我南國之紀，寬吾西顧之憂。惟能護數處之風寒，於是有十年之生聚。」〔註155〕雖不無溢美之詞，但基本符合呂文德一生的行跡，評價還是較公允的。

　　毋庸置疑，呂文德也有明顯的缺點。一是對下嚴酷。關於呂文德對士卒的態度，史料有不同的記載。《宋史》記載他「殘下」〔註156〕。宋廷給呂文德的制書說「士卒同其甘苦」〔註157〕。筆者認為《宋史》的記載較為可信。一般來講，制書多溢美之詞，不可盡信。另外，史料記載呂文德曾剋扣士兵軍餉，導致士兵「萬口籍籍，憤呂掊克」〔註158〕，由此可知呂文德恐怕不會與士卒同甘共苦。中國古代對將領怎樣對待士卒是十分看重的。孫子就認為優秀的將領需具備五個條件，〔註159〕其中之一就是「仁」，即對待士卒要仁愛。孫子認為只有這樣，士卒才能心甘情願的聽從指揮，奮戰沙場。呂文德顯然不具備這個條件。二是貪財，黃震說呂文德「性尤忌切而貪寶」〔註160〕。鄭真說呂文德是「貪將」〔註161〕。關於呂文德貪污之事，前文已經說明，茲不復述。中國古代，評價一個人，包括武將，十分看重這個人是否貪利。所謂「君子喻於義，小人喻於利」〔註162〕。南宋前期的岳飛之所以受到世人景仰，不僅因為他的赫赫戰功，還在於他節儉廉潔的作風。宋孝宗就感慨地說：「嗚呼！為將而顧望畏避，保安富貴，養寇而自豐者多矣。公獨不然，平居潔廉，不殖貨產，雖賜金己俸，散予莫嗇，則不知有其家。」〔註163〕南宋後期的大將孟琪之所

〔註155〕不著撰人：《咸淳遺事》卷下。
〔註156〕脫脫：《宋史》卷一百九十六《兵十》，第4894頁。
〔註157〕不著撰人：《咸淳遺事》卷下。
〔註158〕劉克莊：《劉克莊集箋校》卷一百五十五《安撫殿撰趙公墓誌銘》，第6092頁。
〔註159〕孫武：《孫子兵法》計篇第一，駢宇騫等譯注：《孫子兵法　孫臏兵法》，中華書局，2006年，第3頁。
〔註160〕黃震：《古今紀要逸編》。
〔註161〕鄭真：《滎陽外史集》卷九十二《送陳君祥上任襄陽府照磨》，文淵閣四庫全書本，第1234冊，第549頁。
〔註162〕楊伯峻譯注：《論語》里仁篇第四，中華書局，1980年第2版，第40頁。
〔註163〕岳珂編、王曾瑜校注：《鄂國金佗稡編續編校注》續編卷十四《武穆諡議》，

以為人愛戴，除了抗擊蒙軍的卓越功勳外，還在於他淡泊蕭然的生活態度。史載，他「退則焚香掃地，隱几危坐，若蕭然事外。遠貨色，絕滋味」〔註164〕。而呂文德卻大肆貪污，侵吞財產，與這些公認的傑出將領相比，自然相形見絀，不可同日而語。當然，呂文德貪污腐敗，既與自身貪欲有關，也與當時軍中風氣有關。天水一朝，武將貪財黷貨之風一直很興盛，且愈演愈烈。〔註165〕在這種大環境下，呂文德與大多數將領一樣，不能出淤泥而不染。第三，呂文德還心胸狹隘，嫉賢妒能。他嫉妒立有戰功的曹世雄、劉整，與賈似道、俞興等聯合迫害二人，致使曹世雄被殺，劉整叛宋降蒙。呂文德的這些舉動，嚴重損害了南宋國防。這也是他被後人指責最多的地方。

呂文德病篤之時，「中外為之憂懼」。宰相賈似道在得知呂文德去世的消息後，「日為憂皇，幾失匕箸」。賈似道為何如此驚慌呢？因為在他看來，「以文德聲望、智略，高出流輩，僅能自保」。其他將領難以接替呂文德的職位。而且，其他將領資歷都差不多，讓誰來接替呂文德的職位，都難以服眾，「今一失之，奚所統攝，矧諸名將器略難齊，勢不相下，倉卒謀帥，復難其人」〔註166〕。後來的事實證明，賈似道並非杞人憂天，他的擔心是必要的。呂文德死後，朝廷讓夏貴接任，但夏貴資歷不夠，後又讓李庭芝接任，但李庭芝也不能完全統御京湖的軍隊和將領，不能使宋朝援軍在統一指揮下全力救援襄樊。這是襄樊失陷的重要原因之一。呂文德任京湖制置使十年，其間還曾兼夔路策應使、京湖安撫制置屯田使、湖廣總領財賦、四川宣撫使、知鄂州等職，位高權重，身負防衛長江中上游和救援襄樊的重任，在軍中擁有很高的威望。如果他還在世，很可能就不會出現軍隊難以統一指揮的情況，〔註167〕南宋襄

中華書局，1989年，第1342頁。關於岳飛的生活作風，王曾瑜先生有詳細的敘述，參見氏著：《岳飛的正己和治軍》，《岳飛和南宋前期政治與軍事研究》，河南大學出版社，2002年。

〔註164〕 脫脫：《宋史》卷四百一十二《孟珙傳》，第12380頁。

〔註165〕 王曾瑜：《宋朝軍制初探》（增訂本），第492～498頁。

〔註166〕 周密：《癸辛雜識》別集下《襄陽始末》，第307頁。

〔註167〕 李天鳴先生說：「當時有關的將帥大部分都還是呂文德的舊屬和親戚。像夏貴（沿江制置副使）、孫虎臣（淮東安撫副使，後來改任沿江制置副使）、蘇劉義（鄂州之戰後，任池州都統，現在官職不詳）、張世傑（都統）等都是呂文德的舊屬，呂文福（呂文德的堂弟，任淮西安撫副使）、范文虎（呂文德的女婿，去年十二月八日，升任殿前副都指揮使）則都是呂文德的親戚。這些將帥如果由呂文德親自指揮，自然能夠得心應手。」見氏著：《宋元戰史》，第986～987頁。

樊戰局可能會有所轉變。所以，呂文德的去世，給南宋帶來了不利影響，誠如李天鳴先生所說：「他（呂文德）的死亡，對宋朝前線和中央的打擊，以及對日後襄樊戰局的影響，都非常之大。」〔註168〕

〔註168〕李天鳴：《宋元戰史》，第971頁。

第三章　呂文煥、范文虎等人
降元前的事蹟

第一節　呂文煥降元前的事蹟

一、襄樊戰役前的呂文煥

　　關於呂文煥早期的史料十分匱乏。目前能見到的他的最早事蹟，已是他於咸淳三年（1267）十二月被宋廷任命為京西安撫副使、知襄陽府。〔註1〕但我們能從一些零星的記載中推出他的一些早年事蹟。呂文煥，號常山，〔註2〕可能在同胞兄弟姊妹中排行第六。〔註3〕生年不詳，但可知他出生於十二月十

〔註1〕脫脫：《宋史》卷四十六《度宗》，第 899 頁。史衛民《中國軍事通史》第 14
　　　卷《元代軍事史》寫道：「至元五年，呂文德病死，弟文煥繼為襄陽守將。」
　　　（第 182 頁）這句話多處不準確。第一，呂文德死於咸淳五年，並非至元五
　　　年；第二，呂文德從未擔任過襄陽守將，自開慶元年他一直擔任京湖制置使，
　　　是京湖地區的最高軍事長官，不是襄陽守將。第三，呂文煥於咸淳三年十二月
　　　被任命為京西安撫副使、知襄陽府，並非在呂文德死後繼為襄陽守將。
〔註2〕方回：《桐江續集》卷二十二《寄題呂常山平章錦繡香中》，文淵閣四庫全書本，
　　　第 1193 冊，第 494 頁。
〔註3〕陳邦瞻：《宋史紀事本末》卷一百〇六《蒙古陷襄陽》：「（呂文德）令呂六堅守」，
　　　中華書局，1977 年，第 1132 頁。宋人往往用行第稱呼某人，常用的行第排序
　　　方法是以出生次序排序。使用這種行第法時，往往將同胞兄弟和姊妹一起按照
　　　出生的先後順序排列。參見朱瑞熙等：《遼宋西夏金社會生活史》，中國社會科
　　　學出版社，1998 年，第 349 頁。

四日。〔註4〕呂文煥在其兄呂文德從軍後，也加入了南宋軍隊。〔註5〕《元書》說他「因兄任官」〔註6〕，可能是通過其兄的恩蔭補官的。他在後來的一封信中說「不但馳驅於西北，誓將屏蔽於東南」〔註7〕，則他似乎在守衛襄樊之前曾在南宋西北地區參加過軍事活動。揭傒斯《許處士墓誌銘》記載：「日卿、月卿皆擢進士第。月卿初授濠州司戶，辟呂文煥幕。以剛直忤呂，呂欲殺之不得，而殺其僕。」〔註8〕許月卿擢進士第是在理宗淳祐四年（1245），則此時呂文煥開幕府，將許月卿招辟了進去。但和許月卿發生了衝突，而且還很激烈，以致呂文煥想殺掉許月卿。另據方回為呂文煥寫的詩有「猶憶妙年伐鬼國」〔註9〕，「始聞降鬼國，遄見拔瀘州」〔註10〕等句。鬼國當指南宋西南地區的羅氏鬼國。呂文德曾在理宗寶祐年間來到這裡撫諭當地少數民族首領。可能呂文煥曾隨其兄一同到這裡進行招撫。「遄見拔瀘州」，可能指呂文煥曾在瀘州參加過軍事活動，並取得勝利。呂文德曾在理宗景定年間到瀘州平定劉整之叛，不知呂文煥參加的是否是這次戰役。呂文煥還曾因功被宋廷授予亳州防禦使的武階。〔註11〕景定三年（1262）九月，呂文煥因逗遛不進，奏功失實，被宋廷處以削兩秩的處罰。〔註12〕咸淳三年十二月，他被宋廷任命為京西安撫副使、知襄陽府。〔註13〕緊接著，宋蒙襄樊戰役爆發。呂文煥以南宋襄樊守軍主將的身份參與了這次關鍵戰役。

〔註4〕白樸：《天籟集》卷下《十二月十四日為平章呂公壽》，文淵閣四庫全書本，第1488冊，第644頁。

〔註5〕有學者說呂文煥「初隸趙葵」。見鄧廣銘、程應鏐主編：《中國歷史大辭典》（宋史卷），「呂文煥」條，第122頁。史料只是說呂文德受趙葵賞識加入了軍隊，並未提到呂文煥，不知此說有何依據。有可能是把呂文德和呂文煥的事蹟搞混了。

〔註6〕曾廉：《元書》卷五十一《呂文煥傳》，宣統三年層漪堂刻本，第388頁。

〔註7〕劉一清：《錢塘遺事》卷八《呂文煥回本國書》，第172頁。

〔註8〕程敏政輯：《新安文獻志》卷八十八《許處士忤墓誌銘》，文淵閣四庫全書本，第1376冊，第455頁。

〔註9〕方回：《桐江續集》卷二十二《寄題呂常山平章錦繡香中》，文淵閣四庫全書本，第1193冊，第494頁。

〔註10〕方回：《桐江續集》卷二十四《平章呂公挽詞二首文煥》，文淵閣四庫全書本，第1193冊，第525頁。

〔註11〕劉克莊：《劉克莊集箋校》卷六十七《呂文煥特授中亮大夫亳州防禦使依前職任》，第3158頁。

〔註12〕脫脫：《宋史》卷四十五《理宗五》，第883頁。

〔註13〕脫脫：《宋史》卷四十六《度宗》，第899頁。按，襄陽府包括襄陽和樊城，故又稱襄樊。

二、呂文煥與襄樊戰役

（一）蒙古重點經略襄樊

　　襄樊是京湖地區重鎮，具有重要的戰略地位。顧祖禹認為：「湖廣之形勝……以天下言之則重在襄陽，以東南言之則重在武昌，以湖廣言之則重在荆州。」〔註14〕對於襄樊的地理位置和戰略地位，屈超立先生有詳細論述：從襄漢上流到荆湖江面，主要有三條通道：東線，從淮西的浮、光經襄、淮交界地帶南至黃、鄂；中線，從襄樊至漢口；西線，從襄樊道歸、峽。東、西二線通道過窄，且無水運之便，不適合大規模軍隊行軍。中線沿漢水直下鄂、漢江面，便於水師進發。江漢平原以南陽盆地為起點，沿漢水向江面展開，亦有利於大部隊騎兵護行兩岸，水陸互相聯絡聲援。故以消滅東南政權的大規模戰略行動，自以沿漢水中路南下為便。襄漢上流地區戰略地位重要，原因也在於此。而襄樊恰位於南陽盆地南口，山脈自東、西方逼近，漢水夾於其間，透迤南流，使襄樊具備了控扼漢水通道的條件。襄陽以下諸州，由於漢水江面漸闊，平原展開，都不具備控扼漢水、阻遏南下軍隊的條件。〔註15〕因此，如果蒙軍以京湖地區為突破口，勢必選擇以襄樊為攻擊重點。

　　1258～1259 年，蒙哥汗以巴蜀地區為重點，大舉進攻南宋。但蒙軍主力頓挫於釣魚城之下，蒙哥汗也死在戰爭前線。蒙古方面的有識之士逐漸認識到以四川為主攻方向的錯誤，並提出了以荆襄為主攻目標和突破口的攻宋計劃。中統元年（1260），忽必烈剛即位，郭侃就正式提出了這樣的計劃。他說：「宋據東南，以吳越為家，其要地，則荆襄而已。今日之計，當先取襄陽，既克襄陽，彼揚、盧諸城，彈丸地耳，置之勿顧，而直趨臨安，疾雷不及掩耳，江淮、巴蜀不攻自平。」〔註16〕由於當時忽必烈忙於處理蒙古內部事務，無暇攻宋，所以郭侃的計劃並未立即付諸實施。至元四年（1267）十一月，劉整向忽必烈建言：「攻蜀不若攻襄，無襄則無淮，無淮則江南可唾手下也。」〔註17〕所以「攻宋方略，宜先從事襄陽」〔註18〕，蒙軍若「浮漢入江，則宋可平」〔註19〕。

〔註14〕顧祖禹：《讀史方輿紀要・湖廣方輿紀要序》，中華書局，2005 年，第 3484 頁。

〔註15〕胡昭曦主編：《宋蒙（元）關係史》，第 303～304 頁。

〔註16〕宋濂：《元史》卷一百四十九《郭侃傳》，第 3525 頁。

〔註17〕周密：《癸辛雜識》別集下《襄陽始末》，第 306 頁。

〔註18〕宋濂：《元史》卷六《世祖三》，第 116 頁。

〔註19〕姚燧：《牧庵集》卷十三《湖廣行省左丞相神道碑》，叢書集成初編本，商務印書館，1936 年，第 153 頁。

劉整的建策與郭侃的計劃類似，但這時蒙古已穩定了內部，具備了攻宋的實力和條件，所以忽必烈於當年就實施了劉整的建策，大舉進攻南宋的襄樊。

需要指出的是，雖然蒙古於 1267 年始經略襄樊，[註20] 但在此之前，蒙古一直在做攻宋的準備工作，包括屯田，造戰船、練水軍，整頓軍紀，禁止私商販馬入宋，開闢兵源，在沿邊建立進攻的據點等。[註21] 這些準備，為蒙古取得襄樊戰役的勝利奠定了基礎。

蒙古正式進攻襄樊後，認識到襄樊城高池深，不易攻取，所以採取了「久圍緩攻，待其自斃」[註22] 的戰術。他們在襄樊外圍築起了許多堡壘，將襄樊城包圍起來，一方面試圖拖垮守軍，另一方面也阻止南宋其他軍隊對襄樊進行救援。到至元六年（1269），蒙軍在宋軍的干擾下，終於築起了一系列城堡，將襄樊層層包圍起來。蒙古圍困襄樊的形勢如下：

> 在襄陽的西面和南面，有兩條包圍線。一條是從萬山開始，經過百丈山，一直到鹿門山的對岸。而萬山、麾旗山（今襄陽縣西十里）、楚山、百丈山、新城、沙河口（今襄陽縣南四五里）便是這條線上的重要據點。另一條也是從萬山開始，再經過峴山抵達漢水。而虎頭山、峴山、漁關（今襄陽縣南八里的漁捕灘）便是這條線上的重要據點。

> 在襄樊的北面，有一條包圍線。而牛首（今襄陽縣西四十里）、鄧城（今襄陽縣西北二十里）、鄾城（鄧城南七里）便是其中的重要據點。

> 在襄樊的東面，也有一條包圍線，這條線可能就是沿著漢水東岸修建。而鹿門山、淳河口、鬼門關，白河口、滾河口便是其中的重要據點。

> 在漢水上，還有實心臺或萬人敵臺；[註23]

〔註20〕《宋季三朝政要》《錢塘遺事》等史料記載元軍建築圍困襄樊的堡寨始於景定四年（蒙古中統四年，1263），據學者最新考證，實誤，元軍築堡始於咸淳三年（元至元四年，1267）。參見洪學東：《名開榷場，實修堡壘——宋元襄樊戰役元軍築堡年代考》，《元史及民族與邊疆研究集刊》第 31 輯。

〔註21〕陳世松等：《宋元戰爭史》，第 198～202 頁。

〔註22〕胡泊主編：《蒙古族古代軍事史》，第 703 頁。

〔註23〕李天鳴：《宋元戰史》，第 1007 頁。

（二）呂文煥與襄樊戰役

在蒙軍包圍襄樊的過程中，宋廷先後派遣幾支軍隊前去救援。但除少數幾次宋軍突破蒙軍的封鎖線，進入城中給守軍以支持外，多數行動以失敗告終。作為襄樊守將的呂文煥，沒有坐以待斃，而是採取一系列行動，試圖打破蒙軍的包圍。大致來講，他主要做了以下三方面事：

1. 報告敵情

前面述及，蒙軍取得宋京湖制置使呂文德的同意，在襄陽附近建置了榷場。但蒙軍建榷場為假，築城堡才是真，他們「開榷場於樊城外。築土牆於鹿門山。外通互市，內築堡壁」〔註24〕。呂文煥知道情況後，先後三次派人向京湖制司報告。

咸淳四年（1268），隨著蒙軍進一步圍城，呂文煥覺察到此舉將對襄樊的守禦構成嚴重威脅，遂遣人攜帶蠟書到鄂州向呂文德報告蒙軍在白河口、萬山、鹿門山北帥興築城堡的情況。〔註25〕

咸淳九年二月，宋廷又接到呂文煥的報告「樊之力已不可支，再於襄城臨江一面，植木柵立硬寨，誓以死守」〔註26〕。

情報是軍事鬥爭的依據，在軍事活動中具有突出作用。正確的軍事行動有賴於正確的決策，而正確的決策來源於準確、及時的情報。準確、及時的情報可以使敵我雙方的力量對比發生變化，可以化均勢為優勢，甚至可以變劣勢為優勢。〔註27〕呂文煥及時報告敵情，為南宋政府制定救援方案提供了重要情報，有利於襄樊的守衛。

2. 與蒙軍作戰

蒙古修城是為了圍困襄樊，待守軍自斃。呂文煥為打破蒙軍的包圍和封鎖，或親自，或派屬下，與蒙軍作戰。雙方展開了多次包圍與反包圍的鬥爭。

早在咸淳二年（至元二年，1266），當時還不是京西安撫副使、知襄陽府的呂文煥就與蒙古將領張禧戰於高頭赤山。蒙軍獲勝，並乘勝收復了均州。〔註28〕

〔註24〕佚名著、王瑞來箋證：《宋季三朝政要箋證》卷三，第303頁。

〔註25〕脫脫：《宋史》卷四十六《度宗》，第899頁。

〔註26〕周密：《癸辛雜識》別集下《襄陽始末》，第310～311頁。

〔註27〕李耐國：《軍事情報研究》，軍事科學出版社，2001年，第46頁。

〔註28〕宋濂：《元史》卷一百六十五《張禧傳》，第3866頁。

　　咸淳四年十一月，呂文煥派軍向襄陽沿山諸寨進攻，蒙古阿朮分軍御之。蒙古斬獲甚眾，「立功將士千三百四人」〔註29〕。可見，這是襄陽守軍較大規模的一次出擊，但沒有成功。

　　咸淳五年五月，呂文煥、呼延德與蒙軍戰於福山。此次戰鬥情況和結果不詳。但從後來宋廷詔呂文煥等「俱有勞效，推賞有差」〔註30〕來看，宋軍取得了勝利。

　　同年六月，蒙軍在襄陽城西南的萬山、射垜岡、鬼門關築堡，以切斷襄陽城內軍民的樵柴補給之路。為打開通道，呂文煥派荊鄂都統唐永堅進攻蒙軍，宋軍失敗，唐永堅被俘。〔註31〕

　　咸淳六年，呂文煥率軍拒敵。隨著蒙古包圍的日益緊密，呂文煥「又以漁舟渡漢水窺伺軍形」，蒙古李恒「設伏敗之」〔註32〕。

　　襄樊戰役長期的持續，損耗了蒙古大量的人力、物力和財力，蒙古急切地想盡快結束這場戰役。於是，益都等路行軍萬戶張弘範向史天澤建言：「國家取襄陽，為延久之計者，所以重人命而欲其自斃也。曩者，夏貴乘江漲送衣糧入城，我師坐視，無御之者。而其境南接江陵、歸、峽，商販行旅士卒絡繹不絕，寧有自斃之時乎！宜城萬山以斷其西，柵灌子灘以絕其東，則庶幾速斃之道也。」史天澤採納了這個建議，派張弘範率所部一千人戍守萬山堡。萬山堡、灌子灘築城後，襄陽自西北、東南出入的通道皆被切斷，使襄陽城內守軍處境更加困難。為打通進出襄陽的通道，咸淳六年二月，呂文煥以萬五千人攻萬山堡。當時蒙軍正在東門練習射箭。有蒙古士兵認為宋軍勢眾，蒙軍應入城自守。而統帥張弘範說：「吾與諸君在此何事，敵至將不戰乎？敢言退者死！」說完即擐甲上馬，率軍迎戰。宋軍派步、騎兵衝擊蒙軍，「弘範軍不動，再進再卻」，等宋軍氣衰力竭，蒙軍一鼓作氣殺向宋軍，「宋師奔潰」。〔註33〕此次出擊，是見於記載的守軍最後一次主動攻擊。行動的失敗，標誌著守軍已無力突破蒙軍的封鎖，只能等待友軍的救援了。

　　除以上行動外，呂文煥還有一些其他表現。至元六年，當史天澤督兵圍襄

〔註29〕宋濂：《元史》卷六《世祖三》，第120頁。

〔註30〕脫脫：《宋史》卷四十六《度宗》，第903頁。

〔註31〕宋濂：《元史》卷六《世祖三》，第122頁。

〔註32〕宋濂：《元史》卷一百二十九《李恒傳》，第3156頁。

〔註33〕宋濂：《元史》卷一百五十六《張弘範傳》，第3680頁。

陽時，呂文煥派遣使者饋以鹽、茗。〔註34〕呂文煥此舉的目的，屠寄認為是「以示暇然」〔註35〕。筆者認為，屠氏的推測是準確的。呂文煥其實是向蒙軍暗示，守軍還有充分的儲備，蒙古企圖圍困襄樊的計劃是不能成功的。從現代軍事學角度講，這是呂文煥在與蒙軍打心理戰，通過饋贈鹽、茗的方式影響對方作戰心理，擾亂敵人軍心。此外，呂文煥還和支援的友軍配合，試圖打破包圍。咸淳八年，李庭芝派民兵首領張順、張貴乘江水上漲之機救援襄樊。五月二十四日晚，二張出發。他們以紅燈為號，張貴在前，張順殿後，「乘風破浪，徑犯重圍」。至磨洪灘以上，元軍舟船布滿江面，無罅可入。二張軍隊「鼓勇乘銳，凡斷鐵絚、攢栿數百」，經過拼殺，轉戰一百二十餘里，於二十五日黎明抵達襄陽城下。張順在作戰中英勇戰死。幾天後，張順的屍體漂流到襄陽城附近。呂文煥「結冢殮葬，立廟祀之」。自此之後，元軍圍困城池益密，「水道連鎖數十里，以大木下撒星椿，雖魚鱉不得度矣」〔註36〕。張貴進入襄陽城後，呂文煥力留張貴一同守襄，但張貴「恃其驍勇」〔註37〕，執意要回去。他在出軍之前，「先遣死士泅水達郢，約范文虎發兵駐龍尾洲以為應」。而當張貴拼死戰至龍尾洲時，卻見元軍在此守候。原來，范文虎等早在二日前「以風水驚疑，退屯三十里」〔註38〕了。元軍截獲了宋軍的情報，所以在此守株待兔。張貴拼死奮鬥，無奈雙方實力懸殊，張貴全軍覆沒。戰後，元軍命降卒四人將張貴的屍體運至襄陽城下，並對守城宋軍說：「識矮張乎？此是也。」守城宋軍看到張貴的屍體，都痛哭了起來，士氣大為低落。呂文煥將運屍體的四人斬首，並將張貴和張順葬在一起，「立雙廟祀之」，把他們比作唐代的張巡、許遠。〔註39〕

呂文煥數次主動攻擊蒙軍以及與友軍協調作戰，延緩了蒙軍築城包圍襄樊的進程，為友軍救援爭取了時間。由於雙方實力懸殊，行動多以失敗告終，但也可看出呂文煥為保衛襄樊竭盡了全力。

〔註34〕柯劭忞：《新元史》卷一百七十七《呂文煥傳》，第 360 頁。
〔註35〕屠寄：《蒙兀兒史記》卷一百一十一《呂文煥傳》，第 689 頁。
〔註36〕周密：《齊東野語》卷十八《二張援襄》，中華書局，1983 年，第 341～342 頁。
〔註37〕無名氏：《昭忠錄·張貴》。
〔註38〕屠寄：《蒙兀兒史記》卷一百一十二《范文虎傳》，第 692 頁。周密《齊東野語》卷十八《二張援襄》載，張貴約定的是夏貴。孰是待考。
〔註39〕無名氏：《昭忠錄·張貴》。

3. 拒絕蒙古的招降

蒙古在圍困襄樊的同時，先後多次派人勸呂文煥投降。蒙古為何要招降呂文煥呢？結合相關史料和當時情況，其原因主要有三：

第一，以最小的代價取得勝利。這是任何一個參戰者都夢寐以求的，深諳戰爭之道的蒙古也不例外。何況襄樊城高池深，守軍兵精糧足，難以攻下。孫子說：「上兵伐謀，其次伐交，其次伐兵，其下攻城。」〔註40〕「不戰而屈人之兵」是用兵的最高境界，是取得勝利的最划算的辦法，攻城是最下策。招降戰術是達到不戰而勝目的的重要手段。從以往的蒙古戰史可以看出，蒙古深知這一點，幾乎在每次攻城前，蒙軍都先向守軍招降，不成，才攻城。招降，已經成為蒙古的一種傳統。〔註41〕面對易守難攻的襄樊城，蒙古當然更注重使用招降戰術。

第二，蒙古招降了呂文煥，可以帶動呂氏家族其他成員投降。蒙古給呂文煥的招降信中說，「呂氏子弟將校往往典州郡而握兵馬」〔註42〕。當時人魏初也說：「呂氏，彼國（南宋）大族，與之抗衡者，必因此有所誅殺。」〔註43〕說明蒙古知道南宋方面形成了勢力龐大、成員眾多的呂氏家族。蒙古招降了呂文煥，可以利用他招降呂氏家族的其他人。從後來行動看，蒙古就是這麼做的。所以，這是蒙古採用招降戰術的原因之一。

第三，蒙古招降了呂文煥可以得到許多南宋重要情報。時人說：「呂生世握兵柄，兄弟子姪布滿臺閣。宋君臣之孰賢孰愚，宋河山城郭之何瑕何堅，宋兵民之多寡虛實，宋兵刑政之得失巧拙，不為不知。」〔註44〕這雖是胡祇遹在襄樊之役後說的，但可以肯定，戰前，蒙古就知道呂文煥掌握南宋大量情報。招降了呂文煥，蒙古可以得到許多南宋重要情報，這對其以後進攻宋朝具有重要意義。這是蒙古使用招降戰術的又一原因。

〔註40〕孫武：《孫子兵法》謀攻篇第三，駢宇騫等譯注：《孫子兵法 孫臏兵法》，第17～18頁。

〔註41〕王茂華：《試論宋蒙（元）戰爭中的南宋降將》，上海師範大學碩士學位論文，2004年，第35頁。

〔註42〕宋衜：《與襄陽呂安撫書》，蘇天爵編：《元文類》卷三十七，第669～670頁。

〔註43〕魏初：《青崖集》卷四《四月十六日奏》，文淵閣四庫全書本，第1198冊，第760頁。這句話雖是魏初在襄陽之戰後說的，但揆諸當時情況，他在此前早已認識到這一點。

〔註44〕胡祇遹：《紫山大全集》卷十二《寄張平章書》，文淵閣四庫全書本，第1196冊，第229頁。

　　至元六年（咸淳五年，1269）十二月，蒙古的宋衜給呂文煥寫了一封勸降信，這就是《與襄陽呂安撫書》〔註45〕。信中，宋衜首先說：「蓋聞天下之事有變有常，兵家所先，知己知彼，苟昧斯理，克成者難。足下利害若此，故剖白而忠告之。」然後寫道：

> 　　令兄少保制置，出自戎行，驅馳邊境，守禦奔援，時立武功，南朝列之於三孤，崇之以兩鎮，以至開荊南之制閫，總湖北之利權，其報效酬勳，亦已至矣。而乃漸虧臣節，專立己威，爵賞由心，刑戮在口，藉上流之勢，不朝貢於錢唐，託外援之辭，聚甲兵於鄂渚。江左君臣憂其跋扈，以為王敦、桓玄復生於今日也。天不假年，近聞捐館，繼知顯貴代秉軍麾。且呂氏子弟將校往往典州郡而握兵馬者，何哉？蓋南朝姑息令兄之故耳。自今已往，豈復有容足之地乎？足下在呂氏族中，最才且賢，必將易置腹心，尺書見召，魚脫於淵，其禍不可測也。

這段主要說以呂文德為首的呂氏家族勢力很大，飛揚跋扈，不聽朝廷號令，宋廷已對其產生不滿。宋廷之所以沒有對呂氏家族採取措施，是呂文德還在的緣故。現在，呂文德已死，宋廷必然會對呂氏家族下手，如果呂文煥繼續留在南宋陣營，肯定會受害。這裡，宋衜竭力挑撥呂氏家族和宋廷的關係。信中接著寫道：

> 　　去歲大兵南下，經略襄漢，諸軍將校屢請攻圍。我主惠愛仁慈，遠覽周慮，以南北生靈皆吾赤子，當告之以訓辭，示之以形勢，彼果不降，攻之未晚，故休兵秣馬，蓄力待時。今白河、鹿門雉堞相望，安陽、光化舟艦交通，東遏饋運之師，西絕樵蘇之路，生擒大將，兵民震驚。足下內憂家事之多艱，外睹孤城之日蹙，誠危急之秋也。茲者炎火收威，商金變律，風折膠而弓勁，草垂實而馬肥，行當整齊士卒，淬礪戈矛，斷鳳林之關，決檀溪之水，稱萬山之道，塹白銅之堤，前茅飲馬於江陵，後勁摧鋒於樊邑，用天下堂堂之眾，擊漢陰蕞爾之城，似不難矣。

　　從軍事心理學角度講，宋衜這裡是用「震懾」的戰術逼迫呂文煥投降。所謂震懾，是通過向對方展示力量，從而刺激或影響對方的心理，使其產生畏懼

〔註45〕宋衜：《與襄陽呂安撫書》。關於這封信的時間，參見胡昭曦主編：《宋蒙（元）關係史》，第 326 頁。

感，不敢以力與我抗衡，從而達成於我有利的態勢，或是迫使對方不戰而降。
〔註46〕這裡，宋衛指出蒙軍已將襄樊重重包圍，守軍已不可能逃出去。一旦蒙
軍發起進攻，城池必然被攻破，守軍必然失敗。通過分析當時的軍事形勢，使
呂文煥心生畏懼，迫使他投降。信中最後說：

> 幕府恭承帝命，征討招懷，拒逆者誅，迎降者賞。若能翻然改
> 圖，軍門送款，飛聞天闕，必有殊恩，豈止轉禍為福，實千載一時
> 之機會也。漢上土疆，君當常保，他人孰能有之。如闇於謀慮，迷
> 而不復，事機一去，雖悔奚追。國家大信，明若江水，進退裁決，
> 惟足下留意焉。

如果說前面宋衛是使用「震懾」戰術逼迫呂文煥投降，那麼這裡就是使用「懷
柔」戰術誘使呂文煥投降。宋衛指出，蒙古對投降者一向是重用的，只要呂文
煥投降，不僅可以保住性命，而且還會得到高官厚祿，享受榮華富貴。如果失
去這次機會，必將後悔莫及。

　　面對蒙古的威逼利誘，呂文煥拒絕投降，繼續堅守襄樊。蒙古招降為何失
敗？是因為他們招降術不高明嗎？答案是否定的。相反，蒙古的招降術是很高
明的。這從招降信投遞的時機、招降信作者的人選、招降信的內容可以看出。
在書信投遞的時機上，蒙古在1269年十二月向呂文煥遞交了招降信。從宋蒙
雙方當時軍事情況看，這個時機是不成熟的。因為截至此時，襄樊之戰才打了
二年，南宋並不處於下風，這時進行招降為時尚早。那蒙古為何在這個時間遞
信呢？是不是蒙古沒有掌握好遞信的時機呢？不是。聯繫當時背景可知，1269
年十二月一日，南宋大將、京湖制置使、呂氏家族的首領、呂文煥的哥哥呂文
德病逝。蒙古認為呂氏家族勢力強大、飛揚跋扈，不聽宋廷號令，已引起宋廷
不滿。宋廷不對呂氏家族採取措施，就是看在呂文德為南宋立下汗馬功勞的份
上。現在，呂文德已死，呂氏家族在南宋的處境會變得危險，這時招降，容易
取得成功，所以蒙古乘此時機投遞了招降書。另外，呂文德不僅是呂文煥的胞
兄，而且是呂文煥的上級，是救援襄樊宋軍的總指揮。呂文德的去世，使呂文
煥失去了依靠，這對呂文煥來說無疑是沉重打擊。並且，親人逝世，人的心情
處於低落和悲傷狀態，心理戒備鬆弛，正是進行心理工作的良機。〔註47〕可

〔註46〕總政治部聯絡部：《中國古代心理戰思想及其運用》，軍事科學出版社，1996
　　　年，第216頁。
〔註47〕招降信中有「足下內憂家事之多艱」等語句，說明元朝考慮到了這一點。

見，蒙古在投遞書信的時機選擇上，是經過精心考慮的。在撰寫者人選方面，蒙古選擇宋衜，也是深思熟慮的結果。宋衜，字弘道，潞州長子人，金兵部員外郎宋元吉之孫。金亡後，宋衜避地襄陽，後北歸，屏居河內十五年。趙璧經略河南時，「聞其名，禮聘之」。史稱宋「衜善記誦」，中統三年，為翰林修撰。〔註48〕元代翰林院與其他朝代一樣，是職掌文翰的機構，其入選標準是「通經史、能文辭」〔註49〕。宋衜能進入翰林院，說明他有很高的文學才華。而宋衜又曾在襄陽居住，對當地情況比較瞭解。所以，撰寫招降信，宋衜無疑是最佳人選。從招降信本身看，也是上乘之作。一般來講，招降信在內容上要包含幾個基本要素，一是要指出對方所處的困境，二是要表明己方對降人的政策，三是要表達出己方招降的誠意。此外，招降信要寫的委曲婉轉，感情充沛，能打動人。以此標準衡量，宋衜的這封信是優秀的。信中說明了呂文煥所處的困境（蓋南朝姑息令兄之故耳。自今已往，豈復有容足之地乎？……今白河、鹿門雉堞相望，安陽、光化舟艦交通，東遏饋運之師，西絕樵蘇之路，生擒大將，兵民震驚。足下內憂家事之多艱，外睹孤城之日蹙，誠危急之秋也……用天下堂堂之眾，擊漢陰蕞爾之城，似不難矣），表明了蒙古對降人的優待政策（幕府恭承帝命，征討招懷，拒逆者誅，迎降者賞。若能翻然改圖，軍門送款，飛聞天闕，必有殊恩……漢上土疆，君當常保，他人孰能有之。）表達了蒙古招降的誠意（國家大信，明若江水）。綜觀整篇書信，文筆優雅，感情飽滿，駢散結合，錯落有致，與著名的《與陳伯之書》有異曲同工之妙。這封《與襄陽呂安撫書》，即使放在歷代招降作品中，也是一篇佳作。

　　從以上可以看出，蒙古的招降戰術是經過深思熟慮的，是很高明的。但為何還遭到失敗呢？主要是因為當時襄樊戰役剛打了二年，守軍還有充足的兵力和糧餉，南宋政府還能給予守軍以支持，宋蒙雙方處於均勢狀態。招降本質上是一種心理戰術，是通過威懾、恐嚇、懷柔等手段使對手屈服，以達到「不戰而屈人之兵」的目的。但「心理戰要以強大的軍事實力做後盾，……沒有軍事實力作後盾的心戰，是沒有力量的」〔註50〕。所以，在宋蒙均勢的情況下，蒙古的招降必然以失敗告終。但失敗的招降分為兩種，一種是招降目標雖然沒

〔註48〕宋濂：《元史》卷一百七十八《宋衜傳》，第 4146 頁。
〔註49〕宋濂：《元史》卷八十三《選舉三》，第 2064 頁。這條標準雖明文規定於元成宗大德七年，但從實際情況看，在此之前翰林院人選也是以此為標準的。
〔註50〕總政治部聯絡部：《中國古代心理戰思想及其運用》，第 43 頁。

有投降，但也對其產生了一定影響。一種是對招降者絲毫沒有好處。〔註51〕蒙古的招降，雖未使目標投降，但順利傳達了招降信息，告知了呂文煥所處的困境，表明了蒙古對降將的態度，為以後招降奠定了基礎。所以，蒙古的這次招降是失敗招降的前一種類型。

至元十年（咸淳九年，1273）正月，元軍又派俘虜的原宋荊鄂都統唐永堅去招降呂文煥，也遭到了拒絕。〔註52〕

蒙古兩次勸降呂文煥，都失敗了。這主要是因為守軍還能堅守下去，還未完全陷入絕境，同時呂文煥還對南宋的援軍抱有希望。但隨著蒙軍的進一步圍攻和援軍的不至，呂文煥「誓將屏蔽於東南」〔註53〕的信念逐漸動搖了。

（三）被迫降元

到咸淳八年（至元九年，1272），呂文煥堅守襄樊已五年。此時，城內守軍只有七千了，〔註54〕為彌補兵力的不足，呂文煥不得不把城內居民徵集起來，練習戰鬥。〔註55〕起初，襄陽城內「糧食雖可支吾，而衣裝、薪芻斷絕不至」。呂文煥不得不「撤屋為薪，緝麻為衣」〔註56〕，甚至將死人的骸骨挖出來使用。〔註57〕是年冬，襄陽城內發生了饑荒，乃至出現了「人相食」〔註58〕的慘劇。可見襄樊已完全陷入絕境。

此時，南宋援軍已無力衝破元軍封鎖，救援襄樊。元軍在圍困襄樊的過程中，認識到襄、樊二城互為犄角，欲攻下襄陽，必先攻下樊城。張弘範就說：「襄、樊相為唇齒，故不可破。若截江道，斷其援兵，水陸夾攻，樊必破矣。樊破則襄陽何所恃。」〔註59〕水軍總管張禧也認為：「襄、樊夾漢江而城，敵

〔註51〕閻盛國：《秦漢招降戰略戰術研究》，人民出版社，2010年，第53頁。

〔註52〕宋濂：《元史》卷一百六十一《劉整傳》載：「遣唐永堅入襄陽，諭呂文煥，乃以城降。」認為唐永堅詔諭呂文煥後，呂就投降了。然而，若呂在此時就投降，就不會發生後來元軍用回回炮攻襄陽城及派使者招降呂文煥的事情了。所以，呂應拒絕了唐永堅的招降。

〔註53〕劉一清：《錢塘遺事》卷八《呂文煥回本國書》，第172頁。

〔註54〕張鉉：《至正金陵新志》卷十三上之中《牛富傳》，第5806頁。

〔註55〕吳萊：《淵穎吳先生文集》卷三《籬下曝背聽客話呂安撫夏貴雜事》載：「居民並習戰，結束類鮮卑。」四部叢刊初編本。

〔註56〕劉一清：《錢塘遺事》卷六《襄樊失陷》，第134頁。

〔註57〕劉一清：《錢塘遺事》卷八《呂文煥回本國書》，第173頁。

〔註58〕脫脫：《宋史》卷六十七《五行志》，第1467頁。

〔註59〕宋濂：《元史》卷一百五十六《張弘範傳》，第3681頁。

人橫鐵鎖、置木橛於水中，今斷鎖毀橛，以絕其援，則樊城必下。樊城下，則襄陽可圖矣。」〔註60〕阿里海牙同樣認識到：「襄陽之有樊城，猶齒之有唇也，宜先攻樊城，樊城下，則襄陽可不攻而得。」〔註61〕劉整也說「樊、襄唇齒也，宜先攻樊城。」〔註62〕所以，元軍在至元十年正月從東北、西南兩個方向兵分五路（一說十三路）進攻樊城。元軍砍斷了聯繫襄、樊二城的鐵索，並用回回炮配合作戰。樊城守軍雖英勇奮戰，但由於雙方實力懸殊，最終樊城被元軍攻陷。〔註63〕樊城的失守，使襄陽更加孤立。

之後，元軍「移其攻具以向襄陽」〔註64〕。元軍的回回炮威力很大，炮石「重一百五十斤，機發，聲震天地，所擊無不摧陷，入地七尺」〔註65〕。元軍向襄陽城發炮，「一炮中其譙樓，聲如雷霆，震城中」。在元軍強大的攻勢下，守軍「諸將多逾城降」〔註66〕。

在攻下襄陽的前夕，元軍就以何種方式拿下襄陽產生了爭論。劉整曾在進攻襄陽時被守軍射中，所以「欲立碎其城，執文煥以快其意」〔註67〕。但筆者認為，劉整主張進攻襄陽的原因還有呂文德對劉整的迫害。如前所述，劉整之所以叛宋降蒙，原因之一是呂文德嫉妒劉整的戰功，「所畫策輒�沮，有功輒掩而不白」〔註68〕，在向朝廷報功時，呂文德與俞興等將本來功為第一的劉整之功定為下等，從而激起劉整的不滿。所以劉整力主武力攻取襄陽，抓住呂文德的弟弟呂文煥進行報復，「以快其意」。然而，元廷和阿里海牙主張招撫。因為如前所述，招降了呂文煥對元朝以後攻宋有重大意義。後元世祖降詔諭呂文煥：「爾等拒守孤城，於今五年，宣力爾主，固其宜也。然勢窮援絕，如數萬生靈何？若能納款，悉赦勿治，且加遷擢。」〔註69〕既而阿里海牙身至城下，謂曰：「君以孤軍城守五年，今飛鳥路絕，主上深嘉汝忠，若降則尊官厚祿可

〔註60〕宋濂：《元史》卷一百六十五《張禧傳》，第3866～3867頁。
〔註61〕宋濂：《元史》卷一百二十八《阿里海牙傳》，第3124頁。
〔註62〕宋濂：《元史》卷一百六十一《劉整傳》，第3788頁。
〔註63〕溫海清先生說：「樊城最終陷落，呂文煥退守襄陽城。」（溫海清：《元史》，上海人民出版社，2015年，第87頁。）其實，呂文煥一直守在襄陽城，並未在樊城防守。
〔註64〕宋濂：《元史》卷一百二十八《阿里海牙傳》，第3125頁。
〔註65〕宋濂：《元史》卷二百〇三《亦思馬因傳》，第4544頁。
〔註66〕宋濂：《元史》卷一百二十八《阿里海牙傳》，第3125頁。
〔註67〕宋濂：《元史》卷一百二十八《阿里海牙傳》，第3125頁。
〔註68〕宋濂：《元史》卷一百六十一《劉整傳》，第3786頁。
〔註69〕柯劭忞：《新元史》卷一百七十七《呂文煥傳》，第360頁。

得，必不負汝。」〔註70〕「又折矢與之誓，如是者數四」〔註71〕。襄陽省郎中張庭珍也到襄陽城南門對呂文煥說：「我師所攻無不取者，汝孤城路絕，外無一兵之援，而欲以死守求空名，如闔郡之人何！汝宜早圖之。」在元軍強大的武力震懾和心理攻勢下，守軍的一些將領的信念發生了動搖。呂「文煥帳前將田世英、曹彪執其總管武榮來降，文煥益孤」〔註72〕。此時再堅守下去已沒有任何意義。呂文煥對元軍說：「得張濟南一言，吾無盟矣」〔註73〕。元軍遂派張宏到襄陽城下諭降。

可能是見呂文煥遲遲不降，二月二十一日，史天澤派薩木丹·丹達里、阿里譯史、王員外到宋營勸降。元朝為何派丹達里出使宋營，進行招降呢？一般來講，遣使招降要求使者有敢赴敵營的勇氣。因為如果招降不成，有可能被敵軍殺死。還要求使者有隨機應變的能力，根據招降目標心理的變化採取相應的行動。元朝以丹達里為使者是精心挑選的結果。丹達里，朔方人，史稱他小時「穎慧不群，儀觀峻整」。青年時從其父沙札該征戰四方，對其父「多謀畫之助」。後隨軍經略襄陽。至元九年，南宋襄陽守軍乘夜出城，接應城外援軍。丹達里事前偵知了守軍的情報，提前秘密地在守軍要經過的地方堆積了柴薪。守軍晚上經過時，丹達里點燃柴薪，漆黑的夜晚頓時亮如白晝。他率軍火攻宋軍，宋軍沒想到元朝的伏擊，大敗，「無一兵一舫逸者」。此戰充分展現了丹達里高超的軍事謀略。之後他又在荊南地區斬首宋軍千餘級。由於戰功卓著，忽必烈對他說：「公世名閥，朕所素知，異日當大用。」〔註74〕可見，丹達里是一名謀勇兼備的將領。出使宋營，他自然是合適人選。

丹達里一行到了襄陽城後，呂文煥在詔樓設宴招待了他們。丹達里說：「天眷吾有元，海外內罔非臣屬，獨爾一隅漏王澤。今天兵雲集，帶甲百萬，以中國之大，供億無窮，築長圍，扼鹿門，橫亙江路。攻具之奇有西域機石，飛三百餘步，以是樊破無噍類爾，嬰城固守六載，為人臣義無不足，如生民何？聖朝上應天時，下徇地利，中察時變，平宋必矣。其審思之。」〔註75〕丹達里的

〔註70〕屠寄：《蒙兀兒史記》卷一百一十一《呂文煥傳》，第689頁。

〔註71〕宋濂：《元史》卷一百二十八《阿里海牙傳》，第3125頁。

〔註72〕宋濂：《元史》卷一百六十七《張庭珍傳》，第3920頁。

〔註73〕張起岩：《濟南路大都督張公行狀》，蘇天爵編：《元文類》卷五十，第829頁。

〔註74〕劉敏中：《中庵集》卷十五《勅賜鎮國上將軍福建道宣慰使兼鎮守建德萬戶贈榮祿大夫平章柱國溫國公謚恭惠薩木丹公神道碑銘》，文淵閣四庫全書本，第1206冊，第129頁。

〔註75〕劉敏中：《中庵集》卷十五《勅賜鎮國上將軍福建道宣慰使兼鎮守建德萬戶贈

話有二層意思。一是元兵已將城池包圍，又已攻破樊城，如果元軍再進攻，襄陽城必破無疑。宋軍已不可能抵抗得住了。二是說呂文煥守襄樊已六載，已盡到了做臣子的義務，為了一城的生民，也應該投降元朝。筆者認為，丹達里的第二層意思深深觸動了呂文煥的內心。當時，元軍已處於壓倒性優勢，宋軍失敗已成定局，這是誰都能看出來的，更不要說作為守將的呂文煥了。而呂文煥之所以遲遲不肯投降，就是因為「呂氏一門，父子兄弟，受國厚恩」〔註76〕，理應為南宋王朝盡忠。一旦投降，勢必背負不忠不義的罪名。本來，先秦時期我國就形成了忠君思想，但那時的忠君是有條件的，如孔子說：「邦有道，則仕；邦無道，則卷而懷之」〔註77〕，人臣沒有為一家一姓竭盡愚忠的義務。但這種觀念到兩宋時發生了變化，為理學家提倡的絕對忠君觀念所取代。如首倡絕對忠君的司馬光就認為，君尊臣卑，「君臣之位猶天地之不可易也」〔註78〕。二程、朱熹均認為君臣關係是綱常中的最重要環節，「父子君臣，天下之定理，無所逃於天地之間」〔註79〕。君臣關係一經形成，永不可變，即使朝代更替，也不可事二主。隨著程朱理學在宋理宗朝被確立為官方思想，絕對忠君觀念也深入人心，成為每個臣民必須遵守的準則和必盡的義務。〔註80〕誰如果失節，就會被認定為千古罪人，永負罵名。呂文煥遲遲不投降，原因就在於此。而丹達里說呂文煥守襄樊六載，已盡到了做臣子的義務，無疑是在為呂文煥減輕心理負擔，排除其投降的心理障礙。丹達里又說，為了一城的生民，也應該投降元朝，無疑為呂文煥投降找到一個充足的理由。正是由於丹達里抓住了呂文煥的心理，所以他的說辭十分有效。呂文煥聽了丹達里的話，深受觸動，不禁失聲哭泣。最後說「容吾納款盟而出」〔註81〕。第二天，呂文煥派黑楊都統到元

榮祿大夫平章柱國溫國公謚恭惠薩木丹公神道碑銘》，文淵閣四庫全書本，第
　　　　1206 冊，第 129 頁。

〔註76〕劉岳申：《文丞相傳》，《文天祥全集》卷十九《附錄》，中國書店，1985 年，
　　　　第 489 頁。

〔註77〕楊伯峻譯注：《論語》衛靈公篇十五，第 163 頁。

〔註78〕司馬光：《資治通鑒》卷一《周紀一》，中華書局，1956 年，第 3 頁。

〔註79〕程顥、程頤：《二程遺書》卷五《二先生語五》，上海古籍出版社，2000 年，
　　　　第 128 頁。

〔註80〕雷學華：《試論中國封建社會的忠君思想》，《華中師範大學學報（哲學社會科
　　　　學版）》1997 年第 6 期。

〔註81〕劉敏中：《中庵集》卷十五《勅賜鎮國上將軍福建道宣慰使兼鎮守建德萬戶贈
　　　　榮祿大夫平章柱國溫國公謚恭惠薩木丹公神道碑銘》，文淵閣四庫全書本，第
　　　　1206 冊，第 129 頁。

軍中商討投降事宜。在商談結束，黑楊都統要離開時，元將張庭珍對阿朮說：「彼來，或以計覘我，未能必其果降。此人呂氏腹心，不如留之，以伐其謀。」〔註82〕於是，元軍扣留了黑楊都統。二十四日，呂文煥舉城降元。

（四）呂文煥長期堅守襄樊的原因

襄樊雖然失陷，但呂文煥堅守城池達五年之久，這是十分罕見的。以往蒙古攻破一座城池只需幾個月，甚至幾天，如郝經所說「馬首所向無不摧破」〔註83〕。然而蒙古卻在襄樊城下頓挫多年。從這個角度講，呂文煥雖敗猶榮。那呂文煥為何能堅守城池這麼多年呢？筆者認為，這既有客觀原因，也有呂文煥主觀的因素。具體說來，主要有以下幾點：

第一，襄樊周圍的地形、水文條件等地理環境有利於軍事上的防禦。地理環境是進行戰爭的物質基礎，是制約和影響戰爭活動的一種綜合因素，不但影響戰爭的進程，而且有時直接影響軍隊作戰能力的發揮，甚至影響戰爭的勝敗和結局。〔註84〕襄樊東有桐柏山，西北為武當山餘脈，東南有大洪山，西南則為荊山，北臨川流湍急的漢水，這些構成城池四面的屏障，便於設防而不利於大軍與騎兵的行動。〔註85〕優越的地理環境使襄樊得以長期堅守。

第二，襄樊城池堅固，糧餉充足。從軍事學角度講，工事構築是守軍的基本依託，對於最大限制地減少敵軍對守軍的傷害，提高守軍生存能力，具有重要作用。〔註86〕南宋襄樊堅固的城池就為守軍長期堅守提供了良好的工事構築。襄樊曾在端平年間因「北軍主將王旻、李伯淵焚城郭倉庫，相繼降北」而毀壞過，「時城中官民兵四萬七千有奇，其財粟三十萬、軍器二十四庫皆亡，金銀鹽鈔不與焉。南軍主將李虎乘火縱掠，襄陽為空」〔註87〕。這本是蒙古佔領襄樊的良機，但當時蒙古沒有認識到襄樊的重要性，所以沒有佔領。而宋軍在嘉熙三年派軍進入襄樊後，也由於軍力、財力不足，沒有及時修復城池。直到淳祐年間，在南宋大臣的呼籲和宋理宗的親自過問下，宋廷派李曾伯修復了襄樊。經過三年的經理，襄樊終於成為一座「城高而池深與兵精而食足」〔註88〕，

〔註82〕宋濂：《元史》卷一百六十七《張庭珍傳》，第3921頁。

〔註83〕宋濂：《元史》卷一百五十七《郝經傳》，第3699頁。

〔註84〕陳健安主編：《軍事地理學》，解放軍出版社，1988年，第2頁。

〔註85〕宋傑：《蒙元滅宋之役中的襄陽》，《國學學刊》2012年第1期。

〔註86〕李洪程主編：《步兵戰術學》，軍事科學出版社，2000年，第254頁。

〔註87〕脫脫：《宋史》卷四十二《理宗二》，第810頁。

〔註88〕李曾伯：《可齋續稿》前卷一《賀襄樊告捷》，四庫全書珍本初集。

「師出必克，敵入輒敗」〔註89〕的堅強堡壘，具備了長期抵禦敵軍的能力。為加強防守，宋軍又造浮梁於襄、樊之間，「植木江中，聯以鐵鎖，中設浮梁，以通援兵」〔註90〕，截斷漢水江面，構成了一個嚴密的防禦體系。加之當地自然環境相當優越，有利於墾殖，能為駐軍提供充足的糧草。〔註91〕這些都為守軍長期堅守提供了條件。

　　第三，主動出擊，戰術得當。消極防禦是宋朝的軍事傳統。實行這種戰術的軍隊「不敢或不善於舉行有利條件下的進攻，最終導致戰爭的失敗」〔註92〕。宋朝自太宗以來就實行這種戰術，這是宋朝「兵威不振」的重要原因之一。〔註93〕襄樊戰役前，蒙古知道襄樊城池堅固，易守難攻，所以採用了圍困戰術，以待其糧盡援絕而不攻自破。「國家取襄陽，為延久之計者，所以重人命而欲其自斃也」〔註94〕，「周於圍而緩於攻者，計待其自斃」〔註95〕。面對敵軍的圍城，呂文煥沒有沿用宋朝傳統的消極防禦戰術，一味地固守城池，坐等友軍支援或敵軍自行撤退。而是多次主動出擊，試圖打破敵軍的包圍和封鎖。另外，他還積極與援助的友軍配合作戰，甚至使用心理戰與敵軍周旋。可以說，呂文煥是以一種相對積極的姿態來對付蒙軍的圍困戰術的。南宋前期的軍事理論家陳規說：「守中有攻，可謂善守城者也。」〔註96〕呂文煥在堅守城池的同時，屢次率軍出擊蒙軍，與陳規的軍事理論不謀而合，可以說是一位「善守城者」。呂文煥的行動，雖因敵我力量懸殊而多以失敗告終，但一定程度上打亂了敵軍的部署，延緩了敵軍築城的進程，為友軍支援創造了條件，這是他能長期堅守的原因之一。

　　第四，南宋援軍的支援。面對蒙古軍不斷「築圍城，以逼襄陽」〔註97〕的局面，南宋政府一度比較重視，組織了幾次救援行動。對於南宋援軍支援的結果，申萬里先生認為「均告失敗」〔註98〕，似不符合史實。其實南宋援軍雖大

〔註89〕李曾伯：《可齋續稿》前卷三《三乞休致並薦代奏》，四庫全書珍本初集。

〔註90〕宋濂：《元史》卷一百二十八《阿朮傳》，第3120頁。

〔註91〕宋傑：《蒙元滅宋之役中的襄陽》，《國學學刊》2012年第1期。

〔註92〕張文儒、陳葆華：《軍事辯證法》，北京大學出版社，1988年，第262頁。

〔註93〕王曾瑜：《宋朝軍制初探》（增訂本），第526～530頁。

〔註94〕宋濂：《元史》卷一百五十六《張弘範傳》，第3680頁。

〔註95〕虞集：《道園學古錄》卷十四《淮陽獻武王廟堂之碑》，四部叢刊初編本。

〔註96〕陳規、湯璹：《守城錄》，叢書集成初編本，商務印書館，1939年，第7頁。

〔註97〕宋濂：《元史》卷一百二十八《阿朮傳》第3120頁。

〔註98〕申萬里：《宋元之際的呂文煥及其家族》，「元代多元文化與社會生活」學術研討會，2014年。

多失敗，但也曾幾次突破封鎖，將物資送入襄樊城內。如咸淳五年（1269）七月，沿江制置副使夏貴乘春季水漲，以輕舟運糧至襄陽城下。他恐為蒙古軍所襲，「與呂文煥交語而還」〔註99〕。這是宋正規軍援襄比較成功的一次。咸淳七年四月，范文虎率軍救援，他突破敵軍的封鎖，與其他宋將「督促糧運，輸之襄陽，晝夜不絕」〔註100〕。這年五、六月間，江水泛溢，漂溺蒙軍堡壘。京湖制置司乘此機會，運送布帛、鹽、錢、米進入襄陽，夏貴亦遣兵運粟米數千石，呼延德亦運柴薪、布帛以往。〔註101〕咸淳八年，當時的沿江副閫孫虎臣及京湖副帥高世傑奉朝廷之命「順流而下」救援襄樊，適值江水暴漲，宋軍「乘勢衝突堡寨及萬人敵，打透鹿門，連船運入衣襖、布帛、米鹽、糧草」。七月，宋軍遣民兵首領張貴、張順救援襄樊。在進軍途中，張順犧牲，但張貴率軍進入城中，將軍需等物送給了守軍。〔註102〕在襄樊被圍期間，宋廷先後派遣多支部隊援襄，「儘管多數失敗，未能徹底打破元軍包圍，但也曾經幾次突破封鎖，將物資送入襄樊城內，有力支持了襄樊的長期堅守」〔註103〕。

三、評呂文煥降元

由於宋元雙方政治情況、戰略戰術、軍事指揮、軍隊素質等方面存在優劣高下之別，呂文煥沒有堅守下去，最終投降了元朝。那我們應怎樣看待呂文煥降元的行為呢？古代有些人認為呂文煥應以死報國。如當時有人評論呂文煥：「見說李陵生，不若張巡死。」〔註104〕文天祥也認為呂文煥「力窮援絕，死以報國可也」，並作詩批判他：「不拼一死報封疆，忍使湖山牧虎狼。當日本為妻子計，而今何面見三光。」〔註105〕筆者認為，呂文煥堅守襄樊達五年之久，最後降元，他是在經過艱苦奮戰後迫不得已投降的，可以理解。當時，蒙古為攻宋做了大量準備工作，包括屯田，造戰船、練水軍，整頓軍紀，禁止私商販馬入宋，開闢兵源等。而且為保證戰爭的勝利，蒙古還徵發了善於攻城的漢軍，訓練了本處於弱勢的水軍。此外蒙廷還派劉整、史天澤、阿朮、阿里海牙、張

〔註99〕 畢沅：《續資治通鑒》卷一百七十九，度宗咸淳五年七月，第4888頁。

〔註100〕 宋濂：《元史》卷一百二十九《百家奴傳》，第3153頁。

〔註101〕 周密：《癸辛雜識》別集下《襄陽始末》，第308頁。

〔註102〕 周密：《癸辛雜識》別集下《襄陽始末》，第308～309頁。

〔註103〕 馬繼業：《宋代城池防禦探究》，山東師範大學碩士學位論文，2005年，第144頁。

〔註104〕 王惲：《秋澗集》卷四十三《磁州采芹亭後序》，四部叢刊初編本。

〔註105〕 文天祥：《文天祥全集》卷十三《指南錄》，第316頁。

弘範、劉國傑、李庭等擔任戰役的指揮官。這些人都是驍勇善戰、有豐富作
戰經驗的名將。另外，據李天鳴先生估計，蒙古用於此役的軍隊最多時達二
十萬人。〔註106〕在戰役的最後階段，元軍還使用了當時先進的武器——回回
炮。這種炮，石彈重，速度快，威力大，在戰役中發揮了重要作用。〔註107〕
元人胡祇遹的話可以說明元朝為取得襄樊戰役的勝利用力之猛。他說：「我軍
圍襄樊六年於茲，戈甲器刃所費若干；糧斛俸祿所費若干；士卒淪亡若干；
行齎居送人牛車具飛挽損折若干，以國家每歲經費計之，襄樊殆居其半。」
〔註108〕這表明，蒙古為取得此次戰役的勝利，竭盡了全力。而宋廷雖一度比
較重視，組織了幾次救援，但並未全力以赴。在襄樊被圍的緊急關頭，南宋
的掌權者賈似道卻過著腐朽的生活，「時襄陽圍已急，似道日坐葛嶺，起樓閣
亭榭，取宮人娼尼有美色者為妾，日淫樂其中」〔註109〕。宋廷雖派出幾支軍
隊救援襄樊，但由於指揮混亂、作戰不協調、將領貪生怕死等原因，除少數
幾次衝破蒙軍封鎖進入城中給守軍以支持外，多數行動以失敗告終。而在襄
樊城中的呂文煥多次向上級和朝廷報告敵軍情況，屢次率領軍隊主動攻擊蒙
軍，多次拒絕蒙軍的招降，團結訓練城中民眾抵禦敵人進攻，在大軍所至，
無不披靡的蒙軍面前，「捍禦應酬，備殫心力」〔註110〕，「百戰死守五六寒暑」
〔註111〕，「創建了中國古代戰爭史上的奇蹟」〔註112〕，殊為不易。魏源說呂
文煥「庸懦無謀」，在蒙軍圍城過程中，「不知所為計，恃兵食尚敷，坐擁堅
城，遷延歲月，以幸無事」〔註113〕，並不符合史實。當然，並不是說呂文煥
在戰役中的表現是完美的。當宋廷要派與呂文煥不和的高達救援襄樊時，呂
文煥「聞達且入援，亦不樂，以語其客。客曰：『易耳，今朝廷以襄陽急，故
遣達援之，吾以捷聞，則達必不成遣矣。』文煥大以為然。時襄兵出，獲哨

〔註106〕李天鳴：《宋元戰史》，第1093頁。
〔註107〕王兆春：《中國古代兵器》，商務印書館，1996年，第85～87頁。
〔註108〕胡祇遹：《紫山大全集》卷十二《寄張平章書》，文淵閣四庫全書本，第1196
　　　　冊，第228頁。
〔註109〕脫脫：《宋史》卷四百七十四《賈似道傳》，第13784頁。
〔註110〕劉一清：《錢塘遺事》卷六《襄樊失陷》，第134頁。
〔註111〕鄭元祐：《鄭元祐集》卷八《送呂惟清序》，第186頁。
〔註112〕屈超立：《論呂文德及呂氏軍事集團》，胡昭曦、鄒重華主編：《宋蒙（元）關
　　　　係研究》，四川大學出版社，1989年。
〔註113〕魏源：《元史新編》卷二十九《呂文煥傳》，《魏源全集》第九冊，嶽麓書社，
　　　　2005年，第740頁。

騎數人，即繆以大捷奏。」〔註114〕但總的來看，呂文煥在襄樊戰役中的表現是「勇敢的」〔註115〕、可圈可點的。到此役的最後階段，守軍已完全陷入絕境，開始還「有宿儲可堅忍，然所乏鹽、薪、布帛為急」。呂文煥不得不「撤屋為薪，緝麻為衣」，他「每一巡城，南望慟哭」〔註116〕。到了咸淳八年冬，城中大饑，以致發生了「人相食」〔註117〕事情。至此，再堅持下去已沒有任何意義，所以呂文煥投降了元朝。如果仍認為呂文煥在事孤力絕的情況下必須以死報國、忠君殉主，這只能是從古代的三綱五常的倫理道德出發得出的結論，不足為訓。

其實，對呂文煥堅守城池的表現和被迫投降，許多人都報以同情和理解的態度。如劉一清說：「（呂文煥）獨守孤城，降於六年之後，豈得已哉？」〔註118〕何喬新也認為：「呂文煥獨守孤城已逾五載，外有虎狼之敵，而無蚍蜉之援，撤屋為薪，緝銀鐺為衣，艱難忍死，勢危援絕，然後以城降元，蓋亦有不得已焉。」〔註119〕今人李則芬先生說：「守城主將投降自然要受世人詬罵，何況文煥是文德之弟，宋人惡賈似道而兼惡呂文德，惡呂文德而兼惡文煥，故對其五年困守孤城，竟無一人諒解。……我們就事論事，呂文煥守襄陽五年，外援斷絕，備極艱苦。而他仍有幾次出擊，又架浮橋以支持樊城，可見還不是無能之將。至於每次巡城，向南痛哭，及伏弩以射劉整，尤可見他初無降意。他之降元，猶勝於劉整、范文虎輩多矣。」〔註120〕這些都是設身處地的公允之論。還是屠寄說得最好：

> 蒙兀謀襄陽，水陸興師十萬。建議者劉整外，北方名將如史天澤、阿朮、阿里海牙、張弘範、劉國傑、李庭等皆在軍中，用力之猛，不啻如獅搏兔。呂文煥困守孤城首尾五載，雖墨翟守宋，田單

〔註114〕脫脫：《宋史》卷四百七十四《賈似道傳》，第 13785 頁。當時賈似道也無意用高達。《宋史·賈似道傳》：「時物議多言高達可援襄陽者，監察御史李旺率朝士入言於似道。似道曰：『吾用達，如呂氏何？』」
〔註115〕傅海波、崔瑞德編，史衛民等譯：《劍橋中國遼西夏金元史》，中國社會科學出版社，1998 年，第 504 頁。
〔註116〕劉一清：《錢塘遺事》卷六《襄樊失陷》，第 134 頁。
〔註117〕脫脫：《宋史》卷六十七《五行志》，第 1467 頁。
〔註118〕劉一清：《錢塘遺事》卷六《襄陽失陷》，第 134 頁。
〔註119〕何喬新：《椒邱文集》卷七《史論·知襄陽府呂文煥以城降於元》，文淵閣四庫全書本，第 1249 冊，第 114～115 頁。
〔註120〕李則芬：《元史新講》（第二冊），黎明文化事業公司，1978 年，第 283～284 頁。

守即墨，不過也。及至糧盡援絕，始納筦鑰。以今日世界軍法論，
可謂有功無過矣。〔註121〕

第二節　范文虎降元前的事蹟

一、范文虎與蘋草坪之戰

范文虎也是呂氏家族的重要成員，他的出生年月和籍貫不詳，〔註122〕妻
陳氏〔註123〕。可能他先娶的呂氏，後來娶了陳氏。〔註124〕范文虎早年的情況，
因為史料的匱乏，不得而知。〔註125〕史書中關於他最早的事蹟，已是他在蒙

〔註121〕屠寄：《蒙兀兒史記》卷一百一十一，「論曰」，第 691 頁。

〔註122〕昌彼得等認為范文虎是成都人，不知何據。見昌彼得、王德毅、程元敏、侯
俊德編：《宋人傳記資料索引》（第二冊），鼎文書局，1986 年增訂二版，第
1641 頁。

〔註123〕白冠西：《安慶市棋盤山發現的元墓介紹》，《文物參考資料》1957 年第 5 期；
周崇雲主編：《安徽考古》，第 238 頁。

〔註124〕左駿也注意到這一點，他推測至元十二年（1275）正月范文虎降元後不久，
宋廷謝太后計劃招呂文煥、范文虎、陳奕交通元軍議和，遭到三人拒絕。宋
廷「乃籍三人家，妻奴多遇害」。范文虎的第一任夫人呂氏可能即在此時遇
害。參見左駿《腰玉橫金——中國國家博物館藏元范文虎墓玉帶具的考古學
觀察》，《中國國家博物館館刊》2017 年第 2 期。

〔註125〕網上流傳著一篇所謂元朝大臣郝天挺撰寫的范文虎的神道碑《大元宣封九州
兵馬副元帥范公神道碑》，據說載於豐城范氏家譜，詳見 http://blog.sina.com.
cn/s/blog_66196ff40100qt8d.html.如果這個神道碑是真的，那麼對於認識范文
虎具有巨大的價值。然而筆者閱讀之後，發現神道碑的內容錯誤百出，極為
荒謬，不足憑信。如神道碑中說范文虎先娶呂氏，呂氏早死，再娶揭氏。據
出土的范文虎墓，范文虎有一位妻子陳氏，並且與范文虎合葬在一起。神道
碑卻沒有提及這個陳氏。再如，神道碑中說范文虎擔任過「忠勇校尉管軍總
管，奉議大夫容州路治中，朝列大夫武傑將軍金牌軍民總管，朝請大夫武傑
將軍江西等處行中書省諸路九州兵馬副元帥，同議行樞密院事」等官職。這
些都不見於其他史料。並且所謂「九州兵馬副元帥」，元朝根本沒有設過這個
官職。而其他史料所記的范文虎擔任的官職，如中書右丞，中書左丞、商量
樞密院事，中書右丞、商議樞密院事，尚書右丞、商議樞密院事等，神道碑
卻沒有提及。再如，神道碑中說范文虎「征海南，伐日本，攻交趾，討平樂」、
「擒叛將黃華，平洞寇鍾明亮」。這其中除伐日本見諸其他史料外，其他事蹟
均不見於史料。而史料所載的范文虎的一些值得誇耀的事蹟，如跟隨忽必烈
平定東道諸王乃顏叛亂、董疏通惠河等，神道碑卻隻字沒提。另外，神道碑
說范文虎「以大元延佑（應為祐——引者）元年甲寅（1314）八月十二日戌
時薨」。據出土的范文虎墓，范文虎至晚死於元成宗大德五年（1301）。神道

哥汗攻宋戰爭中參加蘋草坪之戰。

　　1251年，蒙哥繼蒙古汗位。經過數年準備，於1257年開始全面攻宋。他將攻宋軍隊分為三路：一路由他親自統率，進攻四川地區；一路由塔察兒（後因塔察兒師久無功，改忽必烈為首領）率領，進攻京湖；一路由兀良合臺率領，從廣西侵入南宋腹地。他計劃三路大軍會合後，順流東下，直搗臨安，滅亡南宋。蒙哥汗率領的主力，一路南下，勢如破竹，但在進攻釣魚城時受挫，他本人也死於戰爭前線。在中路，忽必烈進展也比較順利，圍困了重鎮鄂州。但由於守軍的堅守，其他宋軍的支援，蒙軍中疾病的流行和糧食的匱乏，特別是忽必烈急於回去爭奪汗位，所以於1259年十一月，率軍北返了，鄂州圍遂解。而從側翼進攻的兀良合臺，由於南宋防務薄弱，所以進軍神速，很快攻入了南宋的腹地。南宋政府極為恐慌。監察御史饒應子認為：「今精兵健馬咸在闑外，湖南、江西地闊兵稀，雖老臣宿將可以鎮壓，然無兵何以運掉。敵之來，當自內托出，不當自外趕入。」〔註126〕宋理宗和宰相吳潛採納了這個建議，在鄂州解圍後，命賈似道移司黃州。在鄂州的呂文德派部下孫虎臣、張世傑和范文虎率七百士兵護送賈似道去黃州。在經過蘋草坪時，宋軍遇到了一支蒙古軍隊。賈似道大驚，歎道：「死矣，惜不光明俊偉爾。」〔註127〕孫虎臣將賈似道藏匿起來，率軍出戰。後來才發現，這支敵軍是押送沿途擄掠的金帛子女的老弱部隊，南宋江西叛將儲再興騎牛走在最前面。宋軍很快打敗了這支蒙軍，並擒獲了儲再興。〔註128〕

　　事後，賈似道在向朝廷請功時說：「自鄂趨黃，與北朝回軍相遇，諸將用命捍禦。」宋廷「詔孫虎臣、范文虎、張世傑以下各賜金帛」〔註129〕。蘋草坪之戰，宋軍以七百精銳擊敗老弱的蒙軍，本是情理之中的事，並非大捷。但此戰的意義不在於此，而在於通過此戰，加強了呂氏家族、范文虎本人和賈似道的關係。這在下文詳述，此不贅述。

二、范文虎與白鹿磯之戰

　　蘋草坪之戰後，史書中關於范文虎的事蹟是景定二年八月他因參與白鹿

　　　　碑把死者卒年都搞錯，可見荒誕之甚。所以，所謂的這通范文虎神道碑不是真的，當為後人偽作，不足為據。

〔註126〕不著撰人：《宋史全文》卷三十六《宋理宗六》，第2887頁。
〔註127〕佚名著、王瑞來箋證：《宋季三朝政要箋證》卷三，第256頁。
〔註128〕不著撰人：《宋史全文》卷三十六《宋理宗六》，第2887頁。
〔註129〕脫脫：《宋史》卷四十五《理宗五》，第873頁。

磯之戰有功而受賞。然而，現存的關於白鹿磯之戰的史料沒有提到他在該戰中的表現。

如前文所述，從側翼進攻宋朝的兀良合臺經廣西、湖南而進軍至長江。景定元年正月，他們在白鹿磯（今湖北鄂州西北）和新生磯（今湖北新州東南）之間搭建了浮橋，以渡江北返。宋朝的夏貴率軍進至離白鹿磯二十里的地方。他率舟帥「以計悉引兵浮橋上流，晝攻夜擊其北岸，以舟師陣於白鹿磯浮橋下」，賈似道也到前督戰。〔註130〕此時，長江兩岸布滿了蒙軍。夏貴盡全力攻擊江北的蒙軍。他的意圖是，蒙軍輜重都在江北，攻擊江北的蒙軍，南岸蒙軍必然渡江救援，南岸的宋軍再加以驅趕，可以達到促蒙軍北返，肅清江面的目的。然而，夏貴這種消極驅趕蒙軍，不積極殺敵的做法遭到人們的責難。這時，大將劉整建議宋軍應攻擊蒙軍搭建在江上的浮橋，賈似道接受了這個建議，「似道用劉整計，攻斷浮梁，殺殿兵百七十」〔註131〕。最終，宋軍取得了這場戰鬥的勝利。

這場勝利本來是小勝，但賈似道為了誇耀自己，虛報了戰功，「上表以肅清聞」。昏庸的宋理宗不明真相，以為賈似道「有再造功，以少傅、右丞相召入朝，百官郊勞如文彥博故事」。〔註132〕既然勝利如此「輝煌」，那麼參與此戰的將領自然受到厚賞。景定二年八月范文虎因此戰而「賞七官，以五官轉行遙郡防禦使」〔註133〕。他在此戰中作用如何，史書沒有記載，估計作用不大，所以不值得一提。沒有突出表現，僅為一場小勝，就獲得如此提拔，范文虎以最小的「成本」獲得了最大的「收益」。〔註134〕還需注意的是，范文虎早在受賞的兩月前，即景定二年六月，已升為左領衛大將軍，主管侍衛步軍司兼馬軍司。也就是說，他成了主管京城馬步禁軍的統帥。

〔註130〕劉岳申：《申齋集》卷八《大元開府儀同三司行中書省左丞夏公神道碑銘》，文淵閣四庫全書本，第 1204 冊，第 276 頁。

〔註131〕脫脫：《宋史》卷四百七十四《賈似道傳》，第 13781 頁。

〔註132〕脫脫：《宋史》卷四百七十四《賈似道傳》，第 13781 頁。

〔註133〕脫脫：《宋史》卷四十五《理宗五》，第 878 頁。

〔註134〕董濤認為，現存關於白鹿磯之戰的史料中沒有提到范文虎，范文虎因此戰受賞的時間是景定二年八月，而其他參加此戰的人員的受賞時間大多在景定元年四月。他又指出劉整參加了此戰，並立有大功。景定二年劉整發動叛亂。他認為宋廷將本是劉整的功勞轉給了沒有參戰的范文虎。這就解釋了為何關於白鹿磯之戰的史料中沒有提及范文虎，並且范文虎受賞的時間比其他人晚。參見氏著：《宋元之際水軍將領范文虎的事蹟與相關問題探析》，第 9～16 頁。董濤能發現其中的問題，顯示出敏銳的眼光，但推測成分居多，故暫不採用這一說法。

三、范文虎與襄樊戰役

（一）范文虎救援襄樊

前文已述，蒙古從 1267 年底開始重點經略襄樊，築起一座座堡寨將襄樊團團包圍起來。面對襄樊被圍的嚴重局面，宋廷先後派幾支部隊前去救援。范文虎是援軍的首領之一，他多次率軍參加了救援襄樊的行動。以下是他救援襄樊的情況。

咸淳五年（1269）七月，大雨滂沱，漢水溢漲，宋軍乘有利時機，派夏貴、范文虎相繼率兵救援，「復分兵出入東岸林谷間」，迷惑敵軍。蒙軍將領阿朮識破了宋軍的計謀，「謂諸將曰：『此張虛形，不可與戰，宜整舟師備新堡。』諸將從之」。第二天，「宋兵果趨新堡」，蒙軍「大破之，殺溺生擒五千餘人，獲戰船百餘艘」〔註135〕。

咸淳六年元月，剛剛出任荊湖制置大使，兼夔路策應大使兼知江陵府的李庭芝，命范文虎提御前精兵八千餘人，往荊、襄應援。范文虎大敗而歸，僅以身免。〔註136〕

同年六月，漢水再次溢漲，范文虎在李庭芝的催促下出師援襄，但「未至鹿門，中道遁去」。〔註137〕

同年九月，「范文虎以兵船二千艘來援襄陽，阿朮、合答、劉整率兵逆戰於灌子灘，殺掠千餘人，獲船三十艘，文虎引退」〔註138〕。

咸淳七年四月，范文虎等乘漢水暴漲之機，再次率軍救援，這次救援比較成功，他與其他宋將「督促糧運，輸之襄陽，晝夜不絕」〔註139〕。然而好景不長，「阿朮率萬戶阿剌罕等與宋將范文虎等戰於湍灘」，蒙軍勝，「獲統制朱勝等百餘人」，並奪取宋軍軍器。〔註140〕另一蒙將「百家奴乘戰船順流至鹿門山，欲塞宋糧道，出擊范文虎軍，累獲戰功」〔註141〕。這次救援行動失敗後，宋廷命荊湖制閫移屯舊郢州，范文虎以下重兵皆屯新郢治上均州河口，扼守要津。〔註142〕

〔註135〕宋濂：《元史》卷一百二十八《阿朮傳》，第 3120 頁。
〔註136〕周密：《癸辛雜識》別集下《襄陽始末》，第 308 頁。
〔註137〕脫脫：《宋史》卷四百二十一《李庭芝傳》，第 12601 頁。
〔註138〕宋濂：《元史》卷七《世祖四》，第 131 頁。
〔註139〕宋濂：《元史》卷一百二十九《百家奴傳》，第 3153 頁。
〔註140〕宋濂：《元史》卷七《世祖四》，第 135 頁。
〔註141〕宋濂：《元史》卷一百二十九《百家奴傳》，第 3153 頁。
〔註142〕周密：《癸辛雜識》別集下《襄陽始末》，第 308 頁。

　　同年六月，范文虎率蘇劉義、夏松等舟師十萬，戰艦千餘艘，救援襄樊。元帥阿朮命張禧率輕舟，夜銜枚入宋陣中，在水中插入蘆葦，以測水之深淺，張禧偵測回來後，阿朮即命張禧率四翼水軍進戰，蒙軍大勝，奪戰艦七十餘艘。〔註143〕元平章合答又遣萬戶解汝楫等邀擊宋軍，擒其總管朱日新、鄭皋。〔註144〕此次救援行動是史料記載的范文虎率領的最大規模的救援行動，仍以失敗而告終。

　　除直接率軍救援襄樊外，范文虎在此戰中還有一些其他表現。

　　咸淳五年（1269）十二月，呂文德逝世，宋廷以夏貴為京湖制置使，但考慮到夏貴資歷較淺，宋廷又於咸淳六年正月任命李庭芝為京湖制置大使。范文虎得知此事後，寫信給賈似道說：「將兵數萬入襄陽，一戰可平，但無使聽命於京閫，事成則功歸恩相矣。」賈似道大喜，「即除文虎福州觀察使，其兵從中制之」。有了賈似道的支持，范文虎每天「攜美妾，走馬擊毬軍中為樂」。李庭芝屢次催促他進兵，他就以「吾取旨未至也」為藉口，拒不發兵。〔註145〕

　　咸淳八年，李庭芝派民兵首領張順、張貴和荊湖都統范天順乘江水上漲之機救援襄樊。范天順是范文虎的侄子。李庭芝讓范天順參加此戰，可能希望利用范天順與范文虎的關係而得到范文虎更多的支持。范文虎等給這支軍隊「衣襖等物」〔註146〕，讓他們將這些物資送給襄樊守軍。二張在進軍途中遭到元軍的阻擊，張順英勇戰死，張貴進入襄陽城中。後張貴要返回郢州。他在出軍之前，「先遣死士泅水達郢，約范文虎發兵駐龍尾洲以為應」。七月七日（一說九月），張貴告別呂文煥東下。他點視所部，發現少了一名帳前親隨。張貴想起是「被撻者」。他估計秘密回去的事情洩漏了，認為「急行彼或未及知」。所以他放棄「銜枚隱跡」的方案，而「舉炮鼓譟發舟，乘夜順流斷絙，破圍冒進」。夜半天黑時分，張貴軍至小新城，元兵數萬邀擊，宋軍死戰。漸近龍尾洲時，張貴等遙望前面軍船旗幟紛披，非常喜悅，以為是接應的友軍。張貴等舉流星火示之，但到近前，發現全是元軍。〔註147〕原來，范文虎等早在二日前「以

〔註143〕宋濂：《元史》卷一百六十五《張禧傳》，第3866頁。

〔註144〕宋濂：《元史》卷七《世祖四》，第136頁。

〔註145〕脫脫：《宋史》卷四百二十一《李庭芝傳》，第12601頁。

〔註146〕周密：《癸辛雜識》別集下《襄陽始末》，第309頁。

〔註147〕無名氏：《昭忠錄·張貴》，守山閣叢書本。

風水驚疑，退屯三十里」〔註148〕了。元軍截獲了宋軍的情報，所以在此守株待兔。張貴拼死奮鬥，無奈雙方實力懸殊，張貴全軍覆沒。

（二）評范文虎在襄樊戰役中的表現

范文虎率軍救援襄樊，不僅沒有給守軍以有力的支持，反而使南宋水師遭到嚴重損失。范文虎的失利，當然有客觀原因。一是蒙軍實力強大，特別是蒙軍在圍困襄樊的過程中，加緊訓練水軍，「造船五千艘，日練水軍，雖雨不能出，亦畫地為船而習之，得練卒七萬」〔註149〕，經過訓練，蒙古水軍力量大增，具備了與南宋水軍抗衡的實力。二是蒙軍通過築堡等方式控制了從襄樊到罐子灘的漢水水域，從而佔據了較高的地勢，可以居高臨下的迎戰宋朝援軍。而宋軍只能仰戰，處於不利的地位。但范文虎的失利與他本人有密切的關係。特別是至元八年六月，他率十萬水軍、千餘艘戰艦援襄。此戰，宋方兵力處於明顯優勢。然而，就是在這樣一場較量中，范文虎還是失敗了。相比之下，「張貴能以偏師入襄陽，復能破圍而出」〔註150〕。所以，范文虎率十萬正規軍作戰的失敗，只能說明他軍事才能的平庸。

需要補充說明的是，有的論者認為范文虎援襄，「六年而不進」〔註151〕，「坐視危迫，不發一矢」〔註152〕，顯然不符合史實。范文虎雖作戰多失利，但還是幾次率軍救援襄樊，說他沒有出兵並不正確。

如果說范文虎直接率軍援襄的失敗還有客觀原因的話，那麼他在此戰中不顧抗元大局，不聽李庭芝節制，在二張援襄的行動中，畏戰退卻，不守約定，單獨撤退的行為則完全說明他是一個不顧大局、貪生畏戰、「愚鄙不才」〔註153〕的庸將。如果范文虎能夠與其他將領齊心協力的話，襄樊局面可能會有所改觀。正如魏源所說：「張貴能以偏師入襄陽，復能破圍而出，當日范文虎諸將，苟協力致死，撤襄陽南面之圍，以通餉援，則猶可守也。」〔註154〕正是由於范文虎糟糕的表現，所以當時南宋吏民都將襄樊失陷歸因於范文虎

〔註148〕屠寄：《蒙兀兒史記》卷一百一十二《范文虎傳》，第692頁。
〔註149〕宋濂：《元史》卷一百六十一《劉整傳》，第3787頁。
〔註150〕魏源：《元史新編》卷二十九《范文虎傳》，第742頁。
〔註151〕黃震：《古今紀要逸編》。
〔註152〕鄭真：《滎陽外史集》卷三十七《題跋雜識·讀宋史·論范氏》，文淵閣四庫全書本，第1234冊，第207頁。
〔註153〕黃震：《古今紀要逸編》。
〔註154〕魏源：《元史新編》卷二十九《范文虎傳》，第742頁。

等人。汪立信向朝廷報告時就說：「臣奉命分閫，延見吏民，皆痛哭流涕而言襄、樊之禍，皆由范文虎及俞興父子。文虎以三衙長聞難怯戰。」〔註155〕方回也認為：「范文虎以殿岩援襄，逗遛不受閫公節制，並不以聞。非欺君而玩寇乎？襄病深矣。」〔註156〕襄陽的失陷，作為援軍首領的范文虎是負有很大責任的。

（三）宋廷對范文虎的處罰

1272 年二張救援襄樊失敗後，鑒於范文虎糟糕的表現，宋廷解除了其殿帥總統之權，後來陳伯大彈劾范文虎，朝廷又將其罷黜。〔註157〕1273 年初，元軍全力進攻襄樊，二月呂文煥以城降元。

襄樊失陷後，南宋政府追究相關人員的責任，范文虎在戰役中的表現，自然使其成為追究的對象。「給事中陳宜中，乞正范文虎不力援襄之罰」，但賈似道極力庇護，朝廷僅將范文虎降一官，知安慶府。〔註158〕這一不公平的處罰遭到人們的不滿，監察御史陳文龍言：「文虎失襄陽，今反見擢用，是當罰而賞也。」賈似道大怒，「黜文龍知撫州，旋又使臺臣季可劾罷之」〔註159〕。許多史書認為宋廷處以范文虎薄罰是由於賈似道的庇護，這當然不錯，但除此之外，筆者認為，還有以下幾個原因：

首先，宋廷在解除范文虎殿帥之職的同時，將其從子范友信遷廣南，〔註160〕這不僅是對范友信的處罰，也是對范文虎的懲處。

其次，范文虎的侄子范天順在襄樊保衛戰中，「在城守禦，立功尤多」，元軍攻破城池後，不願投降，仰天大呼：「好漢誰肯降賊，死時也做大宋忠義鬼」，之後「自縊身死」〔註161〕。范天順的忠君報國，使宋廷減輕了對范文虎的處罰。汪立信就認為：「（范文虎）猶子天順守節不屈，猶或可以少贖其（指范文虎）愆。」〔註162〕

〔註155〕脫脫：《宋史》卷四十六《度宗》，第 915 頁。
〔註156〕方回：《桐江續集》卷三十二《錢純父西徵集序》，文淵閣四庫全書本，第 1193 冊，第 666 頁。
〔註157〕周密：《癸辛雜識》別集卷下《襄陽始末》，第 309～310 頁。
〔註158〕脫脫：《宋史》卷四十六《度宗》，第 915 頁。
〔註159〕脫脫：《宋史》卷四百五十一《陳文龍傳》，第 13278 頁。
〔註160〕脫脫：《宋史》卷四百二十一《李庭芝傳》，第 12601 頁。
〔註161〕周密：《癸辛雜識》別集卷下《襄陽始末》，第 312 頁。
〔註162〕脫脫：《宋史》卷四十六《度宗》，第 915 頁。

最後，宋廷不敢對范文虎處以重罰。因為當時的呂氏家族勢力強大，多人身居軍政要職，「呂氏子弟將校往往典州郡而握兵馬」〔註163〕。如果宋廷對范文虎處置不慎，可能導致呂氏家族的不滿，進而導致南宋政局不穩。

其實，宋廷對庸將歷來是姑息和縱容的。如賈昌朝所說，宋政府對武將「賞重於罰，威不逮恩」〔註164〕。這是宋朝對待武將的傳統，也是導致宋朝兵威不振的重要原因之一。〔註165〕

四、變節投降

元軍佔領襄樊後，不斷集結力量為全面攻宋做準備。至元十一年（1274），在阿里海牙、阿朮等人的勸說下，忽必烈決定大舉攻宋。元廷任命伯顏、史天澤為荊湖行中書省左丞相，與阿朮、阿里海牙、呂文煥等攻京湖地區；進攻淮西的合答、劉整、塔出、董文炳也受伯顏節制。這二路是主力。此外，還有進攻淮東的、由中書右丞博羅歡率領的左路軍；元廷還在四川設立安西王府，由忙哥剌總領四川軍事，牽制宋軍，防止其援助下游。至元十一年九月，伯顏大軍正式出發。元軍一路勢如破竹，先是繞過宋朝重兵把守的郢州，然後下沙洋、破新城、占復州，之後在陽邏堡擊敗宋軍，渡過長江。緊接著，元軍又佔領了長江中游重鎮鄂州。然後，元軍順流東下，黃州、蘄州相繼降元。至元十二年正月十三日，元軍到達江州。宋兵部尚書呂師夔，江西安撫使、兼知江州錢真孫，江州都統管如德以城降。

就在伯顏大軍進入江州後，正月十六日，「范文虎遣人持酒果來迎」。次日，「范文虎遣其侄機宜請丞相（伯顏）速來」安慶，表示願意投降。二十六日，范文虎又遣使向伯顏報告：「阿達哈、劉整等行樞密院遣軍臨城招諭，我輩不從，眾心願俟丞相。」〔註166〕伯顏遂命阿朮率舟師先到安慶。阿朮到後，范文虎果然以城降。二月一日，伯顏到達安慶，承制授范文虎兩浙大都督，以其從子范友信知安慶府。〔註167〕安慶通判夏椅不願投降，仰藥殉國。〔註168〕

〔註163〕宋衛：《與襄陽呂安撫書》，蘇天爵編：《元文類》卷三十七，第670頁。

〔註164〕李燾：《續資治通鑑長編》卷一百三十八，中華書局，1985年，第3316頁。

〔註165〕王曾瑜：《宋朝軍制初探》（增訂本），第489～492頁。

〔註166〕劉敏中：《平宋錄》卷上，叢書集成初編本，商務印書館，1939年，第7頁。

〔註167〕宋濂：《元史》卷一百二十七《伯顏傳》，第3104頁。

〔註168〕脫脫：《宋史》卷四十七《瀛國公》，第925頁。

　　范文虎為何投降呢？是因為城池簡陋，無法堅守嗎？其實，范文虎在安慶並非無法守禦。范文虎防守的安慶城是景定二年（1261）時為沿江制置大使、兼知建康府的馬光祖修築的。安慶府治在端平年間屢次遷移，後馬光祖將城址選在長江北面的宜城（今安徽懷寧）。他之所以選擇在此築城，是認為有三大好處：「大江以北，自黃州而下，和州而上，中間無一城壘以為限隔，城戍於此，則自黃而和之間聲援易接，利一也；石簰、菩薩石之間江面最狹，正在宜城之下。曩洶洶時，諜知敵謀欲窺此途，有城於此，戍兵為守，則敵有所憚而不敢睥睨，利二也；自舊安慶府荒榛之後，寓治楊柴洲上，鴻雁飛鳴，無城郭可恃。舊城既未可修復，此地去寓治不遠，有險可恃，徙民為便，利三也。」對於築城於此這件事，馬光祖不敢擅自作主。其時，恰逢賈似道經過這裡，他「審其形勢，察其利害，果不可以不城，一見決矣」。後賈似道又向宋理宗報告，「上詔光祖城之速」。為使安慶城成為一座抗元的堅強堡壘，馬光祖築城耗費「緡錢一千餘萬，米十萬餘石」。築好的安慶城「周十有三里，高二丈八尺，趾高七尺，頂半之，城門凡七上，皆為樓，羊馬牆一千二百六十二丈，壕長一千四百三十五丈，而與江湖接，虢將精兵堅甲利器戍守其中，遂為江上一巨屏」〔註169〕。這座安慶新城位於宜城北面山上，居高臨下，地勢險要，易守難攻，具有重要的戰略地位。在周圍地區紛紛降元的情況下，讓范文虎堅守孤城而不失，是對他的苛求。但憑藉著堅固的城防工事和險要的地理位置堅守一段時間，等待援軍的支援，以延緩元軍進軍，還是完全可能的。但范文虎非但沒有堅守，反而在元軍尚未到達城下的時候就急急忙忙請降，這是為何呢？戴仁柱先生認為范文虎「最終叛離的確切原因也許永遠無人知曉」〔註170〕。從目前保留的史料看，明瞭范文虎投降的確切原因確實困難，但我們還是能從當時的情況和范文虎的為人分析出他投降的動機。

　　王茂華女士在研究南宋降元將領時說，他們的投降動機可分為保全性命、追逐名利和其他緣由三種，並且強調降將並不是單純出於某一種動機，大多數是在多種動機的混合交織下做出選擇的。〔註171〕筆者認為，范文虎投降的主要動機既是為保全性命，也為了追逐名利。

〔註169〕周應合：《景定建康志》卷三十八《武備志》，宋元方志叢刊本，中華書局，1990 年，第 1964 頁。

〔註170〕戴仁柱著、劉曉譯：《十三世紀中國政治與文化危機》，中國廣播電視出版社，2003 年，第 79 頁。

〔註171〕王茂華：《試論宋蒙（元）戰爭中的南宋降將》，第 12～14 頁。

第一，范文虎在襄樊戰役中犯有重大過錯，本應重罰，由於賈似道庇護等原因，才只降一官，知安慶府，但朝野都已對此忿忿不平。如果范文虎在安慶保衛戰中沒有上佳表現，恐怕即使賈似道再庇護，他也難逃宋廷的制裁。而屢次與元軍作戰的范文虎深知元軍的戰鬥力，且沿江州郡守將或降或逃，在范文虎看來，自己無力守衛安慶，而逃跑又免不了宋廷的處罰，所以乾脆投降了元朝。

第二，范文虎投降，不僅為保全性命，還追逐名利。這可從他選擇的投降時機和對象看出。在宋元戰爭中，「有些將領為了滿足自身利益訴求，把自己手中的軍隊，當作獲取自身利益的籌碼，紛紛與元軍將領和南宋降將聯繫，以尋找投降的最佳時機和最大收益」〔註172〕。范文虎在元軍還未到達安慶的時候，就主動請降，就是為了給元軍一個好印象，以使自己將來在元朝獲得最大的利益。另外，當阿達哈、劉整「遣軍臨城招諭」時，范文虎拒不向他們投降，而主動派人催促伯顏速來受降，也是基於自身利益的考慮。因為如前文所述，劉整與呂文德不和，而范文虎是呂文德的女婿，他自然不願向劉整等投降。

范文虎的投降給南宋帶來了不利影響。第一，南宋輕易失去了戰略要地安慶和耗費鉅資修建的安慶城，加快了元軍滅宋的進程。因為，如果范文虎堅守城池，元軍要攻下安慶，必然費時費力；如果元軍繞過安慶，則必然有後顧之憂，因為安慶的地理位置十分重要，它「上控洞庭、彭蠡，下扼石城、京口，分疆則鎖鑰南北，坐鎮則呼吸東西，中流天塹，萬里長城於是乎在」〔註173〕。據《資治通鑒後編》載：「丞相巴延初以安慶城在山頂，且兵糧皆足，勢不可攻；又慮文虎為勁敵，甚憂之。及聞欲降，大喜。」〔註174〕可見伯顏對如何攻下安慶城是頭疼的，而范文虎的投降解決了這一難題。第二，范文虎的投降，影響了賈似道的戰略部署。元軍攻佔長江中游重鎮鄂州後，南宋朝野震動，紛紛要求賈似道親自統兵抵禦元軍。賈似道不得不於德祐元年正月率軍西上迎戰。本來，賈似道出師後打算率軍進入安慶府，依託堅固的城池建立都督府指揮軍事。當大軍至京口時，「報文虎以安慶叛，似道失望，大軍不可前進，遂

〔註172〕王茂華：《試論宋蒙（元）戰爭中的南宋降將》，第13頁。
〔註173〕轉引自張曉生：《兵家必爭之地》，解放軍出版社，1987年，第108頁。
〔註174〕徐乾學：《資治通鑒後編》卷一百五十，文淵閣四庫全書本，第345冊，第39頁。

提兵止駐魯港，卻就舟中開督府」〔註175〕。范文虎的舉城投降，打亂了賈似道的戰略部署，被迫臨時改變戰術與元軍作戰。賈似道在魯港潰師，恐怕與范文虎在安慶投降有關。

第三節　呂文信、呂文福等人降元前的事蹟

除以上所述的呂文德、呂文煥、范文虎外，呂氏家族的成員留下事蹟的還有呂文信、呂文福、呂師龍、呂師望、呂師孟、呂師夔等。關於他們的史料十分匱乏。下面，筆者就搜集到的材料，敘述他們降元前的事蹟。

呂文信。淳祐六年（1246）七月，他與其他宋將和蒙軍戰於龍堰，有功，受到宋廷獎賞。〔註176〕他仕至武功大夫、沿江副司諮議官。開慶元年（1259），他率舟師到達南康斛林，在白鹿磯與張榮實率領的蒙軍相遇。蒙軍大舉進攻，擊潰宋軍，獲宋大船二十，俘二百，溺死者不可勝計。呂文信在此役戰死。景定元年（1260）五月，宋廷詔贈呂文信寧遠軍承宣使，立廟賜額。呂文信子師愈、師憲帶行閤職，更與兩子承信郎恩澤。〔註177〕對呂文信的戰死，宋廷給予高度評價：

> 殺身成仁，嘗聞斯語；捨生取義，今見其人。追懷敵愾之勳，特厚褒忠之典。具官某，頃參閫畫，力抗虜鋒。彼眾我寡而直前，路窮力竭而猶戰。花卿猛將，豈非絕世所無？南八男兒，恥為不義而屈。祍金志壯，埋玉骨香。加唐藩鎮留後之崇班，用漢羽林錄孤

〔註175〕鄭思肖：《鐵函心史》卷下《大義略敘》，陳福康：《井中奇書考》，上海文藝出版社，2001年，第507頁。

〔註176〕脫脫：《宋史》卷四十三《理宗三》，第836頁。

〔註177〕劉克莊：《劉克莊集箋校》卷六十九《武功大夫沿江制司諮議官呂文信，總統兵船，在櫟林夾白鹿磯陣歿於王事。得旨，特贈寧遠軍承宣使，其子師愈特與帶行閤職。除合得致仕恩澤外，更與二子恩澤，仍與立廟賜額》（以下簡稱《立廟賜額》），第3210頁；脫脫：《宋史》卷四十五《理宗五》，第874頁；《宋史》卷四百五十四《呂文信傳》，第13343頁；宋濂：《元史》卷一百六十六《張榮實傳》，第3905頁。按，《宋史·呂文信傳》載：「呂文信，文德之弟也。仕至武功大夫、沿江副司諮議官。德祐初，帥舟師次南康斛林，夾白鹿磯與北兵遇，戰死。」然據《宋史》卷四十五《理宗五》、《宋史全文》卷三十六《宋理宗六》和《劉克莊集箋校》卷六十九《立廟賜額》，景定元年宋廷因呂文信戰死而追贈他官職，可知他在此之前已經死去。《新元史》卷一百六十五《張榮實傳》將張榮實斬殺呂文信繫在開慶元年（1259），應是。《宋史·呂文信傳》將此事繫於德祐初，誤。

之故事。噫,死當廟食,初何減於封侯?魂為鬼雄,終不忘於屬賊。

可。〔註178〕

呂文信是呂氏家族中唯一一位戰死沙場的人。

呂文福。淳祐五年五月,他作戰有功,宋廷詔其「帶行閣職」〔註179〕。同年十二月,因參加壽春之戰有功,宋廷詔其「官三轉」〔註180〕。十一年八月,宋廷命他為廬州駐劄御前諸軍都統制。〔註181〕開慶元年(1259)十月,帶遙郡防禦使、河南招撫使、知淮安軍。〔註182〕景定二年(1261)四月,帶御器械、淮西安撫副使兼知廬州,官一轉。〔註183〕景定三年三月,依舊職差,知濠州兼淮西招撫使。〔註184〕咸淳五年(1269)六月,為復州團練使、知濠州兼淮西安撫副使。〔註185〕六年二月,為淮西安撫副使兼知廬州。〔註186〕九年五月,因呂文煥投降,呂文福上書:「從兄文煥以襄陽降,為其玷辱,何顏以任邊寄,乞放罷歸田里。」宋廷不允。〔註187〕同年六月,呂文福為呂文煥降元辯解,說呂文煥是「為人扶擁」,投降非其本心。宋廷詔李庭芝與呂文福對質。李庭芝說,當時京湖的來歸人吳旺等「備言文煥父子降狀」,呂文煥「先納莞鑰,旋獻襄城」,降元後又為元軍攻郢州獻策,並自請為先鋒,「言人人同,制司案辭可徵,非敢加誣人罪」。戳穿了呂文福為呂文煥辯解的謊言。但宋廷並未處罰呂文福,僅「詔文福勉力捍禦,毋墜家聲」〔註188〕。九年十一月,知閣門事。〔註189〕十年四月,為常德、辰、沅、澧、靖五郡鎮撫使、知沅州。〔註190〕德祐元年(1275)三月己卯,宋廷加呂文福福州觀察使。〔註191〕己丑,加保康軍承宣使,命他進京入衛。呂「文福至饒州,殺使者,入江州降大元。」〔註192〕

〔註178〕劉克莊:《劉克莊集箋校》卷六十九《立廟賜額》,第 3210 頁。
〔註179〕脫脫:《宋史》卷四十三《理宗三》,第 832 頁。
〔註180〕脫脫:《宋史》卷四十三《理宗三》,第 834 頁。
〔註181〕脫脫:《宋史》卷四十三《理宗三》,第 844 頁。
〔註182〕脫脫:《宋史》卷四十五《理宗五》,第 868 頁。
〔註183〕脫脫:《宋史》卷四十五《理宗五》,第 877 頁。
〔註184〕脫脫:《宋史》卷四十五《理宗五》,第 880 頁。
〔註185〕脫脫:《宋史》卷四十六《度宗》,第 903 頁。
〔註186〕脫脫:《宋史》卷四十六《度宗》,第 904 頁。
〔註187〕脫脫:《宋史》卷四十六《度宗》,第 913 頁。
〔註188〕脫脫:《宋史》卷四十六《度宗》,第 914 頁。
〔註189〕脫脫:《宋史》卷四十六《度宗》,第 917 頁。
〔註190〕脫脫:《宋史》卷四十六《度宗》,第 918 頁。
〔註191〕脫脫:《宋史》卷四十七《瀛國公》,第 927 頁。
〔註192〕脫脫:《宋史》卷四十七《瀛國公》,第 928 頁。

呂師龍，事蹟不詳。參加蘋草坪之戰，立有戰功。〔註193〕曾任遙郡團練使的武階。〔註194〕他大概和呂文福、呂師夔一樣，在江州投降了元朝。

呂師望。有關他的資料非常少。僅知他曾知和州，並戲弄過賈似道的家臣廖瑩中。史載：

> 廖瑩中，似道之家臣，……十五六年，要路貴人鮮不奴事瑩中，天下之賄皆歸之。……沿邊諸閫，年除歲遷，正冬節令，必饋瑩中白金數千兩、黃金數百兩之賄，不知幾萬，其餘監司太守皆然。……呂師望在和州，餉以豆粉，蹴其器曰：「何不送錢。」至今傳笑。
> 〔註195〕

可見，當時廖瑩中權勢薰天，文武百官都向其行賄。呂師望卻敢戲弄廖瑩中，以致傳為美談。

呂師孟，字養浩，號浩叟。生於宋理宗端平元年（1234）正月二十日。寶祐元年（1253），二十歲時，以恩蔭入官，補官保義郎。寶祐三年，〔註196〕出官主管義軍都統司機宜文字。歷任淮西制置司和兩淮宣撫司的準備將官。開慶元年（1259）任淮西兵馬都監。景定元年（1260）任寶應兵鈐。除閤門看班祗候，升宣贊舍人，右領衛中郎將。四年領右屯衛將軍。三十歲作郡，權發遣寶應軍。咸淳元年（1265），知高郵軍。三年，知招信軍。七年，右領軍衛將軍。八年，知蘄州。德祐元年（1275），帶都督府計議官。當時，元軍已佔領了長江中游重鎮鄂州，南宋朝野震動。許多大臣要求賈似道親自率軍與元軍作戰，以拯救危亡。賈似道被迫出師。他讓呂師孟括兵。呂師孟在淮東、西括集了七萬軍隊。〔註197〕同年夏，呂師孟入朝，領遙郡刺史，帶御器械。換文資，為朝奉郎，太府寺丞。〔註198〕十月，宋廷想與元軍議和，為了使呂文煥能從中周旋，幫助議和，打算升呂師孟為兵部尚書，追封呂文德和義郡王。宋廷對呂

〔註193〕劉克莊：《劉克莊集箋校》卷七十《右武大夫高州刺史左領衛大將軍呂師龍將蘋草坪所得兩官及父文德回授兩官轉左武大夫》，第3268頁。

〔註194〕劉克莊：《劉克莊集箋校》卷七十《左武大夫高州刺史左領衛大將軍呂師龍將節次所得三官特與轉行遙郡團練使》，第3269頁。

〔註195〕方回：《桐江集》卷六《己亥後上書本末》，第400頁。

〔註196〕向珊指出，碑文為「二」，「二」為「三」之誤。參見氏著：《方回撰〈呂師孟墓誌銘〉考釋》，《中國國家博物館館刊》2015年第6期。

〔註197〕方回：《桐江集》卷六《乙亥前上書本末》，第367頁。

〔註198〕江蘇省文物管理委員會：《江蘇吳縣元墓清理簡報》，《文物》1959年第11期。

氏家族的依賴，使呂師孟「益偃蹇自肆」〔註199〕。當時的知平江府文天祥乞斬呂師孟。他上疏說：

> 襄陽之役，虎不進，煥賣降，使元奸一日慨然聽有司論其罪。天地神人憤嫉以舒，雖有凶猾，誰敢輒生報怨？而元奸意氣凋喪，不能聲罪致討，以大明天冠地履不易之分，與天下英雄共謀之，遂使疆場之臣，獻幣授誠，甘心非類而不恥。分嚙肆螫，鳴吠其主，習以為然。皆名義不立，無以服其心故也。傳曰：「前車覆，後車戒。」更化以來，其必有以大畏民志而後可。今也叛逆之家，接跡相望，曾無一人伏其辜。而呂師孟力而拘諸原者，不以獻俘纍鼓，徇示三軍，以作興戰士之氣，方且並包兼容，示以不殺，意在羈縻，一切覆護。誰謂與之共活宇宙，大可以為國，小可以為家乎？此萬萬必無之理也。臣以為順德之臣，仗節死義，不盡見之褒異，則必無以激昂忠臣孝子之志；逆德之賊，干犯反常，不盡見之誅夷，則必無以懾伏亂臣賊子之心⋯⋯堂堂天朝，一日赫然改紀，其政刑黜陟賞罰，不為偏私，忠節必旌，凶孽必戮，然後人極可以復立，正統可以復扶。有功不賞，有罪不誅，雖堯舜不能治天下。惟陛下與二三大臣亟圖之！臣不勝拳拳。〔註200〕

文天祥認為，在襄陽戰役中，呂氏家族犯了嚴重的過錯，如果不殺呂師孟，就是賞罰不明，不足以提升士氣，振奮軍心。但宋廷還想通過呂師孟議和，所以自然不會採納文天祥的建議。十一月，呂師孟兼右曹郎官，軍器監。乞祠，為密閣修撰，主管冲佑觀。十二月，擢樞密副都承旨。

德祐元年十二月，元軍到達平江，宋廷派柳岳於初四日到元營議和。元軍派囊加歹同柳岳回臨安。為了討好呂文煥，宋廷正式追封呂文德為和義郡王，晉升呂師孟為兵部侍郎。十二月二十七日，宋宰相陳宜中派宗正少卿陸秀夫、刑部尚書夏士林、兵部侍郎呂師孟到元營談判。請尊忽必烈為伯父，世修子侄禮，每年給歲幣銀二十五萬兩，帛二十五萬匹。伯顏斷然拒絕了宋廷的請求。呂師孟使還後，宋廷拜其為兵部尚書，他力辭不受。後宋廷除呂師孟端明殿學士，提領戶部財用，賜同進士出身，與執政恩數。繼以簽書樞密院事，呂師孟力辭。

〔註199〕脫脫：《宋史》卷四百一十八《文天祥傳》，第12535頁。

〔註200〕文天祥：《乞斬呂師孟疏》，黃淮、楊士奇編：《歷代名臣奏議》卷一百八十六《去邪》，上海古籍出版社，1989年，第2442頁。

　　德祐二年正月十八日，元軍進駐到離臨安只有 30 里的皋亭山。這時，宋廷絕望了，向元軍遞交了降表。伯顏接到降表後，要求宋宰相陳宜中來元營商量投降儀式的問題。陳宜中害怕，偷偷跑回溫州清澳老家。正月十九日，宋廷派文天祥到元營與伯顏商談。文天祥到元營後，表現得堅貞不屈，大義凜然。伯顏怕放虎歸山，便把他扣留下來。正月二十一日，宋左丞相吳堅、右丞相賈餘慶、同知樞密院事謝堂、簽書樞密院事家鉉翁、同簽書樞密院事劉岊與呂師孟到元營，表示宋廷投降。文天祥大罵賈餘慶賣國，且責備伯顏失信。呂文煥從旁慰解，文天祥斥責他不能以死報國，竟「引虜陷國」，〔註201〕「呂氏合族為逆」。在一旁的呂師孟聽到後很憤怒，對文天祥說：「丞相今日何不殺師孟？」文天祥說：「汝叔侄賣降，恨朝廷失刑，不族滅汝。汝今日能殺我，得為大宋忠臣足矣！豈懼死哉？」說得呂師孟語塞。伯顏聽到後，也吐舌說：「男子！男子！」〔註202〕另一元將唆都也說：「丞相罵得呂家好！」〔註203〕

　　以上是文天祥記載的呂師孟作為宋朝代表與元軍議和及遞交降表時的表現。然而，另外一些史料卻有不同的記載。如方回在呂師孟的墓誌銘中記道：

> 混一之師入平江，議遣使，無敢往者，公挺身任責。始除夏公
> 士林刑部尚書，陸公秀夫工部侍郎、公兵部侍郎，同使平江軍前，
> 乞緩師。軍前俾公拜，公對：「使之往來自有常禮，拜於軍前，非禮
> 也。」不拜。從叔父參政文煥時亦在焉，軍前令拜，公毅然正色曰：
> 「自有家庭之禮。」眾皆韙之。使還，除兵部尚書，辭。〔註204〕

作為代表前去元營議和，自然不是什麼光彩的事，所以沒人願意去，按照方回的說法，呂師孟挺身而出，主動承擔了這個任務。在元軍前，呂師孟堅持禮節，堅決不拜。即使其從叔父呂文煥讓其拜，他也正色說：「自有家庭之禮。」表現出了崇高的民族氣節。與此類似的記載還見於朱德潤的筆下：

> 至元十二年，王師下江南。時呂公浩叟以故宋命出使軍前，持
> 節見淮安忠武王（伯顏），抗辭不屈。〔註205〕

〔註201〕文天祥：《文天祥全集》卷十七《宋少保右丞相兼樞密使信國公文山先生紀年錄》，第 453 頁。

〔註202〕劉岳申：《文丞相傳》，《文天祥全集》卷十九《附錄》，第 489 頁。

〔註203〕文天祥：《文天祥全集》卷十三《指南錄·紀事》，第 316 頁。

〔註204〕江蘇省文物管理委員會：《江蘇吳縣元墓清理簡報》，《文物》1959 年第 11 期。

〔註205〕朱德潤：《存復齋文集》卷一《壽樂堂銘》，叢書集成續編本，上海書店，1995 年，第 2 頁。

　　所記與方回相似，只不過更簡略。後來的一些吳中、蘇州的方志沿襲了方、朱的記載。然而，方、朱的記載可信嗎？方回的記載出自他為呂師孟寫的墓誌銘，在這種文章體裁下作者肯定要為死者迴護和溢美的。而且方回受到過呂氏家族的「大恩」〔註206〕，在這種情況下，他對呂師孟的正面描述能完全真實麼？朱德潤的情況與方回類似。他家與呂家是世交。呂師孟死後，呂師孟之孫呂濤請朱德潤為呂師孟生前建造的壽樂堂寫銘文。上述引文，就是銘文的序言。在這種情境下，他寫的誇讚呂師孟的文字又有多少可信呢？所以，呂師孟出使元營的表現，應以文天祥的記載為準。

　　宋廷與伯顏交涉失敗，最終投降。呂師孟同宋廷一同投降了元朝，結束了其在宋朝的生涯。綜觀呂師孟在宋朝的仕歷，右階至武功大夫（正七品），左換至中大夫（正五品）。兩賜緋銀魚、紫金魚袋。〔註207〕

　　呂師夔，字虞卿，號道山。生於宋理宗紹定三年（1230）九月三日。〔註208〕十九歲時即任知州級官職，後知萬州。在忽必烈進攻京湖時，他知漢陽軍，有功，那時他才三十歲。〔註209〕景定四年（1263），宋廷詔呂師夔閱視營屋，招募新軍。〔註210〕咸淳三年（1267），因呂文德之請，呂師夔改換文資，度宗以特恩超擢他為朝奉大夫，除正郎差遣。〔註211〕四年正月，宋廷賜呂師夔紫章服、金帶。〔註212〕五年十二月，呂文德死。宋廷起復呂師夔為湖、廣總領，知鄂州。〔註213〕八年，任廣西經略安撫使兼轉運使，知靜江府。〔註214〕九年四月，呂師夔上疏：「比賈似道得李庭芝書，報臣叔父文煥以襄城降，臣聞之隕越無地，不能頃刻自安。請以經略安撫、轉運、靜江府印委次官護之，席槁

〔註206〕方回：《桐江續集》卷二十五《送男存心如燕二月二十五日夜走筆古體》，文淵閣四庫全書本，第 1193 冊，第 550 頁。

〔註207〕江蘇省文物管理委員會：《江蘇吳縣元墓清理簡報》，《文物》1959 年第 11 期。

〔註208〕方回：《桐江續集》卷二十七《道山座主先生平章呂公輓歌辭五首庚寅九月初三日生，辛丑七月十六薨》，文淵閣四庫全書本，第 1193 冊，第 575 頁。

〔註209〕方回：《桐江續集》卷二十五《送男存心如燕二月二十五日夜走筆古體》，文淵閣四庫全書本，第 1193 冊，第 549 頁。

〔註210〕佚名著、王瑞來箋證：《宋季三朝政要箋證》卷三，第 299 頁。

〔註211〕不著撰人：《咸淳遺事》卷上，守山閣叢書本。

〔註212〕脫脫：《宋史》卷四十六《度宗》，第 899 頁。

〔註213〕周密：《癸辛雜識》別集下《襄陽始末》，第 306 頁。

〔註214〕脫脫：《宋史》卷四十六《度宗》，第 913 頁；江森：《粵西叢載》卷二《龍隱岩題名》，《筆記小說大觀》第十八冊，江蘇廣陵古籍刻印社，1983 年，第 146 頁；蔡呈韶等：《臨桂縣志》卷九《山川八》，成文出版社，1967 年，第 134 頁。

俟命，容臣歸省偏親，誓當趨事赴功，毀家紓難，以贖門戶之愆，以報君父之造。」詔不允。五月，呂師夔又上五疏乞罷任，朝廷不允，詔赴闕。〔註215〕十年十二月，時提舉興國宮的呂師夔請募兵江州，宋廷詔知州錢真孫同募，尚書省以錢米給之。〔註216〕德祐元年（1275）正月，賈似道以呂師夔權刑部尚書、都督府參贊軍事，任中流調遣。後呂師夔、錢真孫遣人請降於蘄州。〔註217〕元將領阿朮率舟師趨江州，呂師夔在江州與知州錢真孫遣人迎降。之後，伯顏至江州，即以呂師夔知江州。呂師夔在庾公樓設宴款待伯顏，並選宋宗室女二人，「盛飾以獻」，伯顏怒曰：「吾奉聖天子明命，興仁義之師，問罪於宋，豈以女色移吾志乎！」斥遣之。〔註218〕江州乃江西屏蔽，江州失陷，「則江西如破竹矣」〔註219〕。

　　謝枋得得知呂師夔降元後，上疏說：「文煥守襄六年，古無有也，勢窮援絕，遂失臣節。議者遽加以叛逆之名，今沿江諸郡有能守六日者乎？設遇文煥以前語責之，不知其何辭以對。師夔非有異志，似道以為刑部尚書參贊軍事，欲召赴軍前殺之。不得已為偷生保家計爾。師夔心欲歸朝不能，而以告之謝章。章不敢言而以告臣。臣請下詔赦師夔之罪，分沿邊諸路之屯，命之為鎮撫使。而遣使赴北通知，庶可紓難乎？」〔註220〕謝枋得堅決認為呂師夔的投降非其本心，甚至「以一族保師夔可信」，並且要「身至江州見文煥與議」。宋廷答應了其請求，讓謝枋得以沿江察訪使的身份去江州。但恰逢呂文煥北歸，「不及而反」〔註221〕。

　　對於謝枋得「以一族保師夔可信」和「身至江州見文煥與議」的行為，明人何喬新有一段評論：

　　　　謝枋得忠矣，然知人不明，料事不審，其智不足稱也。師夔何人哉？彼其父子兄弟，受國厚恩，或擁麾節，或典方州，不知感恩圖報，視去故國若棄敝屣。於君且然，況於友乎？枋得乃以一族保其可信，不可謂知人矣。文煥北面臣元，身為鄉導，招其部曲，誘

〔註215〕脫脫：《宋史》卷四十六《度宗》，第913頁。
〔註216〕脫脫：《宋史》卷四十六《度宗》，第924頁。
〔註217〕脫脫：《宋史》卷四十六《度宗》，第925頁。
〔註218〕宋濂：《元史》卷一百二十七《伯顏傳》，第3104頁。
〔註219〕佚名著、王瑞來箋證：《宋季三朝政要箋證》卷五，第377頁。
〔註220〕無名氏：《昭忠錄・謝枋得》。
〔註221〕脫脫：《宋史》卷四百二十五《謝枋得傳》，第12688頁。

其子婿。以降將與阿珠諸酋覆我家國，傾我宗社，以為有元開國之

勳臣，是豈可以忠義說哉？使枋得獲見文煥，彼不殺之以自明，則

將執之以送元耳。枋得乃得欲身至江州與之面議，何其愚也。〔註222〕

何氏對謝枋得的評論是允當的。他說呂師夔「視去故國若棄敝屣」，也是準確
的。此外，呂師夔與乃父一樣，也貪污腐敗。楊瑀《山居新話》載：

江西呂道山師夔至元間分析家私作十四分：本家一分，朝廷一

分，省官一分，尊長呂平章文煥一分，親戚館客一分。每分金二萬

兩，銀十萬兩，玉帶十八條，玉器百餘件，布二十萬匹，膽礬五甕。

只此是江州府庫見管鄂州，他處者又不預焉。以此觀之，石崇又何

足數也？〔註223〕

文中稱呂文煥為呂平章，可知這是呂氏家族入元後的事。這麼多的財富，恐怕
不會全是呂師夔投降元朝後聚斂的，而且呂師夔作為降將，在新朝也不敢搜刮
巨額財富。這應是他在南宋時積累的，而如此巨額的財富，恐怕並非全部是合
法所得。

趙宗斌，字叔憲，黃岩人。景定間，遊走江湖，呂文煥「奇之，妻以兄女」。
這樣他成為呂氏婿。補忠翊將軍。呂文煥打算投降時，他曾勸阻，呂文煥不從。
他遂遁去，隱跡澧州。史載他「有材略」，「忠憤之氣，嘗見詞色」。他寄家中
詩云：「落落桐花一陪寒，客衣猶未卸重綿。多情海燕頻來往，第一無情是杜
鵑。」〔註224〕全詩充斥著淒婉哀怨的情調。

丘通甫，呂文德婿。其父丘震亨為呂文德客。從方回給他的詩題看，丘
通甫號清溪居士，是一名醫士。詩中說：「乃翁挾藝專淮鄉，使死者生危不
亡。遠如扁鵲師長桑，又如近世龐安常。所交者誰龍虎驥，真李臨淮郭汾陽。
軍門出入一藥囊，精兵十萬無金瘡。參苓硝石雄附姜，補瀉虛實調炎涼。」
〔註225〕誇讚丘震亨醫術高明。丘通甫應是繼承了乃父的職業和技術，成為
了醫士。

〔註222〕何喬新：《椒邱文集》卷七《謝枋得自以與呂師夔善上書以一族保師夔可信乞
以師夔為鎮撫使之行成且乞身至江州見文煥與議朝廷以枋得為沿江察訪
使》，第1249冊，第116頁。

〔註223〕楊瑀：《山居新話》，知不足齋叢書本。

〔註224〕喻長霖等纂修：《台州府志》卷一百二十一《人物傳二十二·趙宗斌》，成文
出版社，1970年，第1631頁。

〔註225〕方回：《桐江續集》卷十八《贈醫士清溪居士丘通甫》，文淵閣四庫全書本，
第1193冊，第448頁。

呂文煥降元後，宋廷本應對呂氏家族的其他人予以處罰，至少應該加以防範。但宋廷依然任用他們，可能想以此換取他們的感恩，以抵禦元軍。然而，他們大多在元軍的進攻面前紛紛投降。這標誌著宋廷繼續任用呂氏家族政策的失敗。

第四章 南宋時期呂氏大族形成的原因及其與文人的關係

第一節 南宋時期呂氏大族形成的原因

一、呂氏家族的強盛

　　以上我們敘述了呂氏家族主要成員在南宋時期的事蹟。由上面的敘述可知，呂氏家族多人身居南宋軍政要職，握有很大權力，時人說呂氏「兄弟子侄布滿臺閣」[註1]，「呂氏子弟將校往往典州郡而握兵馬」[註2]，並非誇張。呂氏家族可謂真正的「大族」[註3]。但這個家族權勢有多大？似有具體分析的必要。下面就做些說明。

　　呂文德是呂氏大族的開創者和支柱，所以我們首先看看他的地位和權勢。呂文德從開慶元年十月到咸淳五年十一月，即他生命的最後十年，一直擔任京湖制置使。制置使和宣撫使在南宋是一個地區的最高軍事、民事長官，是「轄區內除總領以外所有地方官員的上司，同時也是對國家命運影響最大的官員」[註4]。呂文德擔任京湖制置使，說明他掌握了京湖地區軍事、民事的最高權

〔註1〕胡祗遹：《紫山大全集》卷十二《寄張平章書》，文淵閣四庫全書本，第 1196 冊，第 229 頁。

〔註2〕宋衜：《與襄陽呂安撫書》，蘇天爵編：《元文類》卷三十七，第 670 頁。

〔註3〕魏初：《青崖集》卷四《四月十六日奏》，文淵閣四庫全書本，第 1198 冊，第 760 頁。

〔註4〕余蔚：《論南宋宣撫使和制置使制度》，《中華文史論叢》2007 年第 1 輯。

力。值得注意的是，他連續擔任京湖制置使十年之久，這在宋代是極其罕見的。武將長期在一個地區擔任長官，容易形成自己的勢力，從而威脅中央集權。所以，宋代很少讓武將在某一地區長期任職（南宋四川地區情況特殊，除外）。南宋人王師愈就說：「任將固不可不稍久，然亦不可以太久。任之太久，則跋扈尾大之禍有難救者。」〔註5〕雖然在宋末，由於與蒙元戰事激烈，南宋武官在一地任制置使的時間比以前長了，但連續在一地任職十年的情況還是少見的。試看開慶元年至宋廷投降時武官制置使任期表。

開慶元年至宋廷投降時武官制置使任期表〔註6〕

時　　間	人　名	官　職	任　期	備　註
開慶元年三月至是年閏十一月	呂文德	四川制置副使	9個月	
開慶元年閏十一月至咸淳五年十一月	呂文德	京湖制置使	10年	
景定二年四月至同年七月	俞興	四川制置使	3個月	
景定二年十一月至景定五年四月	劉雄飛	四川制置使	2年	先為副使，景定四年七月升正使
景定五年四月至咸淳四年十二月	夏貴	四川制置使	5年	
咸淳四年十二月至咸淳七年	夏貴	沿江制置副使	3年	
咸淳八年至不詳	孫虎臣	沿江制置副使	不詳	
咸淳九年十一月至德祐二年	夏貴	淮西制置使	2年	德祐二年臨安淪陷後降元
咸淳九年十一月至德祐元年正月	陳奕	沿江制置副使	1年	德祐元年降元

由此表可以看出，呂文德在一地任期十年是獨有的。此外，呂文德在擔任京湖制置使期間，還兼任屯田使、夔路策應使、湖廣總領財賦、四川宣撫使等職，〔註7〕進一步擴大了自己的職權。特別是他兼任湖廣總領，取得了軍需

〔註5〕王師愈：《論任將不可不久亦不可太久》，黃淮、楊士奇編：《歷代名臣奏議》卷二百四十，第3164～3165頁。

〔註6〕本表摘自方震華《端平元年至咸淳十年武官任制置使表》。方表見氏著：《晚宋邊防研究》，第123頁。

〔註7〕脫脫：《宋史》卷四十五《理宗五》，第877～878頁。

之權。〔註8〕這樣，他成為京湖地區最高軍事、民事和財政長官。宋衜說呂文德「開荊南之制閫，總湖北之利權」〔註9〕，是恰當的。因為呂文德長期在京湖任職，所以在當地形成了很強的勢力，「沿邊數千里皆歸其控制，所在將佐列戍皆俾其親戚私人」〔註10〕。戴仁柱先生稱之為「荊湖集團」〔註11〕。寺地遵先生甚至說呂文德在湖廣已經形成「藩鎮」〔註12〕。都指出了呂文德勢力的強大。

以上是呂文德的軍職，從呂文德的階官上也可看出他的地位和權勢。建節在宋代是武人的「極致」〔註13〕，「是武將仕途中最重要的梯級」〔註14〕。呂文德不僅建節，而且為寧武、保康軍兩鎮節度使。〔註15〕據宋末學者王應麟統計，南宋大將建雙節者僅有七人，而南宋後期唯呂文德一人而已。〔註16〕這反映出呂文德在南宋軍中的崇高地位。呂文德還被封為少傅。〔註17〕三少在宋代是加官，〔註18〕主要賜給軍國重臣，呂文德被授予少傅，是其地位崇高的反映。〔註19〕當時蒙古人說宋廷對呂文德「列之於三孤，崇之以

〔註8〕寺地遵認為，呂文德以武官兼總領「不能不說是一個非常極端的異例」。見氏著：《賈似道的對蒙防衛構想》，《國際社會科學雜誌（中文版）》2009 年第 3 期。其實，隨著南宋與蒙古戰事的激烈，制置使與總領分開不利於抵抗蒙軍，所以，大致從淳祐二年到德祐元年，四川制置使兼四川總領；淳祐七年到德祐元年，京湖制置使兼湖廣總領。參見方震華：《晚宋邊防研究》，第 25 頁。所以，呂文德以制置使身份兼湖廣總領，並非「一個非常極端的異例」。

〔註9〕宋衜：《與襄陽呂安撫書》，蘇天爵編：《元文類》卷三十七，第 670 頁。

〔註10〕黃震：《古今紀要逸編》。

〔註11〕戴仁柱著、劉曉譯：《十三世紀中國政治與文化危機》，第 77 頁。

〔註12〕寺地遵：《賈似道的對蒙防衛構想》，《國際社會科學雜誌（中文版）》2009 年第 3 期。

〔註13〕脫脫：《宋史》卷四百七十四《賈似道傳》，第 13783 頁。

〔註14〕王曾瑜：《宋朝軍制初探》（增訂本），第 326 頁。

〔註15〕脫脫：《宋史》卷四十六《度宗》，第 884 頁。

〔註16〕王應麟：《玉海》卷十九《地理》，江蘇古籍出版社、上海書店，1987 年，第 372 頁。

〔註17〕脫脫：《宋史》卷四十六《度宗》，第 898 頁。

〔註18〕張希清等：《宋朝典章制度》，吉林文史出版社，2001 年，第 98 頁。

〔註19〕寺地遵認為呂文德以安撫制置使的身份兼馬軍都指揮使，「這種事例極為稀罕」，以此證明呂文德勢力之大。見氏著：《賈似道的對蒙防衛構想》，《國際社會科學雜誌（中文版）》2009 年第 3 期。然而，南宋的三衙體制與北宋發生了很大的變化。南宋三衙長官往往使用主管殿前司公事，主管侍衛馬軍司公事和主管侍衛步軍司公事的職稱；而北宋時的三衙都指揮使、副都指揮使、都虞侯的軍職，有時成了大將的虛銜。參見王曾瑜：《宋朝軍制初探》（增訂本），

兩鎮」〔註20〕，是準確的。

除呂文德外，呂氏家族的其他人也身居軍政要職。試看呂文煥投降前，呂氏家族一些人的最高官職：呂文煥，京西安撫副使、知襄陽府；呂師夔，廣西經略安撫使兼轉運使，知靜江府；呂文福，淮西安撫副使兼知廬州；范文虎，殿前都指揮使。均是握有一方實權的地方要員或掌管中央禁軍的高級將領。

另外，呂氏家族權勢之顯赫、勢力之強大還有一個表現，就是他們控制的軍隊私人化的傾向。時人稱京湖一帶的軍隊為「呂家軍」〔註21〕，這是一個非常值得注意的現象。南宋初年，武將權力擴大，長期握有某一支軍隊，人們多以武將的姓氏稱這支軍隊，「當時諸將，各以姓為軍號，如張家軍、岳家軍之類」〔註22〕。「以武將姓氏為軍隊番號，反映出武將在該軍隊中至高無上的權威和影響力。」〔註23〕這是與宋朝壓制武將權力的家法相違背的。所以，宋高宗君臣在宋金戰事緩和後，解除了武將的權力。之後，除四川地區情況特殊外，很少有以武將姓氏為軍隊番號的情況出現。京湖地區的軍隊被人們稱為「呂家軍」，說明這一地區的「整個軍事基層組織已發展成高度個人化的團體」〔註24〕，顯示出呂氏家族在該地區軍隊中擁有最高權威和影響力。這是軍隊私人化的表現，也是南宋初年以來除四川地區外極其罕見的現象。〔註25〕

當時和後來一些人也注意到呂氏家族的顯赫和興盛。元人鄭元祐說，呂氏家族「赫然以功名顯著於天下」〔註26〕。另一元人魏初認為：「呂氏，彼國大族，與之抗衡者，必因此有所誅殺。」〔註27〕

第191～192頁。所以，呂文德以安撫制置使的身份兼馬軍都指揮使，並非稀罕，也不能以此來證明其勢力的強大。

〔註20〕宋衜：《與襄陽呂安撫書》，蘇天爵編：《元文類》卷三十七，第670頁。

〔註21〕方回：《桐江續集》卷三十二《錢純父西徵集序》，文淵閣四庫全書本，第1193冊，第666頁。

〔註22〕羅大經：《鶴林玉露》乙編卷二《旌忠莊》，中華書局，1983年，第149頁。

〔註23〕何玉紅：《南宋川陝邊防行政運行體制研究》，第139頁。

〔註24〕戴仁柱著、劉曉譯：《十三世紀中國政治與文化危機》，第75頁。

〔註25〕至於「呂家軍」出現的原因，筆者認為一是呂文德長期擔任京湖制置使，掌握這一地區的軍隊。二是呂氏家族得到了權相賈似道的支持。三是南宋晚期，由於與蒙元戰爭的需要，南宋將軍隊的駐守方式由移駐改為屯駐。軍隊較少遷徙，為武將長期控制提供了條件。關於晚宋軍隊駐守方式的改變，參見方震華：《晚宋邊防研究》，第11～12頁。

〔註26〕鄭元祐：《鄭元祐集》卷八《送呂惟清序》，第186頁。

〔註27〕魏初：《青崖集》卷四《四月十六日奏》，文淵閣四庫全書本，第1198冊，第760頁。

　　如果我們將呂氏家族和人們素所關注的南宋另一著名武將家族吳氏家族做一比較，就可以發現，呂氏家族的強盛不在吳氏家族之下。首先，吳氏家族雖顯赫，但宋廷還是採取了以文馭武、徵調西兵、將川陝地區的統兵體制由三都統分為四都統、兵民分離、兵將分離、將利州東西二路合為一路、設置總領所等措施較有效地節制了吳氏武將的權力。〔註28〕呂氏家族強盛後，也違背了宋朝重文輕武、強幹弱枝等家法，但可能由於宋廷對他們的倚重以及得到了實際掌權者賈似道的支持，宋廷雖似乎在呂文德去世後採取了一些措施試圖削弱該家族的權勢，〔註29〕但總的來說，宋廷對他們是「容養姑息，如奉驕子」〔註30〕的。甚至在呂文煥投降後，宋廷並沒有像吳曦叛變後處置吳氏家族一樣處置呂氏家族，相反，仍對呂氏家族委以重任。其次，吳氏家族通過朝廷賞賜、兼併土地等方式擁有了大量財產。史載，紹興三年九月，宋廷賜吳玠田十五頃。紹興七年八月，賜吳玠漢中田二十頃。但吳氏家族的財力仍然比不上呂氏家族。宋廷在景定元年正月一次就賜呂文德浙西良田百頃。〔註31〕吳氏家族雖也兼併土地，「劍外諸州之田，自紹興以來，久為諸大將吳、郭、田、楊及勢家豪民所擅」〔註32〕，以致「關外舊有營田歲收租十餘萬斛，其田半為吳、郭、田諸家所據，租入甚輕，計司知之而不敢問」〔註33〕。呂氏家族不僅兼併土地，如范文虎「以勢豪」在宋末元初兼併「湖州南潯及慶元慈谿等處田土」〔註34〕，而且大肆侵吞國家財產，「掩取六十四州養三十萬兵之賦入為己有，又用私人戴填者，名總領，歲科降朝廷金帛錢楮三十萬，瓜分為己私，以

〔註28〕何玉紅：《南宋川陝邊防行政運行體制研究》，第 152～262 頁。

〔註29〕戴仁柱著、劉曉譯：《十三世紀中國政治與文化危機》，第 78 頁。

〔註30〕高斯得：《恥堂存稿》卷一《彗星應詔封事》，叢書集成初編本，商務印書館，1935 年，第 21 頁。

〔註31〕脫脫：《宋史》卷四十五《理宗五》，第 871 頁。

〔註32〕李心傳：《建炎以來朝野雜記》乙集卷十六《關外經量》，中華書局，2000 年，第 796 頁。

〔註33〕佚名：《續編兩朝綱目備要》卷六《寧宗皇帝》，中華書局，1995 年，第 106 頁。

〔註34〕孔齊：《至正直記》卷二《宋末叛臣》，上海古籍出版社，1987 年，第 79 頁。按，《至正直記》的作者應為孔克齊，參見丁國范：《〈靜齋至正直記〉三議》，南京大學歷史系元史研究室編：《元史及北方民族史研究輯刊》，第 11 輯，1987 年；顧誠：《〈靜齋至正直記〉的作者為孔克齊》，中國元史研究會編：《元史論叢》，中國社會科學出版社，1997 年；尤德豔：《〈靜齋至正直記〉及作者考述》，《中國典籍與文化》2003 年第 3 期。

至寶貨充棟，宇產遍江淮，富亦極矣」〔註35〕。入元之後，呂氏家族的財產依然是驚人的。再看前引《山居新話》的記載：

> 江西呂道山師夔至元間分析家私作十四分：本家一分，朝廷一分，省官一分，尊長呂平章文煥一分，親戚館客一分。每分金二萬兩，銀十萬兩，玉帶十八條，玉器百餘件，布二十萬匹，贍礬五甕。只此是江州府庫見管鄂州，他處者又不預焉。以此觀之，石崇又何足數也？

這麼多財產還只是呂師夔的一部分，無怪乎楊瑀驚歎：「以此觀之，石崇又何足數也？」〔註36〕范文虎在宋元之際也富可敵國，「資產之盛，遍及東南」〔註37〕。值得注意的是，明代有人發現了呂文德妻的墓。同治《大冶縣志》卷十七載：「萬曆二十六年，道士狀民徐鼎，於呂文德宅基屬地，得黃金一窟。數武即墓隧，……前有石幾，上置瓶、爐、剪、尺、盆、盂，皆金也。鼎取之不已，為土人所覺，共發其棺，則婦人也。」〔註38〕這個婦人就是呂文德妻。《明史·陳奉傳》載：「巡按御史王立賢言所掘墓乃元（應為宋）呂文德妻。」〔註39〕從呂文德妻的墓葬的隨葬品看，多金器，反映出呂氏家族財富之多。《大冶縣志》卷十七還載：「崇禎七年，士人……得一錢窟。方中丈徐，皆滿錢貫，鐵線已朽。崇寧通寶大可徑寸，間以五銖、半兩，朱砂、翡翠、石青，古色種種……按金錢皆呂文德宅中遺物也。」〔註40〕估計這只是呂文德遺物的一部分，但已為數不少。此外，1959年1月還發現了呂師孟夫婦墓，墓中出土隨葬品如下：

> 金器：金條七根、金碗一件、金盤二件，金雞心形飾物二片、金帶飾一件、長方金帶飾一件，方形金帶飾七件，花形帶飾一件。
>
> 銀器：八棱銀果盒一件、銀盂一件、銀扁盒一件、銀圓盒二件、梅花銀盒一件、小銀盒一件、銀水盂一件、銀尊一件、銀匙二件、銀錠十個。

〔註35〕黃震：《古今紀要逸編》，四明叢書本。

〔註36〕楊瑀：《山居新話》，知不足齋叢書本。

〔註37〕鄭真：《滎陽外史集》卷三十七《題跋雜識·讀宋史》，文淵閣四庫全書本，第1234冊，第207頁。

〔註38〕湖北省大冶市地方志編纂委員會：《（同治）大冶縣志》（詮譯本）卷十七《逸事志》，第310~311頁。

〔註39〕張廷玉：《明史》卷三百〇五《陳奉傳》，中華書局，1974年，第7807頁。

〔註40〕湖北省大冶市地方志編纂委員會：《（同治）大冶縣志》（詮譯本）卷十七《逸事志》，第311頁。

　　銅器：銅鏡三面。

　　玉器：白玉璧一件、白玉飾一件。

　　瓷器：白瓷碗一件。

　　其他：小金飾十二件。〔註41〕

呂師孟入元後很快辭官歸隱，所以這些東西應是他在南宋為官時擁有的。這些物品的紋飾、工藝等特徵也證明是南宋晚期的文物。〔註42〕從出土的這些物品可知呂師孟生前的富有。以上這些只是呂氏家族財富的冰山一角。後人說，「方宋有國時，呂氏之貲業何可以算計」〔註43〕，呂氏「仕宋累朝，窮富極貴」〔註44〕，都說明呂氏家族的財富是驚人的。

二、呂氏大族形成的原因

　　通過前面的敘述我們可以看到，呂氏家族權勢很大。我們不禁要問，趙宋一代一向重文輕武，竭力壓制武將的權力和地位。那麼，這麼一個強大的武將家族是如何形成的呢？筆者認為，主要有四點，其中一點是呂氏家族得到了當時權相賈似道的支持，這點放在下節詳細論述，這裡分析其他三點。

　　第一，宋政府的鼓勵和提倡。也許有人會問，宋代奉行重文輕武政策，怎會鼓勵和提倡武將家族的形成呢？筆者認為，正是由於宋代重文輕武，使「武人在政治、社會上的地位，面臨前所未有的貶抑」〔註45〕，所以，許多精英分子不願意投身行伍。為了解決武官來源問題，宋代實行了武學和武舉，培養軍事人才，但武學和武舉並未發揮出培養和選拔將才的功能。這不能不導致宋代軍事人才的匱乏。為此，宋政府從制度上允許武官子弟通過蔭補取得武職，〔註46〕同時也鼓勵武官子弟投身行伍。南宋初期，許多武官子弟紛紛改換文資，面對這一現象，宋高宗不無憂慮地說：「今諸將子弟皆恥習弓馬，求換文資，數年之後，將無人習武矣，豈可不勸誘之！」〔註47〕所以，宋政府

〔註41〕江蘇省文物管理委員會：《江蘇吳縣元墓清理簡報》，《文物》1959 年第 11 期。

〔註42〕魏采蘋：《呂師孟墓金銀器考察》，《東南文化》1994 年第 3 期。

〔註43〕鄭元祐：《鄭元祐集》卷八《送呂惟清序》，第 186 頁。

〔註44〕劉壎：《隱居通議》卷十《琵琶亭詩》，叢書集成初編本，商務印書館，1937 年，第 114 頁。

〔註45〕黃寬重：《中國歷史上武人地位的轉變：以宋代為例》，《南宋軍政與文獻探索》，新文豐出版公司，1990 年。

〔註46〕陳峰：《論宋朝武將培養選拔體制的缺陷及影響》，《西北大學學報（哲學社會科學版）》2004 年第 5 期。

〔註47〕徐松輯：《宋會要輯稿》崇儒三武學，上海古籍出版社，2014 年，第 2806 頁。

雖壓抑武人的地位和權力，但並不阻止武將家族的形成。武官子弟自幼受父兄影響，耳濡目染，嫻熟軍旅之事，所謂「此輩常從父兄征行，兵甲位伍，熟於聞見」〔註48〕。加上父兄在軍中的提攜和庇護，地位很容易上升。所以，宋政府的鼓勵和提倡，為武將家族的形成提供了條件。

第二，激烈的戰爭環境。在宋代，一個平民家族成為顯赫的世家大族一般有三條途徑，一是通過科舉考試；一是軍功起家；一是吏人出職和其他方式。〔註49〕史料記載，呂文德「不識字」〔註50〕，其家庭條件不好，「起田間」〔註51〕。因此，通過科舉這條路帶動家族的發展是不可能的。呂文德等不是吏人，又沒有強大的經濟力量，所以不可能通過吏人出職或「納粟補官」等方式進入仕途。那只有通過軍功起家了。而走這條道路必須有一個前提，那就是有戰爭發生，否則在和平年代，沒有戰爭，還談何戰功。呂氏諸人所生活的年代，恰逢宋蒙戰爭激烈進行的時期。這就給他們通過建立軍功身登高位，從而帶動家族發展提供了條件。另外，戰爭環境也為武將地位的提高、權勢的擴大創造了條件。宋政府的重文輕武政策，在北宋時期執行得較好。但到南宋初年，因為環境的改變，在強大的軍事壓力之下，宋廷被迫給予武將以很大的權力，而武將也趁機壯大自己的力量。這對南宋政府造成了威脅。為此，宋高宗君臣採取種種手段，解除了一些大將的權力，成功實施了宋代的第二次削兵權。〔註52〕但南宋組建的屯駐大軍仍由武將出任，直接受中央指揮，不受地方官節制，所以形成於北宋的以文制武體制並未恢復。到開禧北伐時，南宋戰敗，許多將領因戰敗而受到處罰，南宋乘此機會派文官出任制置使，削弱武將權力，武將勢力大為低落，終於恢復了以文制武體制。但到南宋後期，隨著與蒙古戰事的開始，文官多不懂軍事，無法勝任與蒙古作戰的工作，所以武將的勢力又有所抬頭。如淳祐年間，利州都統王夔，「恃功驕恣，桀驁不受節度」，甚至公然向四川制置使余玠示威。〔註53〕開慶元年鄂州之役時，武將高達不把宣撫使賈似道放在眼裏，「高達在圍中，恃其武勇，殊易似道，每見其督戰，

〔註48〕李燾：《續資治通鑑長編》卷六十三，第 1411 頁。
〔註49〕王善軍：《宋代世家大族的起家和主要類型》，葛志毅主編：《中國古代社會與思想文化研究論集》第 3 輯，黑龍江人民出版社，2008 年。
〔註50〕黃震：《古今紀要逸編》，四明叢書本。
〔註51〕鄭元祐：《鄭元祐集》卷八《送呂惟清序》，第 186 頁。
〔註52〕虞雲國：《論宋代第二次削兵權》，《上海師範大學學報》1986 年第 3 期。
〔註53〕脫脫：《宋史》卷四百一十六《余玠傳》，第 12471 頁。

即戲之曰：『巍巾者何能為哉！』每戰，必須勞始出，否即使兵士譁於其門」。不僅高達，其他將領也對賈似道持輕視態度，「曹世雄、向士璧在軍中，事皆不關白似道」〔註54〕。可見，晚宋的武將權勢急劇擴大。正是在這種情況下，身為將校的呂氏諸人才敢「專立己威，爵賞由心，刑戮在口」〔註55〕。若在和平時期，可以設想，身居高位的呂氏諸人，不會有如此大的權勢，明目張膽地作威作福，如果這樣，以宋廷對武將的防範和猜忌，很可能會招來殺身之禍。

第三，呂氏家族多人有較出色的軍事才能。晚宋軍政敗壞，缺乏善於作戰的將領。魏了翁指出當時軍政敗壞的情況，「況自近歲，馭失其道，賞罰無章，中外之軍，往往相謂，戰不如潰，功不如過，風聲相挺，小則浮言誹語以扇其類，大則擁眾稱兵以凌其上，而欲恃此以為守，臣知其不可也」〔註56〕。直到咸淳年間，上官煥還指出：「天下之患莫大於玩敵……我之將帥，方以敗而為功，待其去而奏捷。」〔註57〕和當時的許多將領比，呂氏家族的人是較能作戰的。這一點連蒙古也承認，他們說呂文德「出自戎行，驅馳邊境，守禦奔援，時立武功」〔註58〕。呂氏家族的其他人如呂文福、呂文信等都立有戰功。這方面前文已經述及，這裡不再贅述。在戰爭環境下，呂氏家族通過軍功，一步步高升，最終成為大族。如元人所說：「武忠兄弟，起田間，秉旄鉞，赫然以功名顯著於天下。」〔註59〕

第二節　南宋時期呂氏家族與文人的關係

呂氏家族是一個武將家族，大多數人在軍中任職。趙宋一代重文輕武，文人地位崇高，武將地位低下，因此，一個武將家族與文人關係的好壞親疏對這個家族的發展是起重要作用的。本節就探討呂氏家族與文人的關係。需要說明的是，呂氏家族與賈似道的關係重要且特殊，故本節第一部分論述呂氏家族與普通文人的關係，第二部分專門討論呂氏家族和賈似道的關係。

〔註54〕脫脫：《宋史》卷四百七十四《賈似道傳》，第13781頁。
〔註55〕宋簡：《與襄陽呂安撫書》，蘇天爵編：《元文類》卷三十七，第670頁。
〔註56〕魏了翁：《鶴山先生大全集》卷十九《被召除禮部尚書內引奏事第四劄》，四部叢刊初編本，第187頁。
〔註57〕不著撰人：《咸淳遺事》卷下，守山閣叢書本。
〔註58〕宋簡：《與襄陽呂安撫書》，蘇天爵編：《元文類》卷三十七，第670頁。
〔註59〕鄭元祐：《鄭元祐集》卷八《送呂惟清序》，第186頁。

一、呂氏家族與普通文人

晚宋時期，社會上重文輕武之風依然非常盛行。〔註60〕這導致文武關係緊張。許應龍形容當時的文武關係：「足一躡軍門，視文士如仇讎；首一戴儒冠，輕武弁如草芥。」〔註61〕李祁也說：「武臣目文士為迂闊可輕，文士指武人為粗戾可鄙，互相詆訾，迄不相入。」〔註62〕在這種環境下，呂氏家族與文人的關係如何呢？

宋末學者黃震說呂文德「好無禮士大夫」〔註63〕。《宋史》也載呂文德「素慢侮士」，連呂文德自己也承認「吾平生輕文人」〔註64〕。由此看來，呂文德確實看不起文人。然而，事實真的如此嗎？恩格斯在講到怎樣判斷一個人時說：「判斷一個人當然不是看他的聲明，而是看他的行為；不是看他自稱如何如何，而是看他做些什麼和實際是怎樣一個人。」列寧也說：「評論一個人不是憑他對自己的看法，而要看他的政治行為。」〔註65〕所以，我們判斷呂文德與文人的關係，也不能只看別人的評論和他的自我宣稱，而要看他的實際行動。那我們就來看看呂文德對待文人的事例。《宋史》載：

> （楊霆）辟荊湖制置司幹官。呂文德為帥，素慢侮士，常試以難事，霆倉卒立辦，皆合其意。一日謂曰：「朝廷有密旨，出師策應淮東，誰可往者？」即對曰某將可。又曰：「兵器糧草若何？」即對曰某營兵馬、某庫器甲、某處矢石、某處芻糧，口占授吏，頃刻案成。文德大驚曰：「吾平生輕文人，……公材幹如此，何官不可為，吾何敢不敬。」密薦諸朝，除通判江陵府。〔註66〕

呂文德看到楊霆材幹出眾，十分欽佩，秘密向朝廷推薦。朝廷讓楊霆任江陵府通判。另史載：

> 張惟孝，字仲友，襄陽人。長六尺，通《春秋》，下第，乃工騎

〔註60〕 方震華：《晚宋邊防研究》，第109～121頁。

〔註61〕 許應龍：《東澗集》卷七《論用人箚子》，文淵閣四庫全書本，第1176冊，第485頁。

〔註62〕 李祁：《雲陽集》卷六《永州新學記》，文淵閣四庫全書本，第1219冊，第693頁。作者所說的是三代之後的情況，當然也包括宋代。

〔註63〕 黃震：《古今紀要逸編》。

〔註64〕 脫脫：《宋史》卷四百五十《楊霆傳》，第13258頁。

〔註65〕 黎澍主編：《馬克思恩格斯列寧斯大林論歷史人物評價問題》，人民出版社，1981年，第46頁。

〔註66〕 脫脫：《宋史》卷四百五十《楊霆傳》，第13258頁。

射。……時鼎、澧五州危甚，於是（張惟孝）擊鼓耀兵，不數日，眾

至萬人，數戰俱捷，江上平。〔註67〕

可見，張惟孝雖沒有通過科舉考試，但是一位文武雙全的人物。對這樣一位文人，呂文德是怎樣對待的呢？

制使呂文德招之，不就而遁，物色之不可得，或云已趨淮甸，

後不知所終。〔註68〕

呂文德「招之」，張惟孝遁去，沒有招成功，但可以看出呂文德對這樣一位優秀文人的賞識。也許有人會說，前面所舉的兩個文人或在軍中供職，或「工騎射」，並非純粹的文人，不能充分說明呂文德和文人的關係。那試看下面的例子：

（宋廷）詔大臣舉賢才，少傅呂文德舉九十六人，守道預焉。

添差通判建昌軍，以書謝廟堂曰：「史贊大將軍不薦士，今大將軍薦

士矣，而某何以得此於大將軍哉。幸嘗蒙召，攛備數三館，異時或

者謂其放廢無聊，託身諸貴人，虧傷國體，則寧得而解，願仍賦祠

祿足矣。」〔註69〕

歐陽守道是誰呢？原來，他不是別人，是民族英雄文天祥的老師。文天祥在白鷺洲書院讀書時，守道是這個書院的山長。守道「年未三十，翕然以德行為鄉郡儒宗」〔註70〕。他的學問，「如布帛菽粟，求為有益於世用，而不為高談虛語，以自標榜於一時」〔註71〕，是一位德才兼備的「醇儒」〔註72〕。對這樣一位學問淵博、品行高潔的文人，呂文德是大力推薦的。此外，《元史》還記載：

張康字汝安，號明遠，潭州湘潭人。祖安厚，父世英。康早孤

力學，旁通術數。宋呂文德、江萬里、留夢炎皆推重之，辟置幕下。

〔註73〕

對「早孤力學，旁通術數」的張康，呂文德是十分「推重」的，以致讓他做自己的幕僚。《齊東野語》卷七「謝惠國坐亡」：

〔註67〕脫脫：《宋史》卷四百一十二《張惟孝傳》，第 12387 頁。
〔註68〕脫脫：《宋史》卷四百一十二《張惟孝傳》，第 12388 頁。
〔註69〕脫脫：《宋史》卷四百一十一《歐陽守道傳》，第 12366 頁。
〔註70〕脫脫：《宋史》卷四百一十一《歐陽守道傳》，第 12364 頁。
〔註71〕文天祥：《文天祥全集》卷十一《祭歐陽巽齋先生》，第 282 頁。
〔註72〕脫脫：《宋史》卷四百一十一，「論曰」，第 12367 頁。
〔註73〕宋濂：《元史》卷二百〇三《張康傳》，第 4539 頁。

謝方叔惠國，自寶祐免相歸江西寓第，從容午橋泉石凡一紀餘。

咸淳戊辰，朝會慶壽，為子任親友所誤，萃先帝宸翰為巨帙，曰《寶奎錄》，侑以自製丹砂、金器、古琴之類以進。當國者以為有意媒進，嗾言官後省交攻之，削其封爵，奪其恩數，且劾其任常簿章，婿江州倅李鉦、客匠簿呂圻，至欲謫之遠外，禍且不測。荊閫呂武忠文德，平時事公謹，書緘往來，必稱恩府，而自書為門下使臣。至是一力迴護，幸而免焉。〔註74〕

謝方叔曾在宋理宗晚年擔任過宰相，後罷職。宋度宗咸淳年間，他攜帶《寶奎錄》、丹砂、金器、古琴之類進獻給度宗。當國者以為謝方叔有意媒進，唆使臺諫彈劾謝方叔。幸虧呂文德「一力迴護」，謝才免於災禍。

以上事實充分說明，呂文德對待文人是友好的，並非「好無禮士大夫」，「素慢侮士」。這不與前面的記載矛盾嗎？其實，這不難解釋，看呂文德是怎麼說的：

吾平生輕文人，以其不事事也。〔註75〕

原來，呂文德「輕文人」，是因為文人「不事事」，而對有真才實學的文人，如前所述，是非常賞識的。

另外，從當時情況看，呂文德輕視文人不無道理，因為晚宋時期，士風敗壞，多數文人尚空談，不務實。周密記道：

凡治財賦者，則目為聚斂；開闔捍邊者，則目為粗材；讀書作文者，則目為玩物喪志；留心政事者，則目為俗吏。其所讀者，止《四書》、《近思錄》、《通書》、《太極圖》、《東西銘》、《語錄》之類，自詭其學為正心、修身、齊家、治國、平天下。故為之說曰：「為生民立極，為天地立心，為萬世開太平，為前聖繼絕學。」〔註76〕

袁桷也記載了宋末空談之風：

先儒以明理為綱領，譏詆漢唐不少假，濂洛之說盛行，誠、敬、忠、恕，毫分縷析，一以體用知行概而申之。由是髫齔之童悉能誦習，高視闊步，轉相傳授。禮樂刑政之具，獄訟兵甲之實，悉有所不講，哆口避席，謝非所急。言詞之不工，則曰：吾何以華藻為哉。

〔註74〕周密：《齊東野語》卷七，第125～126頁。
〔註75〕脫脫：《宋史》卷四百五十〈楊霆傳〉，第13258頁。
〔註76〕周密：《癸辛雜識》續集下〈道學〉，第169頁。

> 考覆之不精，則曰：吾何以援據為哉。吾唯理是先，唯一是貫。科
> 舉承踵，駁駁乎魏晉之清談。疆宇之南北，不接乎視聽。馴致社亡，
> 求其授命死事，率非昔時言性理之士。〔註77〕

可見宋末的空談之風到了何種程度。不但如此，當時多數文人們還常常看不起
武將。〔註78〕既然如此，那麼像呂文德這樣的奮身沙場、英勇殺敵的將領看不
起這些「不事事」的文人就不足為怪了。

呂氏家族其他人與文人的關係的記載不多。方回曾記：

> 爾時京湖閫，開府羅才良。呂氏賢父子，欲我高騰驤。補以（原
> 三字缺），江岸司徵航。（原注：歲庚申辟武節郎鄂州排岸不就）既
> 而今左轄，千騎如池陽。（原注：缺左丞道山先生知池州前知萬州漢
> 陽軍年三十一）……明年辛酉秋，浙漕鶚薦翔。道山此大恩，給我
> 鶩爵郎。〔註79〕

詩中的道山先生指呂師夔（號道山），由此可知似乎呂師夔曾招募過方回，方
回沒有去。後呂師夔好像在科舉考試時舉薦過方回，以致方回說呂師夔對自己
有大恩。後方回於呂師夔任職廣西期間還寫詩相贈。他寫道：

> 揭從歙浦來溢浦，聞自全州入桂州。倚俟先生還北棹，定容小
> 子到南樓。甘留旅瑣緣何事，積受恩私愧未酬。但願歲時一相見，
> 萍蹤從昔慣漂浮。〔註80〕

從詩的內容看，方回對呂師夔是很感激的，也可看出，二人關係是相當密切的。
另外，呂師夔還和宋末元初的詩人謝枋得有交往，而且在呂師夔投降前，二人
關係還很不錯。呂師夔降元後，謝枋得還為其辯護。史載：

> 江州降，枋得與呂師夔有舊，乃上封事，大略謂：「文煥守襄六
> 年，古無有也。勢窮援絕，遂失臣節，議者遽加以叛逆之名。今沿
> 江諸郡有能守六日者乎？設遇文煥以前語責之，不知其何辭以對。
> 師夔非有異志，似道以為刑部尚書參贊軍事，欲召赴軍前殺之。不

〔註77〕袁桷：《清容居士集》卷十八《昌國州重修學記》，四部叢刊初編本。
〔註78〕參見方震華：《晚宋邊防研究》第五章第一節「輕武風氣與文武關係」，第109
　　　～120頁。
〔註79〕方回：《桐江續集》卷二十五《送男存心如燕二月二十五日夜走筆古體》，文淵
　　　閣四庫全書本，第1193冊，第550頁。
〔註80〕方回：《桐江續集》卷三《寄呈呂道山於八桂》，文淵閣四庫全書本，第1193
　　　冊，第254頁。

得已為偷生保家計爾。師夔心欲歸朝不能，而以告之謝章。章不敢言，而以告臣。臣請下詔赦師夔之罪，分沿邊諸路之屯，命之為鎮撫使。而遣使赴北通和，庶可紓難乎？」〔註81〕

可見二人在南宋時的關係是很密切的。

從以上記載可以看到呂氏家族與文人的關係是不錯的。而呂氏家族與當時最有權的文人——賈似道的關係更加微妙，對呂氏家族的影響也更大，值得探究。

二、呂氏家族與賈似道

有論者認為：「呂氏世為南宋大將，一直受到賈似道的祖護。」〔註82〕以此概括呂氏家族與賈似道的關係，有簡單化之嫌。實際上，呂、賈間的關係是複雜的。

（一）三助賈氏

1. 呂文德傳遞情報，並為賈似道解圍

就目前史料所見，呂氏家族與賈似道首次直接接觸是在開慶元年（1259）的鄂州之戰時。在此之前他們有間接接觸。開慶元年五月，呂文德、向士璧等奉命援助釣魚城。在涪州藺市，他們與蒙軍遭遇，展開了前文所說的斷橋之役。當時，賈似道是樞密使、兼京西湖南北四川宣撫大使、都大提舉兩淮兵甲、總領湖廣京西財賦、總領湖北京西軍馬錢糧、專一報發御前軍馬文字、兼提領措置屯田、兼知江陵軍府事。可能為統一指揮戰鬥，賈似道命向士璧將軍權交予呂文德，但向士璧不從。可見，這時賈似道已經知道呂文德。後來，蒙哥汗三路攻宋的東路軍，在忽必烈的率領下圍困了鄂州。呂文德在四川戰事緩和後奉命東下，支援鄂州，並於是年九月進入鄂州城。〔註83〕賈似道在十月從漢陽進入了鄂州。史料未載賈似道進城後，呂文德和賈似道有什麼接觸，但可以想見，呂文德肯定將蒙哥汗死的消息告訴了賈似道。呂文德是在蒙哥汗死去、四川蒙軍撤退後前往鄂州增援的。而鄂州的將士和一直在京湖戰區的賈似道等還不知道蒙哥汗死去的確切消息。所以，呂文德應在賈似道到達鄂州後將這個重大情報告訴了他。這個消息對賈似道太重要了。當

〔註81〕無名氏：《昭忠錄·謝枋得》。
〔註82〕俞兆鵬、俞暉：《文天祥研究》，人民出版社，2008年，第135頁。
〔註83〕胡昭曦主編：《宋蒙（元）關係史》，第247頁。

時，南宋雖尚能堅守城池，但經過數月的戰鬥，傷亡慘重，士兵死傷達一萬三千多人。當時整個局勢對南宋也不樂觀。從雲南北上的蒙軍，已進抵潭州城下，距離兵力空虛的湖北、江西只有數百里之遙。蒙軍如果向東進入江西，進而便可進入兩浙，威脅都城臨安；蒙軍如果北上進入湖北，可以逼近鄂州，使守城宋軍陷入更加不利的境地。在這種危急的形勢下，賈似道得知蒙哥汗死去的消息，無疑堅定了他抗戰的信心和決心。他為了能讓蒙軍迅速撤退，便派使者去蒙營議和。他知道蒙哥汗死去，蒙古軍心動搖，很可能會接受議和。〔註84〕後來，在議和過程中，忽必烈因急於回去爭奪汗位，所以雙方未簽署和議，蒙古便撤軍了。因而，呂文德告訴賈似道蒙哥汗死的消息，對賈似道做出派使者與蒙古議和的策略是十分重要的。

戰鬥期間，呂文德十分尊敬賈似道，並為他解圍。當時在鄂州的諸將多看不起作為文人的總指揮賈似道。史載，「高達在圍中，恃其武勇，殊易似道，每見其督戰，即戲之曰：『巍巾者何能為哉！』每戰，必須勞始出，否即使兵士嘩於其門。」不僅高達，其他將領也對賈似道持輕視態度，「曹世雄、向士璧在軍中事皆不關白似道」。當時唯有呂文德對賈似道很恭敬，「呂文德諂似道，即使人呵曰：『宣撫在，何敢爾邪！』」〔註85〕幫助賈似道解除了尷尬局面，並在軍中樹立了權威。《宋史》作者在此用一「諂」字，以表示呂文德對賈似道的諂媚逢迎。呂文德為賈似道說話，不排除諂媚的可能，但其行為本身是正確的。曹世雄、向士璧輕視、侮辱他們的上級，無疑是錯誤行為。後來曹、向冤屈而死，固然由於賈似道對他們的迫害，但二人也並非無過。呂文德維護長官權威，無可厚非。我們不能因為賈似道後來成為奸相，就連帶否定呂文德的這一行為。呂文德的這一舉動，無疑給賈似道留下良好印象。這是呂氏家族對賈似道的第一次幫助。

2. 呂文德、范文虎保護賈似道

前文已述，在1259年十一月，蒙軍北返，鄂州解圍後，宋廷為防止側翼的兀良合臺軍進入內地，命賈似道移司黃州。呂文德派部下孫虎臣、張世傑和范文虎率軍護送賈似道去黃州。在途中，孫虎臣等擊敗遇到的蒙古軍隊，保護了賈似道。事後，賈似道在向朝廷請功時說：「自鄂趨黃，與北朝回軍相遇，

〔註84〕何忠禮、鄭瑾：《賈似道與鄂州之戰》，《中華文史論叢》第79輯，上海古籍出版社，2005年。

〔註85〕脫脫：《宋史》卷四百七十四《賈似道傳》，第13781頁。

諸將用命捍禦。」宋廷「詔孫虎臣、范文虎、張世傑以下各賜金帛」〔註86〕。
蘋草坪之戰，宋軍以七百精銳擊敗老弱的蒙軍，本是情理之中的事，並非大捷。
但此戰的意義不在於軍事上的勝利，而在於通過此戰，加強了呂氏家族和賈似
道的關係。

當朝廷命賈似道移司黃州時，因「黃在鄂下流，乃北騎往來之衝，危道也」
〔註87〕，所以賈似道大為驚恐，對前途充滿憂慮，在得知是吳潛讓他移司黃州
後，甚至認為吳潛「欲殺己」〔註88〕。這時，呂文德派自己的得力部下孫虎臣、
張世傑和范文虎率七百精銳護送賈似道，並且在蘋草坪之戰中保護了賈似道，
這就密切了呂氏和賈似道的關係。參加此戰的范文虎是呂文德的女婿，這就進
一步拉近了呂氏和賈似道的距離。這是呂氏對賈似道的第二次幫助。

3. 呂文德為賈似道謊報軍情

1264年，宋理宗去世。剛剛埋葬了理宗，賈似道就棄官而去。史載：

> 甫葬理宗，（賈似道）即棄官去，使呂文德報北兵攻下沱急，朝
> 中大駭，帝與太后手為詔起之。〔註89〕

為了在新朝樹立威信，繼續執掌大權，賈似道以退為進，在埋葬完理宗後
就辭官而去。但他並非真的辭官，而是陰使呂文德謊報軍情，以此讓度宗起用
他。果然，度宗和太后在得知蒙軍進攻的消息後，急忙「起之」。賈似道回朝
後，朝廷還讓他建節，授鎮東軍節度使。這樣，賈似道確立了在新朝的權威，
地位更加鞏固。而呂文德為賈似道謊報軍情，再次幫助了他，是為呂氏三助賈
似道。

（二）投桃報李

呂氏家族屢次幫助賈似道，後者沒有忘記。在呂氏家族第二次幫助賈似道
後，已為宰相的賈似道就竭力扶植呂氏。這主要體現在推行打算法一事上。

鄂州之戰後的1260年春，賈似道隱瞞曾向蒙軍議和的事實，謊報戰功，
上表稱「諸路大捷，鄂圍始解，江、漢肅清。宗社危而復安，實萬世無疆之
休」〔註90〕。昏庸的宋理宗不查實情，以為賈似道有再造社稷之功，下詔褒

〔註86〕脫脫：《宋史》卷四十五《理宗五》，第873頁。
〔註87〕不著撰人：《宋史全文》卷三十六《宋理宗六》，第2887頁。
〔註88〕脫脫：《宋史》卷四百七十四《賈似道傳》，第13781頁。
〔註89〕脫脫：《宋史》卷四百七十四《賈似道傳》，第13783頁。
〔註90〕陳邦瞻：《宋史紀事本末》卷一百〇二《蒙古南侵》，第1114頁。

美，賞賚甚厚，並以少傅、右丞相徵召入朝。四月，又進他為太師，兼樞密使，封衛國公。賈似道入朝後，首先陷害與其並相的吳潛，將其貶往偏遠的循州。〔註91〕自此，賈似道獨相。理宗晚年怠於政事，又認為蒙古退去後，國家已無外患，遂不理朝政，將政事委任給賈似道。這樣，賈似道開始專權擅政。他於景定二年（1261）在南宋軍中實施打算法。賈似道實施打算法的目的之一是整頓軍中財政，解決當時面臨的財政危機。這在當時有其必要性。因為晚宋軍政不修，許多武將趁帶兵打仗或守城禦敵之機大肆私役、剋剝士兵，侵吞國家財產。魏了翁就說：「（武將們）剝下媚上，背公首私。升差奪於貨賄，揀汰撓於請囑。庸者有輸假貸子錢者……或以鐵錢兌給，而規其倍稱之息，戍兵之憤惋不恤也。」〔註92〕虛報軍額也是當時軍中的一大弊病。理宗朝後期的大臣高斯得稱：「今江淮荊蜀，符籍半虛。主帥務私資為囊橐，根株盤結，未有能窮其奸利而一清。」針對這種情況，主財大臣們提出要「覈軍旅之實」〔註93〕。所以，賈似道在擊退蒙古，對外關係緩和的情況下，整頓軍中財政以解決危機有合理的一面。但賈似道實施打算法還有一個目的，就是清除軍隊中的異己勢力，加強對軍隊的控制。

賈似道實施打算法時，利用武將之間的矛盾進行打算。如「向士璧守潭，費用委浙西閫打算；趙葵守淮，則委建康閫馬光祖打算」〔註94〕。潼川路安撫副使、知瀘州劉整，由與他有隙的四川制置大使俞興打算。〔註95〕這樣做，難免出現公報私仇，挾私報復，羅織罪名的情況，造成惡劣的影響。其中最嚴重的後果就是大批有功將領受到迫害。如湖南制置副使、知潭州向士璧防守鄂州、潭州有功，卻被清算「守城時所用金谷，逮至行部責償」〔註96〕，結果「詔奪向士璧從官恩數，令臨安府追究侵盜掩匿情節，竟坐遷，擠之死地，天下冤之」〔註97〕，逼死本人猶未已，「復拘其妻妾而徵之」〔註98〕。在四川立下戰功的曹世雄也被逼死。〔註99〕駐守鄂州的功臣高達險遭不測，賈似道「每言於

〔註91〕劉一清：《錢塘遺事》卷四《吳潛入相》，第83頁。

〔註92〕魏了翁：《鶴山先生大全集》卷二十一《答館職策一道》，第201頁。

〔註93〕高斯得：《恥堂存稿》卷一《輪對奏箚》，第18頁。

〔註94〕劉一清：《錢塘遺事》卷四《行打算法》，第80頁。

〔註95〕劉一清：《錢塘遺事》卷四《劉整北叛》，第90頁。

〔註96〕脫脫：《宋史》卷四百一十六《向士璧傳》，第12478頁。

〔註97〕劉一清：《錢塘遺事》卷四《殺向士璧》，第90頁。

〔註98〕脫脫：《宋史》卷四百一十六《向士璧傳》，第12478頁。

〔註99〕宋濂：《元史》卷一百六十一《劉整傳》，第3786頁。

帝欲誅達，帝知其有功，不從」，由於理宗的保護才免於迫害。〔註100〕馬光祖清算趙葵時，多虧參議官汪立信據理力爭，才免於處罰。〔註101〕兵部架閣謝枋得本是奉趙葵之命，以公費「團結民兵，以扞饒、信、撫」，保境有功，反被追究，「朝廷霰諸軍費，幾至不免」。謝枋得為此事上書賈似道，指責他這是為「二卵而棄干城」。此外，其他大臣「江閫史岩之、徐敏子，淮閫杜庶，廣帥李曾伯，皆受監錢之苦。史亦納錢而妻子下獄，徐、李、杜並下獄，杜死而追錢猶未已也」〔註102〕。

然而，在眾多將領受到迫害之際，呂氏家族中多人卻紛紛升遷，下面是景定二年打算法推行時，他們的職位變動狀況。

景定二年呂氏家族成員職位變動表

時　　間	人　名	職位變動情況
四月丙申	呂文德	太尉、京湖安撫制置屯田使、夔路策應使兼知鄂州
四月壬寅	呂文德	兼湖廣總領財賦
四月乙巳	呂文福	帶御器械、淮西安撫副使兼知廬州，官一轉
六月辛亥	范文虎	左領軍衛大將軍，主管侍衛步軍司兼馬軍司
八月壬辰	呂文德	兼四川宣撫使
八月壬辰	范文虎	以白鹿磯之功賞七官，以五官轉行遙郡防禦使，餘官給憑
九月丙寅	范文虎	主管殿前司

資料出處：脫脫：《宋史》卷四十五《理宗紀》；不著撰人：《宋史全文》卷三十六《宋理宗六》。〔註103〕

如前所述，呂文德曾剋扣軍隊的軍餉，據為己有。所以，若打算呂文德等人的軍費情況，他們是應受到處罰的。然而在其他將領受到迫害時，呂氏家族多人卻獲得升遷。不難看出，這是賈似道在打倒了一批難以駕馭和不依附自己的武將，任用與自己關係良好的呂氏家族的人。

此外，據日本學者寺地遵先生研究，在蒙哥汗攻宋失敗後，賈似道逐漸形

〔註100〕脫脫：《宋史》卷四百七十四《賈似道傳》，第13781頁。
〔註101〕脫脫：《宋史》卷四百一十六《汪立信傳》，第12474頁。
〔註102〕劉一清：《錢塘遺事》卷四《行打算法》，第80頁。
〔註103〕本表改自《景定二年部分重要官員升遷表》（董濤：《宋元之際水軍將領范文虎的事蹟與相關問題探析》，第19～20頁）。筆者通過核對史料進行了補充和糾正。

成了對蒙防衛構想。這個構想是將淮東防務交予與自己關係密切的李庭芝，將京湖防務交予呂文德。這樣就形成呂文德（江陵府，京湖制司所在地）—李庭芝（揚州，淮東制司所在地）—賈似道（臨安）藩鎮鼎足的防衛蒙古的體制。姑且不論寺地遵先生的結論正確與否，如前文所述，呂氏家族極為強盛，呂文德長期鎮守一地，身兼數職，總攬大權，呂氏其他人也身居軍政要職，而這若沒有賈似道的支持，是無法想像的，確實體現了寺地遵所說的賈似道對呂氏家族的「厚遇」〔註104〕。

在襄樊戰役中，賈似道也積極支持呂氏。《宋史·賈似道傳》載：

> 時物議多言高達可援襄陽者，監察御史李旺率朝士入言於似道。
> 似道曰：「吾用達，如呂氏何？」旺等出，歎曰：「呂氏安則趙氏危矣。」〔註105〕

如果說以前賈似道對呂氏家族的支持是暗地裏的話，則這次是公開的了。

（三）呂、賈關係並非親密無間

1270 年初，呂文德病逝。呂文德的死，對呂、賈關係產生了影響。與呂氏家族過從甚密的方回說：

> 椿庭才不起，槐府已無情。〔註106〕

此處「椿庭」指呂文德，「槐府」指賈似道。這句詩意思是說呂文德剛剛去世，賈似道就對呂氏不像以前那麼好了。這說明呂文德的死對呂、賈關係帶來了很大影響。其實，在呂文德生前，他就與賈似道有一些矛盾。如方回本人就說：「古者國家文武並用，貴文而賤武者，宋氏之俗弊也。故雖良將往往為文臣所殺。賈似道、呂文德不協，遂以亡國。」〔註107〕另史載：「似道既入相，文德自京湖口授人寫，醜語罵，似道不敢怒。」〔註108〕賈似道當時雖「不敢怒」，但以他記恨銜仇、睚眥必報的性格，必然對呂文德產生不滿。所以，賈似道和呂文德並非親密無間。只不過如前所述，呂文德幫助賈似道，賈似道對呂文德予以支持，二者相互利用，利益大於分歧，所以二者關係還可以。

〔註104〕 寺地遵：《賈似道的對蒙防衛構想》，《國際社會科學雜誌（中文版）》2009 年第 3 期。

〔註105〕 脫脫：《宋史》卷四百七十四《賈似道傳》，第 13784～13785 頁。

〔註106〕 方回：《桐江續集》卷二十七《道山庭主先生平章呂公輓歌辭五首》，文淵閣四庫全書本，第 1193 冊，第 575 頁。

〔註107〕 方回：《桐江集》卷六《乙亥後上書本末》，第 415 頁。

〔註108〕 黃震：《古今紀要逸編》。

但從零星的史料中留下的一些記載看，賈似道的一些行為愈益引起了呂氏家族的不滿。方回又記道：

> 自天地以來，未有如似道之貪者。……殿岩所入，四六分張（似應為賬），范文虎、陳奕以是深怨之。〔註109〕

賈似道的貪財，引起了范文虎的怨恨。不僅賈似道本人貪婪，他的家臣廖瑩中也大肆搜刮錢財。呂文德子呂師望對廖瑩中進行了嘲弄和諷刺。史載：

> 廖瑩中，似道之家臣，……十五六年，要路貴人鮮不奴事瑩中，天下之賄皆歸之。……沿邊諸閫，年除歲遷，正冬節令，必饋瑩中白金數千兩、黃金數百兩之賄，不知幾萬，其餘監司太守皆然。……呂師望在和州，餉以豆粉，蹴其器曰：「何不送錢。」至今傳笑。〔註110〕

呂師望嘲弄廖瑩中的貪婪，固然是一件值得「傳笑」的事，但卻加劇了呂、賈間的關係。因為廖瑩中不是賈似道一般的家臣，他與賈似道的關係十分密切，賈似道對他非常倚重。《宋史·賈似道傳》載：

> 似道方使廖瑩中輩撰《福華編》稱頌鄂功。〔註111〕

這是指賈似道在鄂州擊退蒙軍入朝後為誇耀自己的功績，提升自己的地位，使廖瑩中撰寫《福華編》為其歌功頌德。又史載：

> （賈似道）除太師、平章軍國重事，一月三赴經筵，三日一朝，赴中書堂治事。賜第葛嶺，使迎養其中。吏抱文書就第署，大小朝政，一切決於館客廖瑩中、堂吏翁應龍，宰執充位署紙尾而已。〔註112〕

賈似道實際掌握朝政，但他懶於處理，將國家大事交予廖瑩中等，可見他對廖瑩中的信任。所以，呂師望嘲弄廖瑩中，無疑會引起賈似道的怨恨。另外，呂文德另一兒子呂師夔可能也對賈似道有所不滿，《桐江續集·道山座主先生平章呂公夔歌辭五首》：

> 乃翁同此老，兩柱共擎天。初作二千石，才生十九年。漢陽〔缺〕最大，嶺外帥何緣。極恨湖濱相，姦臣喜弄權。〔註113〕

〔註109〕方回：《桐江集》卷六《乙亥前上書本末》，第374頁。

〔註110〕方回：《桐江集》卷六《己亥後上書本末》，第400頁。

〔註111〕脫脫：《宋史》卷四百七十四《賈似道傳》，第13782頁。

〔註112〕脫脫：《宋史》卷四百七十四《賈似道傳》，第13783頁。

〔註113〕方回：《桐江續集》卷二十七《道山座主先生平章呂公夔歌辭五首》，文淵閣四庫全書本，第1193冊，第575頁。

呂師夔，號道山，並且在科舉考試中幫助過方回，所以方回稱其為道山座主。考諸史籍，可知此詩頸聯是說呂師夔曾知漢陽軍，但在咸淳八年（1272）被賈似道調往廣西任經略安撫使。廣西在南宋時期是瘴癘之地，蒙古又多次攻擊這裡以實施「斡腹之謀」，十分危險，是一般人不願意去的地方。所以，呂師夔對賈似道不滿。

另外，戴仁柱認為呂文德死後，宋廷和賈似道為收回京湖地區的權力，派賈似道的親信李庭芝接替呂文德的職位，擔任京湖制置使，導致了呂氏家族的不滿。〔註114〕我們認為，戴氏的推測是有道理的。前文已述，呂氏家族在京湖地區形成了很大的勢力，雖然呂文德沒有反叛的動機和跡象，但其勢力強大，無疑威脅了南宋的中央政權，這是與宋朝家法相違背的。呂文德死後，宋廷從呂氏家族之外找一人接替呂文德的職位，以收回地方權力。南宋政府以前就做過類似的事。宋孝宗乾道二年，四川宣撫使吳璘病重，將不久於人世。宋廷認為這是收回四川大權的良機，遂「密詔四川制置使汪應辰，如吳璘不起，收其宣撫使牌印，權行主管職事」〔註115〕。次年五月，吳璘病逝。孝宗又諭虞允文「吳璘既卒，汪應辰恐不習軍事，無以易卿。凡事不宜効張浚迂闊，軍前事，卿一一親臨之」〔註116〕。隨即拜虞允文為資政殿大學士、四川宣撫使。這樣，宋廷乘吳璘死去之機，在四川恢復了以文制武體制，加強了中央對這一地區的控制。所以，宋廷在呂文德死後，派文臣李庭芝擔任京湖制置使，也應是加強對京湖地區控制的表現。當時的實際掌權者是賈似道，這一人事變動自然是他的意思。而賈似道「從呂氏圈子之外選擇接替者」〔註117〕的做法，表現出「對呂氏權力的威脅」〔註118〕，損害了呂氏家族的利益，引起他們的不滿。

此外，我們還可以從當時人的一些記載來體察呂、賈關係的變化。胡祗遹說：

又聞（呂文煥）與賈似道有隙。〔註119〕

〔註114〕戴仁柱著、劉曉譯：《十三世紀中國政治與文化危機》，第78頁。
〔註115〕脫脫：《宋史》卷三十三《孝宗紀》，第636頁。
〔註116〕脫脫：《宋史》卷三百八十三《虞允文傳》，第11796頁。
〔註117〕戴仁柱著、劉曉譯：《十三世紀中國政治與文化危機》，第78頁。
〔註118〕戴仁柱著、劉曉譯：《十三世紀中國政治與文化危機》，第79頁。
〔註119〕胡祗遹：《紫山大全集》卷十二《寄張平章書》，文淵閣四庫全書本，第1196冊，第228頁。

方回為呂文煥寫的挽詩云：

> 難兄捐閫寄，無復救襄人。半紀嬰孤壘，中朝扼柄臣。[註120]

「難兄」指呂文煥的兄長呂文德，「柄臣」指賈似道。

謝枋得說：

> 師夔非有異志，似道以為刑部尚書參贊軍事，欲召赴軍前殺之。
> 不得已為偷生保家計爾。師夔心欲歸朝不能，而以告之謝章。章不
> 敢言，而以告臣。[註121]

謝枋得與呂師夔友善。他說賈似道要將呂師夔招到軍前殺之，有為呂師夔投降辯解的成分。但可以看出，呂師夔在此之前已與賈似道有隙。

當然，呂氏家族與賈似道畢竟互助了多年，而且彼此還需要對方的支持，所以他們的關係也沒有完全惡化。賈似道在襄樊失陷後，還極力庇護對襄樊失陷負有重要責任的范文虎。鄂州失陷後，南宋朝野震動，群臣紛紛要求賈似道親自帶兵抵禦元軍。賈似道被迫出師，出師前，他讓呂文德的侄子呂師孟括兵，呂師孟為其括兵七萬，占賈似道全部軍隊的一半還多。[註122]這說明，此時呂、賈的關係還能維持。但不久呂氏成員的紛紛降元，使呂、賈最終反目成仇。

元軍攻佔鄂州後，一路順流而下，勢如破竹。德祐元年（1275）正月，賈似道以呂師夔權刑部尚書、都督府參贊軍事，任中流調遣。呂師夔拒不赴任，反而與錢真孫遣人請降於蘄州。[註123]元將阿朮率舟師趨江州，呂師夔在江州與知州錢真孫投降。緊接著，在安慶的范文虎多次派人請降，後元軍統帥伯顏派阿朮到安慶，范文虎果然以城降。

呂氏家族的人的投降不僅是對南宋的背叛，也是對賈似道的背叛。雖然呂氏和賈似道的關係起起伏伏，但還未決裂，特別是賈似道對呂氏諸人還是比較倚重的，讓他們身居要職，抵禦元軍。呂氏諸人不戰而降，無疑是對賈似道的打擊。在得知呂師夔、范文虎等投降後，賈似道對他們也毫不客氣，命人寫了一道檄文，「罪狀諸呂」：

〔註120〕 方回：《桐江續集》卷二十四《平章呂公挽詞二首》，文淵閣四庫全書本，第
1193冊，第525頁。
〔註121〕 無名氏：《昭忠錄·謝枋得》，守山閣叢書本。
〔註122〕 方回：《桐江集》卷六《己亥前上書本末》，第367頁。
〔註123〕 脫脫：《宋史》卷四十六《度宗》，第925頁。

　　　　且整之叛我也，固以自疑。若煥之去國也，獨何不忍？不思元

　　溫群從，並受卵翼之恩；李陵之門，初無毫髮之損。國家厄運，一

　　至於此。〔註124〕

「元溫群從」、「李陵之門」意謂呂氏兄弟子侄。這裡說呂氏諸人受到賈似道的
關照，但呂氏卻背叛了他，以至於國家陷於厄運。不久，賈似道在魯港潰師，
後遭貶謫，最終被殺於貶謫的路上。呂氏家族和賈似道的關係也隨著後者的死
亡而告終。

〔註124〕劉一清：《錢塘遺事》卷八《督府檄文》，第174頁。

第五章　呂氏家族入元後的活動、心態及衰落

　　前面幾章，我們敘述了呂氏家族降元前的事蹟。這個家族入元後有哪些活動？他們以降將的身份在元朝，是何種心態？這個大族是如何走向衰落的？這些就是本章要解答的問題。

第一節　「引虜陷國」助元滅宋

　　前文講到，在襄樊戰役後，呂氏家族成員紛紛降元。他們，特別是呂文煥降元後，元廷就確立了利用呂文煥滅亡南宋的政策。當時元朝大臣胡祗遹建議：「呂生世握兵柄，兄弟子侄布滿臺閣。宋君臣之孰賢孰愚，宋河山城郭之何瑕何堅，宋兵民之多寡虛實，宋兵刑政之得失巧拙，不為不知。不以降夷相待，細為之一問，不唯有以得取宋之方，見此人之淺深，以備主上之顧問。」〔註1〕另一大臣魏初也建議：「莫若待呂安撫以殊禮，加以寵名，置之於內。」〔註2〕忽必烈繼承和發揚了蒙古信任和利用降將的傳統，對投降的呂氏家族委以重任，使他們在攻宋戰爭中充分發揮作用。呂文煥等投元後，也積極為元朝滅宋服務。他們助元滅宋的行徑大致可分為以下幾個方面：

〔註1〕胡祗遹：《紫山大全集》卷十二《寄張平章書》，文淵閣四庫全書本，第 1196 冊，第 229 頁。

〔註2〕魏初：《青崖集》卷四《四月十六日奏》，文淵閣四庫全書本，第 1198 冊，第 760 頁。

一、招降

　　呂氏家族多人長期在南宋軍中身居要職，許多南宋將領是他們的相識或部下。所以，他們憑藉自己的關係，積極招降南宋將領。

　　至元十一年（咸淳十年，1274）九月，元軍至沙洋。元軍派楊仁風招降守軍，但被拒絕，後又派呂文煥前往招降，又不應，最後元軍以武力攻陷了城池。〔註3〕

　　緊接著，元軍進至沙洋南的新城。呂文煥認為「其小壘可不攻而破」，帶著沙洋守軍的頭顱到城下招降。南宋守軍拒降。第二天他又帶著沙洋守將王大用至城下，對新城守將說：「邊都統急降，不然禍即至矣。」守將邊居誼不答，後對元軍說：「吾欲與呂參政語耳。」呂文煥「以為居誼降己」，便騎馬至城下。突然，城上亂箭齊發，「中文煥者三，並中其馬，馬僕」，呂文煥幾為宋軍「鉤得」，幸被元軍及時救回。後元軍攻佔了城池。〔註4〕

　　同年十二月，元軍在陽邏堡擊潰夏貴軍隊。之後，元軍進攻鄂州。伯顏一面親自率軍攻城，一面讓阿朮率軍攻漢陽。鄂州所恃者，一是京湖上下之援，一是漢陽之屏。京湖宣撫使朱禩孫在得知夏貴軍敗逃後，也率軍逃回江陵，而漢陽在元軍的攻勢下，也投降了。這樣鄂州便無所倚恃。伯顏派呂文煥、楊仁風、楊春前去招降。呂文煥等說：「汝國所恃者，江、淮而已，今我大兵飛渡長江，如履平地，汝輩何不速降。」結果「知鄂州張晏然、知漢陽軍王儀、知德安府來興國，皆以城降，程鵬飛以其軍降」〔註5〕。鄂州是南宋軍事重鎮，呂文煥等成功招降南宋守將，使元軍不費吹灰之力佔領了這座重要城池。呂文煥的功勞，甚至引起了劉整的嫉妒。當劉整聽到呂文煥招降鄂州守將後，氣憤地說：「首帥止我，顧使我成功後人，善作者不必善成，果然！」氣得病死在無為軍城下。〔註6〕

　　元軍佔領鄂州後，以呂文煥為嚮導，順流而下。至元十二年（德祐元年，1275）正月五日，伯顏對呂文煥說：「向聞管景模、王滕、呂師道等與汝最相親，汝可密書示之，則令來降，不亦可乎！」於是陳奕、呂文煥遣人持書至蘄州，管景模答書來降。九日，伯顏令呂文煥、陳奕和蒙古萬戶等，選水軍精銳

〔註3〕宋濂：《元史》卷一百二十七《伯顏傳》，第3101頁。
〔註4〕脫脫：《宋史》卷四百五十《邊居誼傳》，第13251頁。
〔註5〕宋濂：《元史》卷一百二十七《伯顏傳》，第3103頁。
〔註6〕宋濂：《元史》卷一百六十一《劉整傳》，第3788頁。

者數萬眾，泛舟而下趨蘄，詔諭管景模。後阿朮、伯顏相繼到達蘄州，管景模率眾出降。〔註7〕

元軍佔領蘄州後，繼續順流而下。宋江州、安慶守軍先後投降。二月七日，伯顏從安慶出發，前往池州。先是，伯顏在蘄州時，呂文煥、陳奕就遣使致書池州都統張林，勸其投降。池州知州王起宗在元兵渡江後就棄官逃跑了，當時攝州事的是通判趙卯發。他「繕壁聚糧，為守禦計」。張林接到呂文煥等的書信後，打算投降。他勸趙卯發跟他一同投降。趙卯發堅決拒降。但兵權在張林手中，趙卯發拿張林沒有辦法。伯顏到池州後，張林投降，趙卯發自縊而死。〔註8〕

范文虎投降後，與呂文煥一樣，積極招降南宋守臣。

至元十二年，元朝「遣兩浙大都督范文虎持詔往諭安豐、壽州、招信、五河等處鎮戍官吏軍民」〔註9〕。

同年，元軍取得丁家洲大捷後，忙兀臺「與宋降將范文虎以兵五百，諭降和州及無為、鎮巢二軍」〔註10〕。

是年十一月，元軍攻佔呂城。呂城是常州的門戶，呂城失陷，「常州勢益孤」。元軍先派原南宋呂城守將張彥到城下招降，守將劉師勇以大義斥張彥，張彥慚愧而退。後元軍又派范文虎詔諭，劉「師勇伏弩射走之」〔註11〕。常州被圍數月，外援斷絕，最後被元軍攻佔。

至元十三年正月，伯顏分兵圍安吉州。安吉州牛監軍逃跑。范文虎、程鵬飛、關靜默等遣使持詔書招降，浙西提刑徐道隆「焚書斬使」，拒絕投降。〔註12〕當時元軍兵臨皋亭山，宋廷令徐道隆間道入援。徐道隆趕緊赴臨安增

〔註7〕劉敏中：《平宋錄》卷上，第6頁。按，原文將「陳奕」寫作「陳燮」、「蘄州」寫作「開州」，均誤。參見《宋史》卷四十七《瀛國公》，《元史》卷八《世祖五》，《元史》卷一百二十七《伯顏傳》。

〔註8〕脫脫：《宋史》卷四百五十《趙卯發傳》，第13259頁。

〔註9〕宋濂：《元史》卷八《世祖五》，第167頁。

〔註10〕宋濂：《元史》卷一百三十一《忙兀臺傳》，第3188頁。

〔註11〕脫脫：《宋史》卷四百五十一《劉師勇傳》，第13274頁。

〔註12〕脫脫：《宋史》卷四百五十一《徐道隆傳》，第13267頁。《宋史》卷四百五十一《趙良淳傳》載：「范文虎遣使持書招降，良淳焚書斬其使。」與《徐道隆傳》記載不同。《昭忠錄·徐道隆傳》載：「時范文虎、程鵬飛、管景模俱遺書誘降，道隆焚書斬使……良淳唯倚道隆，既去，或告趙總領與可欲挾知州以降，良淳聞之，與婦同縊於州治之碧蘭堂，乙亥除夕也。」可知焚書斬使的是

援，他走後元軍佔領了安吉州。

面對呂氏的招降，雖有一些守臣拒絕投降，堅持抗戰，但也有許多守臣倒向元朝陣營。汪元量作詩道：「伯顏丞相呂將軍，收了江南不殺人。昨日太皇請茶飯，滿朝朱紫盡降臣。」〔註13〕可見在呂文煥等的招降下，南宋許多大臣紛紛投降。史書上也說：「時沿江諸將，多呂氏舊部，爭望風款附。」〔註14〕呂氏的招降，瓦解了宋軍軍心，使元軍不費一兵一卒佔領南宋許多重要地區，促進了南宋的滅亡。呂氏家族的招降之所以有效，主要是因為南宋長江沿線的許多將領與呂氏家族有密切關係，「沿邊數千里皆歸其控制，所在將佐列戍皆俾其親戚私人」〔註15〕。除此之外，筆者認為，南宋守軍的投降，還與當時形勢有關。第一，元軍渡過長江，使南宋失去了最大的地理憑藉。長江是南宋立國的根本，所謂「宋之所恃者江」〔註16〕。長江天塹的被突破，使南宋不再有地理優勢。第二，元軍軍事實力的壓倒性優勢。南宋之所以能立國長久，軍事上主要靠善於守城和強大的水軍。元軍在襄樊戰役中訓練了強大的水軍，攻城技術又有了大幅度的提高，宋軍的優勢已不復存在。第三，襄樊失陷後，南宋軍心受到很大影響，「襄陽六年之守，一旦而失，軍民離散」〔註17〕。元軍渡過長江，佔領鄂州，又是對南宋的沉重打擊，所謂「無江則國亦無矣」〔註18〕。此時宋軍士氣已經非常低落。而「士氣是戰略諸因素中的一個重要因素」〔註19〕。因此，在這種情況下，南宋將士對抗戰前途失去了信心，遂紛紛投降。第四，與元朝對降臣的政策有關。忽必烈大舉攻宋時，對南宋官僚、地主採取了籠絡政策。宣布對歸降者的資產予以保護，官職可以保留，「別立奇功者」還可以「驗等第官資遷擢」〔註20〕。後來又規定南宋官吏可以「齎告勅赴省換授」〔註21〕；南宋大官僚的後人，可以「因門第補

徐道隆。趙良淳雖道德高尚，但沒有什麼才幹，在得知趙與可欲降後，沒有採取措施就自縊而死。

〔註13〕汪元量：《增訂湖山類稿》卷一《醉歌》，中華書局，1984 年，第 16 頁。

〔註14〕柯劭忞：《新元史》卷一百七十七《呂文煥傳》，第 360 頁。

〔註15〕黃震：《古今紀要逸編》。

〔註16〕劉敏中：《平宋錄》，原序，第 2 頁。

〔註17〕脫脫：《宋史》卷四十六《度宗》，第 912 頁。

〔註18〕劉敏中：《平宋錄》，原序，第 2 頁。

〔註19〕約翰·柯林斯：《大戰略》，戰士出版社，1978 年，第 392 頁。

〔註20〕王構：《興師征江南諭行省官軍詔》，蘇天爵編：《元文類》卷九，第 403 頁。

〔註21〕程文海：《雪樓集》卷十《取會江南仕籍》，文淵閣四庫全書本，第 1202 冊，第 115 頁。

官」〔註22〕。這些政策對南宋官吏有很大誘惑力。所以，在無法堅守的情況下，南宋守將紛紛投降，這樣不僅能保全性命，還能取得高官厚祿。

二、獻策

　　至元十一年（咸淳十年，1274）十月，呂文煥導元軍進攻漢水中游重鎮郢州。南宋在襄樊失守後，把漢水一線的防禦重心移至郢州，重點設防，以代襄樊。郢州位於漢水中游，宋軍夾水而守，以圖控扼漢水通道。郢城原在漢水東岸，「以石為之，高接山形，矢石莫能近」〔註23〕。「宋人復於漢水西築新郢」〔註24〕，與郢城相對。兩城之間「橫鐵繩，鎖戰艦，密樹椿木水中」〔註25〕，既把兩城有機聯為整體，又能斷絕舟楫往來。同時，南宋又將「沿江九郡精銳，盡萃郢江東、西兩城」〔註26〕，「布戰艦數千於江中，陳兵兩岸」〔註27〕，形成一個類同襄樊的嚴密的城防體系。面對郢州堅固的防守，元軍一時無法攻取。呂文煥建議，繞過郢州，從旁邊的湖中渡過進入長江。元軍諸將認為：「郢城乃我之喉襟，今不取而過，後為歸路患，必當取之。」伯顏很贊同呂文煥的建議，說：「汝曹為困襄陽之計，俱為龍斷者耶！用兵緩急，我具知之。況攻城乃兵家之下計，大兵之用，豈惟此一城哉。若攻此城，大事失矣。」〔註28〕最終，元軍按照呂文煥的建議，順利進入了長江。〔註29〕呂文煥的建議避免了

〔註22〕宋濂：《宋學士文集》卷四十一《史處士墓版文》，四部叢刊初編本。

〔註23〕劉敏中：《平宋錄》卷上，第2頁。

〔註24〕宋濂：《元史》卷一百六十二《李庭傳》，第3796頁。

〔註25〕宋濂：《元史》卷一百二十七《伯顏傳》，第3100頁。

〔註26〕宋濂：《元史》卷一百二十八《阿朮傳》，第3121頁。

〔註27〕宋濂：《元史》卷一百六十五《賈文備傳》，第3869頁。

〔註28〕劉敏中：《平宋錄》卷上，第2頁。

〔註29〕劉一清：《錢塘遺事》卷六《下郢復州》，第137頁。《元史》卷一百二十八《阿朮傳》載：「秋九月，師次郢之鹽山，得俘民言：『宋沿江九郡精銳，盡聚郢江東、西兩城，今舟師出其間，騎兵不得護岸，此危道也。不若取黃家灣堡，東有河口，可由其中拖船入湖，轉以下江為便。』從之。」此處記載建議是由俘民提出來的。《平宋錄》卷上記載：有人來言：「江南有城曰新城，彼於江水中密樹椿木，以絕舟楫往來，下流又置城於黃家原，彼軍堅拒，諸將極難為力。」於是丞相歷觀郢之形勢。其黃家原堡西，有溝渠深闊數丈，淋雨月餘，其水派溢，南通一湖，至江甚近，可令戰艦悉達漢江，以避郢軍。言訖，丞相遣數將率兵進黃家原堡，即日克之，總管劉二、李勞山首獲戰功。丞相遣兵圍郢，又遣兵眾治平江堰，破竹為席地，蕩舟而過郢城，遂入漢江。此處說伯顏親自發現了繞過郢州城的道路。這三處記載不盡相同，就是待考。

元軍再次頓兵於堅城之下，加快了滅宋的步伐。

繞過郢州後，元軍一路南下，破沙洋、下新城、降復州，十二月初到達長江北岸的沙武口。南宋夏貴率漢鄂舟師順下流迎敵。晚上，宋軍偷襲元軍，但被元總管張當看見，宋軍戰敗而還。當日，諸將對伯顏說：「沙河口南岸，彼屯戰艦一隊，可以攻取。」伯顏不聽。呂文煥又建議：「彼船攻之必獲。」伯顏答道：「吾亦知其必獲。吾之所慮，諸將獲小功，驕惰其志，有失大事。吾自料之，可一鼓而渡江，獲其全功，無貪小利。」諸將皆以為是。〔註30〕這次伯顏雖沒有採納呂文煥的建議，但可以看出呂文煥為元軍獻計獻策之積極。

元軍佔領安慶後，伯顏問南宋降將：「（南宋）行在何時可得？」呂文煥說：「內地雖近，有軍有糧，非三、四年攻擊不可得。」范文虎則認為：「內地虛弱，不足應敵，驅兵而入，可即得之。」「伯顏乃信用文虎。」〔註31〕呂文煥雖曾是南宋將領，但困守襄陽六年之久，他對宋軍的瞭解顯然不如范文虎。范文虎多次帶軍與元朝作戰，對元軍和宋軍都很瞭解，所以後來的事實證明，他的估計是準確的。范文虎的建言，堅定了伯顏滅宋的信心和決心。

至元十二年，元廷派往南宋的使者被宋軍殺害。宋廷向伯顏解釋，殺害使者是宋軍擅自的行動，朝廷並不知。伯顏認為：「彼為譎詐之計，以視我之虛實。當擇人以同往，觀其事體，宣布威德，令彼速降。」〔註32〕打算再派使者到宋廷勸降。在使者人選問題上，呂文煥說：「議事官張羽，為人端愨剛決，兼有才略，其人可往。」〔註33〕伯顏採納了這個建議，「乃命議事官張羽等持王榮答書」〔註34〕前往臨安。

呂氏家族多人原是南宋重要將領，對南宋虛實十分瞭解，「宋君臣之孰賢孰愚，宋河山城郭之何瑕何堅，宋兵民之多寡虛實，宋兵刑政之得失巧拙，不為不知」〔註35〕。他們的計策，往往深中南宋要害，使元軍少走了許多彎路。

〔註30〕 劉敏中：《平宋錄》卷上，第4頁。
〔註31〕 鄭思肖：《鐵函心史・大義略敘》，見陳福康《井中奇書考》，第507頁。
〔註32〕 宋濂：《元史》卷一百二十七《伯顏傳》，第3106頁。
〔註33〕 劉敏中：《平宋錄》卷上，第9頁。
〔註34〕 宋濂：《元史》卷一百二十七《伯顏傳》，第3106頁。
〔註35〕 胡祇遹：《紫山大全集》卷十二《寄張平章書》，文淵閣四庫全書本，第1196冊，第229頁。

三、撫諭

至元十二年（德祐元年，1275）二月，南宋建康守將棄城而逃。元「丞相先遣呂文煥及招討索多，按察副使焦寬甫等齎榜文往建康撫諭軍民」〔註36〕。

是年十二月，伯顏率軍駐紮於望亭東，「令張惠、呂文煥先赴平江，同游顯等入城」〔註37〕，撫諭軍民。

至元十三年正月，元軍進至離臨安十五里的地方，分遣董文炳、呂文煥、范文虎巡視城堡，安諭軍民。後又遣呂文煥持黃榜諭臨安中外軍民，俾安堵如故。〔註38〕

同年二月，右丞張惠、參政阿剌罕、董文炳、呂文煥入見謝后，宣布德意，以慰諭之。後張惠、阿剌罕、董文炳、呂文煥等入城，核查南宋軍民戶籍，清點倉庫，罷南宋各官府，收百官誥命，接收宋廷符印圖籍。〔註39〕

元軍佔領臨安後，以臨安為兩浙大都督府，令「忙古歹、范文虎入治府事」〔註40〕。范文虎治府事時，處理了一件南宋宗室反元復宋的事。史載：

> 方大軍駐紹興，福王與芮從子曰孟松，謀舉兵，事泄，被執至臨安。范文虎詰其謀逆，孟松詬曰：「賊臣負國厚恩，共危社稷，我帝室之胄，欲一刷宗廟之恥，乃更以為逆乎？」文虎怒，驅出斬之，過宋廟，呼曰：「太祖、太宗列聖之靈在天，何以使孟松至此？」都人莫不隕淚。既死，雷電晝晦者久之。〔註41〕

呂氏家族撫諭軍民，維持佔領區秩序，解除了元軍的後顧之憂，使元軍能集中精力消滅殘宋勢力。

四、作戰

這可以范文虎和呂師夔為代表。在元軍進入臨安前夕，宋益王與廣王在駙馬都尉楊鎮、楊亮節、俞如圭等大臣的擁護下，倉皇出逃。是夜，丞相陳宜中也出逃南下。當時，駐軍離臨安十五里的元軍統帥伯顏得知此事後，「亟使諭阿剌罕、董文炳、范文虎率諸軍先據守錢塘口，以勁兵五千人追陳宜中

〔註36〕劉敏中：《平宋錄》卷上，第 8 頁。
〔註37〕劉敏中：《平宋錄》卷中，第 14 頁。
〔註38〕宋濂：《元史》卷一百二十七《伯顏傳》，第 3109 頁。
〔註39〕宋濂：《元史》卷一百二十七《伯顏傳》，第 3110 頁。
〔註40〕宋濂：《元史》卷一百二十七《伯顏傳》，第 3110 頁。
〔註41〕脫脫：《宋史》卷四百五十四《趙孟松傳》，第 13357 頁。

等」。〔註42〕伯顏入臨安後，「遣范文虎將兵趣婺，召鎮以王還，鎮得報即去，曰：『我將就死於彼，以緩追兵。』」後楊亮節等背負二王徒步藏匿山中七日，終於躲開了元軍的追擊。〔註43〕

呂師夔降元後，至元十二年七月，元廷命蒙古萬戶宋都帶，漢軍萬戶武秀、張榮實、李恒和呂師夔行都元帥府，取江西。元軍一路進展神速，十一月，元軍進攻隆興府（今江西南昌）。宋江西制置使黃萬石命江西都統密佑率兵二千前去救援。密佑尚未到達隆興府，南昌守軍已降。元軍進而向撫州進軍。密佑的軍隊與張榮實、呂師夔率領的元軍在進賢坪相遇。元軍問：「降者乎？鬥者乎？」密佑曰：「鬥者也。」隨即「麾其兵突戰」。密佑進至龍馬坪時，元兵將密佑圍之數重，亂箭齊發，矢下如雨。密佑告其部下：「今日死日也，若力戰，或有生理。」宋軍聽到後，「咸憤厲」。雙方自辰戰至日昃，密佑面部中了一箭，他顧不得疼痛，「拔之復戰」，後來他又「身被四矢三槍」。這時，宋軍大部已戰死，僅有十餘人。密佑衝出重圍，往南奔走。渡過一座橋時，馬踏斷了橋板，遂被執。元軍見密佑如此英勇，不忍殺他，將他帶到了隆興府。元帥宋都帶說：「壯士也。」欲招降密佑，將他繫獄月餘，但密佑始終不屈。在此期間，密佑罵黃萬石為賣國小人。宋都帶命劉槃、呂師夔坐城樓，引密佑到樓下，以金符給之，許以官，密佑不受，並且罵劉槃、呂師夔。在使盡各種方法無效後，元軍最終將密佑殘酷殺害。〔註44〕

至元十二年十二月，呂師夔向信州索要衣糧。前文已述，謝枋得本來與呂師夔關係不錯，此時謝枋得看透了呂師夔賣國求榮的本質，回信說：「信州米留供太皇太后皇帝御膳，信州絹留供太皇太后皇帝御衣，平生朋友，遂爾睽離，一旦相逢，惟有廝殺。」次年正月，呂師夔與武萬戶進攻江東。時為江東提刑、江西招諭使、知信州的謝枋得率軍迎戰。他讓前鋒大呼：「謝提刑來。」呂師夔軍進至宋軍附近，向宋軍射箭，箭射到了謝枋得的馬前。謝枋得退到安仁。他調淮士張孝忠率軍與呂師夔軍逆戰於團湖坪。張孝忠矢盡，揮雙刀擊殺元軍百餘人。元前軍稍卻，但後軍繞出張孝忠後，宋軍驚潰。張孝忠中流矢死。張孝忠馬奔歸，謝枋得坐敵樓見到，說：「馬歸，孝忠敗矣。」遂奔信州。呂師夔下安仁，進攻信州，宋軍不守奔逃，謝枋得奔走建陽。〔註45〕呂師夔為抓住

〔註42〕脫脫：《宋史》卷九《世祖六》，第 177 頁。
〔註43〕脫脫：《宋史》卷四十七《瀛國公二王附》，第 939 頁。
〔註44〕脫脫：《宋史》卷四百五十一《密佑傳》，第 13271～13272 頁。
〔註45〕脫脫：《宋史》卷四百二十五《謝枋得傳》，第 12688 頁。

謝枋得，四處張貼榜文。後又執謝枋得的妻子和兒子下獄。〔註46〕

　　至元十三年（景炎元年，1276）三月，元軍到達大庾嶺，越過嶺就進入廣東了。五月，宋廣東制置使徐直諒見大勢已去，便派梁雄飛至江西求降。呂師夔命梁雄飛、黃世雄帶一支元軍逾嶺入粵。這支元軍一路南下，連克南雄、韶州，直下廣州。〔註47〕這時，徐直諒得知南宋行朝建立的消息，便不再投降。他派提刑李性道、摧鋒軍首領黃俊、陳實和水軍將領謝賢率軍抵禦元兵。在石門（今廣東廣州市郊區），宋、元兩軍相遇。李性道等人懼怕元軍，畏縮不前，只有黃俊率軍奮戰，由於雙方力量懸殊，結果失敗，黃俊不屈而死。〔註48〕六月十三日，元軍進入廣州城。這時，一度降元的熊飛反正，舉兵攻向廣州城。與此同時，「新會令曾逢龍亦帥鄉兵至」。經過激戰，宋軍獲勝，元軍撤退，宋軍收復了廣州。但元軍並不甘心，十月，呂師夔、張榮實親自帶兵進入梅嶺。宋將趙溍遣曾逢龍、熊飛往南雄抵禦，後又遣將校劉自立守韶州。曾逢龍戰死於南雄，熊飛退保韶州，呂師夔、張榮實復圍韶州，熊飛守城巷戰，敗績，赴水死，劉自立降。〔註49〕呂師夔、張榮實佔領韶州，取英州，直奔廣州。至元十三年十二月初，宋廣州守將趙溍、方興出逃，將守城事宜交給了郡人趙若岡。趙若岡與忠勇軍將陳勇在元軍到來後開城門投降。元軍再次佔領廣州。廣州第二次失陷後，宋流亡朝廷任命張鎮孫為龍圖閣待制、廣東制置使、兼經略安撫使。張鎮孫與都統凌震率軍進攻廣州，呂師夔、張榮實得知宋軍來攻後，因軍餉不繼退走。宋軍再次收復廣州。至元十四年十月，塔出、呂師夔又捲土重來，分路會攻廣州。張鎮孫與塔出、呂師夔戰於海珠寺，張鎮孫敗績，元師第三次佔領了廣州。〔註50〕呂師夔執張鎮孫及其妻子械送京師，張鎮孫在赴京的路上自經死。〔註51〕

　　如果說，以前呂氏家族助元滅宋的行為還是間接的話，那麼他們帶兵與南宋軍民作戰，則是直接滅亡南宋的行為了。特別是呂師夔，他率領元軍征戰於

〔註46〕柯劭忞：《新元史》卷一百七十七《呂師夔傳》，第360頁。

〔註47〕黃溍：《黃溍文集》卷三十五《中大夫延平路總管韓公墓誌銘》，胡氏夢選慶本。

〔註48〕黃佐：《廣州人物傳》卷十七《宋摧鋒軍將黃公俊》，廣東高等教育出版社，1991年，第421頁。

〔註49〕黃佐：《廣州人物傳》卷十七《宋義士熊公飛》，第425頁。

〔註50〕郝玉麟：《廣東通志》卷六《編年志一》，文淵閣四庫全書本，第562冊，第261頁。

〔註51〕柯劭忞：《新元史》卷一百七十七《呂師夔傳》，第360頁。

江西、廣東，平定了許多南宋抗元勢力，佔領了大片地區，充當了元軍剿滅南宋殘餘勢力的急先鋒。

　　呂氏家族降元後，積極為元朝滅宋服務，加速了南宋滅亡的進程。南宋迅速覆亡，與呂氏家族助元滅宋的行為有密切聯繫。這表明，呂氏家族為了自己的私利，已完全拋棄了尊嚴、氣節和故國。當然，呂氏家族的這些行為與其他降將的行為一樣，「對雙方力量的對比變化、雙方戰鬥意志的消長、雙方在戰爭中的勝負產生了直接影響，為盡快結束戰爭，重建國家機器，恢復生產創造了條件」﹝註52﹞，客觀上有一定意義。

第二節　平宋後呂氏家族的活動及受重用的原因

一、平宋後呂氏家族的活動

　　元朝平宋後，呂氏家族繼續活躍在政壇上。下面對此做一敘述。需要說明的是，個別活動是在平宋前，這裡一併敘述。

　　呂文煥作為南宋降將，曾長期在南宋任職，對南宋故地比較熟悉，所以他在治理地方方面發揮了一定作用，這也許是他被元朝重用的原因之一。宋廷投降後，呂文煥就建言「榷江西茶，以宋會五十貫準中統鈔一貫」。﹝註53﹞呂文煥熟知南宋制度，他的這個建議顯然是讓元朝繼續沿用南宋茶法。﹝註54﹞元廷按照這個建議，次年「徵一千二百餘定」﹝註55﹞。可知呂文煥的這個建議為元朝增加了不少財政收入。後來，元廷就以這個比價用中統鈔收兌宋朝的會子，﹝註56﹞可能也受呂文煥這個建言的影響。至元十四年七月，呂文煥為中書左丞。﹝註57﹞十五年三月，元廷令呂文煥遣官招宋朝的生、熟券軍，「堪為軍者，月給錢糧；不堪者，給牛屯田」。﹝註58﹞元代的生、熟券軍與宋代有所不同。宋代的生券軍多承擔戰鬥任務，而熟券軍主要負責屯田。元代的生、熟券軍職

﹝註52﹞　王茂華：《南宋降將與宋蒙（元）戰爭進程》，《赤峰學院學報（漢文哲學社會科學版）》2007年第1期。
﹝註53﹞　宋濂：《元史》卷九十四《食貨二·茶法》，第2393頁。
﹝註54﹞　陳高華、史衛民：《中國經濟通史·元代經濟史》，經濟日報出版社，2000年，第636頁。
﹝註55﹞　蘇天爵編：《元文類》卷四十《經世大典序·賦典·茶法》，第700頁。
﹝註56﹞　陸友仁：《研北雜志》卷下，文淵閣四庫全書本，第866冊，第591頁。
﹝註57﹞　宋濂：《元史》卷九《世祖六》，第192頁。
﹝註58﹞　宋濂：《元史》卷十《世祖七》，第199頁。

能接近，都有征伐、鎮戍、屯田和侍衛的職能，後來元代的生券軍還參與了討伐日本與交趾的海外戰爭。〔註 59〕元廷讓呂文煥管理生、熟券軍可能是為以後的戰爭做準備。那元廷為何讓呂文煥負責此事呢？生、熟券軍在元代被視為故宋軍隊即新附軍的一部分，呂文煥長期在南宋任職，對宋軍比較瞭解，讓他負責此事是合適的。另外，史料記載，至元十年二月在元軍攻克襄陽後，元廷「敕樞密院以襄陽呂文煥率將史赴闕。熟券軍並城居之民仍居襄陽，給其田牛；生券軍分隸各萬戶翼」〔註 60〕。《元史》卷八《世祖五》也載，至元十年八月，元廷「賜襄陽生熟券軍冬衣有差」〔註 61〕。可知在南宋，襄陽就有生、熟券軍，呂文煥擔任知襄陽府六年，肯定管理過這裡的生、熟券軍。這應是元廷讓呂文煥負責此事的主要原因。

可能由於呂文煥在幫助元朝滅宋和治理地方過程中表現出色，元世祖對呂文煥給予高度評價。他說：「宰相明天道、察地理、盡人事，能兼此三者，乃為稱職。爾縱有功，宰相非可覬者。回回人中阿合馬才任宰相，阿里年少亦精敏，南人如呂文煥、范文虎率眾來歸，或可以相位處之。」〔註 62〕元世祖並非簡單一說。至元十五年九月，他就提拔呂文煥為中書右丞。〔註 63〕二十三年正月，呂文煥以江淮行省右丞告老，元廷答應了他的請求，並任其子為宣慰使。〔註 64〕呂文煥致仕後，回到建康養老。〔註 65〕二十五年，金陵學官魯師道到呂府做客，呂文煥以靜江府學《釋奠圖》相贈。〔註 66〕大德二年，呂文煥修建了常照庵。〔註 67〕此外，呂文煥還修建了錦繡香亭。方回對此事作了詩。他在詩前的序中說：

> 富貴歸故鄉，猶衣錦繡晝行，此古語也。《漢書・項羽傳》曰衣
> 錦。《朱買臣傳》曰衣繡。二人所為不足多道。五季錢王歸臨安，以

〔註 59〕艾萌：《宋元時期生券軍與熟券軍考》，《河南科技大學學報（社會科學版）》
　　　　2013 年第 1 期。
〔註 60〕宋濂：《元史》卷八《世祖五》，第 148 頁。
〔註 61〕宋濂：《元史》卷八《世祖五》，第 151 頁。
〔註 62〕宋濂：《元史》卷十《世祖七》，第 202 頁。
〔註 63〕宋濂：《元史》卷十《世祖七》，第 205 頁。
〔註 64〕宋濂：《元史》卷十四《世祖十一》，第 285 頁。
〔註 65〕方回：《桐江續集》卷二十二《寄題呂常山平章錦繡香中》，文淵閣四庫全書
　　　　本，第 1193 冊，第 494 頁。
〔註 66〕臧夢解：《釋奠圖記》，謝啟昆輯：《粵西金石略》卷十四，新文豐出版公司，
　　　　1982 年第二版，第 12601 頁。
〔註 67〕張鉉：《至正金陵新志》卷十一下《祠祀志二・寺院》，第 5716 頁。

錦繡裹林木，炫其父老，偏霸無足取。惟韓魏公相州堂，歐陽公為之記，謂非誇一時榮一鄉者。今平章政事常山呂公以將相歸老金陵，有之似之。扁舊百花亭曰錦繡香中。夫百花似錦繡，無日不春。所謂衣錦繡而晝行者也。錦繡而又加之以香，雖取義於花，其實亦以譬夫香名之垂百世也。斯樂也，惟知止者能之，故又有亭曰知止。有賦長句十二韻者方回依次和曰。

詩寫道：

> 修善過如修亭館，種德高於種花木。四時芳菲人不知，蜂猶有鼻蝶有目。公心一寸春萬宇，好事如麻不計斛。將相富貴世不少，鐘鳴夜行鼎折足。我公之遊追張良，我公之隱勝梅福。猶憶妙年伐鬼國，二師擊宛騎斬郁。獨樂先生五畝園，大庇寒士萬間屋。圖形已上功臣閣，投老未數王官穀。千葩萬卉春晝長，范蠡西施著膏沐。錦天繡地香中醉，漢相政窘千金牘。一品閑身釋袞衣，萬古芳名垂汗竹。紅霞蒸處幾東風，會見瑤池三度熟。〔註68〕

詩歌對呂文煥的告老還鄉誇耀到無以復加的程度。元初文學家白樸也極盡溢美之詞，稱呂文煥的告老是「急流勇退，黃閣難留」。他為呂文煥寫的祝壽詞描述了呂氏退休後的生活，「莬裘，喜遂歸休，著宮錦，何妨萬里遊。似謝安笑傲，東山別墅，鴟夷放浪，西子扁舟。醉眼乾坤，歌鬟風霧，笑折梅花插滿頭」〔註69〕。看來呂文煥致仕後的生活還是很閑適的。後呂文煥卒於家。〔註70〕呂文煥死後，與呂家關係甚好的當時著名文學家方回為他作了兩首挽詩：

> 難兄捐閫寄，無復救襄人。半紀嬰孤壘，中朝扼柄臣。秦非裹奚智，徐為假王仁。萬事由天命，乾坤歷數新。

> 燕頷逢荊鄂，於今四十秋。始聞降鬼國，遄見拔瀘州。廟議頗私意，邊圍墮詭謀。棄襄不令守，鐵鎖靠江流。〔註71〕

〔註68〕方回：《桐江續集》卷二十二《寄題呂常山平章錦繡香中》，文淵閣四庫全書本，第 1193 冊，第 494 頁。

〔註69〕白樸：《天籟集》卷下《十二月十四日為平章呂公壽》，文淵閣四庫全書本，第 1488 冊，第 644 頁。

〔註70〕柯劭忞：《新元史》卷一百七十七《呂文煥傳》，第 360 頁。

〔註71〕方回：《桐江續集》卷二十四《平章呂公挽詞二首》，文淵閣四庫全書本，第 1193 冊，第 525 頁。

詩中回顧了呂文煥一生的主要事蹟。作者認為呂文德死後，宋廷由於賈似道的把持朝政，沒有全力救襄，以致呂文煥獨守孤壘，最後被迫投降，對呂文煥降元給予深深的同情。詩歌沒有寫呂文煥助元滅宋等事蹟，顯然是為死者迴護。如前文所述，呂文煥被迫降元，值得同情，但他降元後積極助元滅宋，卻是無法令人原諒的。明人何喬新評論道：

> （呂文煥）今也既以城降之，又陳攻郢之策，且請自為鄉導，非叛而何？昔樂毅奔趙，趙王與之謀伐燕，毅辭曰：「臣昔事燕，猶今事趙也。異日得罪在它國，不敢謀趙之奴隸，況子孫乎？」君子以為義。使文煥既降之後，屏居田裏，不受官爵，終身不北面而坐，君子將原其情而恕之。顧乃引讎敵之兵，招其部曲，誘其子侄，以覆其君之宗社，雖欲辭叛臣之名，惡得而辭哉？〔註72〕

何氏的評論還是公允的。假若呂文煥降元後「屏居田裏，不受官爵，終身不北面而坐」，人們或許還能夠對他的投降「原其情而恕之」。但他為了一己私利，為元朝陳策劃謀，引兵南下，征討故國，是難以令人原諒的。所以，在民族大義的意識下，呂文煥終究難逃叛臣的罵名。〔註73〕

呂師孟入元後的事蹟，付鵬、王茂華女士認為「無從考」〔註74〕。呂師孟入元後的記載的確不多，但並非一無所知。降元後，他與宋朝皇帝、太后、百官和太學生等赴北，在大都居住了四年。然後，被任命為嘉議大夫，漳州路總管，行淮東道副使。但他很快辭去了官職，歸臥吳中隱處。他在吳中虎丘建陰構堂，堂上的扁曰「壽樂」。呂師孟認為：「人生百年，自古賢愚之士同歸丘隴。其不朽者，惟名義耳。吾幸際天朝，得完首領以歿，將何望乎？」於是，他「以餘資豐酒肴，延親舊，披圖玩史，以樂其天年」。〔註75〕關於他在吳中生活的情況，方回記道：

> 公大節不可一書，孝事父母唯謹，友於兄弟，至如析父財，公一毫不問。待士謙，臨下恕，好施予，恤孤貧。篤學博記，以五經四書作一籤筒，時抽一經，暗誦如流。風吟騷詠，舉眉山蘇坡仙詩，

〔註72〕 何喬新：《椒邱文集》卷七《史論》，文淵閣四庫全書本，第1249冊，第115～116頁。

〔註73〕 如柯維騏在撰寫《宋史新編》時就將呂文煥列入《叛臣傳》，見《宋史新編》卷一百八十九《叛臣下》，文海出版社，1974年。

〔註74〕 付鵬、王茂華：《仕元的宋呂氏集團考析》，（韓）《中國史研究》第88輯。

〔註75〕 朱德潤：《存復齋文集》卷一《壽樂堂銘》，第2頁。

> 首尾貫串。善草書,有《草韻本》行於世。其隱處也,有虎阜、茗溪
> 之二別墅,松菊泉石,往來娛老,若神仙中人,世皆仰慕。此天之
> 所以佑善人也歟?!〔註76〕

可以看出,呂師孟隱居後,好與士人交遊,愛救弱扶貧,喜歡讀書,擅長書法,
在以松菊泉石為伴的環境裏過著神仙般的生活。然而,這樣的生活需要有強大
的財力支持。不做官也不耕種的呂師孟從哪裏來的財富呢?聯繫到呂氏家族
在南宋時煊赫鼎盛、窮富極貴,則呂師孟應是在南宋時期利用家族勢力積累了
巨額財富。

這樣他在吳中生活了 26 年,於大德八年(1304)七月十七日去世,享年
71 歲。〔註77〕他死後,其孫呂濤請朱德潤為呂師孟所建造的堂寫景,並求銘。
朱德潤是當時著名文人、畫家,與呂氏家族為世交,和呂濤的關係也很好。所
以,他就為呂師孟寫了《壽樂堂銘》。銘曰:

> 岩岩高堂,翳其松篁。山川縈紆,厚公之藏。公昔抗辭,受命
> 不欺。南服既定,來朝京師。宏矣大元,覆天洪庥。勸孝移忠,置
> 公列侯。錫以袞裳,玉帶金符。順天受命,歸休於吳。中堂有俶,
> 燕寢孔碩。來我友朋,樂我親戚。不夷不惠,繄公之德。子孫千億,
> 來世其澤。〔註78〕

因為朱德潤與死者及其家族關係很好,所以詩有美化呂師孟之嫌。如稱呂師孟
去元營議和是「公昔抗辭,受命不欺」,而且為呂師孟投降元朝辯護,稱他這
是「順天受命」。當然,呂師孟雖然也投降了元朝,並未像呂氏家族的其他成
員一樣,助元滅宋,並且在入元後很快以疾病為由辭去官職。從這兩點講,還
是稍令人感慰的。但稱他是「呂氏家族中的忠義之士」〔註79〕,恐怕談不上。

〔註76〕江蘇省文物管理委員會:《江蘇吳縣元墓清理簡報》,《文物》1959 年第 11 期。
　　　向珊將本段中的第二句話做了這樣的斷句「待士謙臨下恕,好施予,恤孤貧」。
　　　待士謙臨下恕是兩個意思,並且後邊都是三字一斷,所以此處應標點為待士
　　　謙,臨下恕。另外,本段的最後一句,《墓誌銘》作「此大之所以佑善人也歟」。
　　　向珊認為:「碑文為『大』,據文意,當為『天』之誤。」應是,本文從之。參
　　　見氏著:《方回撰〈呂師孟墓誌銘〉考釋》,《中國國家博物館館刊》2015 年第
　　　6 期。
〔註77〕江蘇省文物管理委員會:《江蘇吳縣元墓清理簡報》,《文物》1959 年第 11 期。
〔註78〕朱德潤:《存復齋文集》卷一《壽樂堂銘》,第 2 頁。
〔註79〕申萬里:《宋元之際的呂師孟及其家族初探》,《南開學報(哲學社會科學版)》
　　　2016 年第 2 期。

　　呂師夔於至元十三年以江東、西大都督知江州事時結識了文學家白樸。當年冬天，白樸就寫詞寄給呂師夔：

　　　　憶元龍湖海樽俎地，笑談間，盡畫燭寒。燒紅螺細卷，沉醉更
　　闌。西風數聲笳鼓，悵匡廬山下，送征鞍。秋水蘋花漸老，曉霜楓
　　葉初丹。　　滕王高閣倚江干，極目楚天寬。想畫棟珠簾，朝雲南
　　浦，暮雨西山。天涯倦遊司馬，更幾時，攜手一憑欄。別後相思，
　　何處月明，千里鄉關。〔註80〕

　　十年後，白樸又寫詞給呂師夔。詞曰：

　　　　流水高山，獨許鍾期，最知伯牙。愧我投木李，得酬瓊玖。人
　　驚玉樹，有倚蒹葭風雨。十年江湖，千里望美人兮，天一涯重攜手。
　　似仲宣去國，江令還家。　　門前柳拂堤沙，便好繫天津泛斗槎。
　　看金鞍鬧簇，花邊置酒。玉盂旋洗，竹裏供茶。朱雀橋荒，烏衣巷
　　古，莫笑斜陽野草花。寒食近，算人生行樂，少住為佳。〔註81〕

詞中白樸把自己與呂師夔的關係比作俞伯牙和鍾子期，說明二人關係是非常不錯的。至元十五年，呂師夔為江西行省參知政事。白樸為呂師夔寫了祝壽詞：

　　　　香風萬家曉，和氣九江春。朝回冠蓋得意，玉季和金昆。屈指登
　　高舊節，側耳稱觴新語，採菊舊芳樽。南土愛王粲，東閣壽平津。　　節
　　龍香，符虎重，印龜新。弓刀千騎如水，曾為下南閩。牆下陰陰桃李，
　　庭下輝輝蘭玉，一笑指莊椿。更看濟時了，高臥道山雲。〔註82〕

　　另一文人梁明夫也為呂師夔作了壽詞：

　　　　萬里朝天去。見潯陽江上，風引仙舟淮浦。到得玉階方寸地，歷
　　歷蒼生辛苦。要盡活、江南一路。畫繡歸來沾御渥，聽邦人、簫鼓迎
　　初度。龜與鶴，亦掀舞。　　前身定是磻溪呂。笑當時、八十始卜，
　　非熊非虎。試數行年逢革卦，革命正逢湯武。真千載、風雲會遇。擬
　　向廬山招五老，詣道山、同獻蓬萊賦。仍剪菊，薦秋露。〔註83〕

〔註80〕白樸：《天籟集》卷下《丙子冬寄隆興呂道山左丞》，文淵閣四庫全書本，第
　　　　1488 冊，第 646 頁。
〔註81〕白樸：《天籟集》卷下《呂道山左丞覲回過金陵別業至元丙子予識道山於九江
　　　　今十年矣》，文淵閣四庫全書本，第 1488 冊，第 644 頁。
〔註82〕白樸：《天籟集》卷上《至元戊寅為江西呂道山參政壽》，文淵閣四庫全書本，
　　　　第 1488 冊，第 636 頁。
〔註83〕梁明夫：《賀新郎·壽呂道山四十九歲》，唐圭璋編：《全宋詞》（第五冊），中
　　　　華書局，1965 年，第 3533 頁。

由上述可以看出，白樸多次寫詩詞給呂師夔，二人過從甚密。這引起了研究者們的疑惑：白樸和呂師夔，一為北人、一是南人，一為文士，一是武將，他們怎麼會如此親密呢？以致有學者認為「我們實在搞不清白樸為什麼與呂師夔有那麼深的交誼，且對呂推崇備至。實在是一個值得深入研究的謎」。〔註84〕學者們對這個「謎」一直在探索，最近有了新進展。都劉平先生認為，至元十年蒙元軍下襄陽，十一年渡江至鄂州，白樸正是跟隨著這支軍隊一道南下。至元十一年伯顏、阿朮、阿里海牙三軍會師鄂州，自此軍分兩路：伯顏、阿朮沿長江東下，而阿里海牙則駐守鄂州，以扼江中上游，同時向南攻佔岳陽、潭州等地，直至廣西靜江。白樸可能沒有擔任元軍中具體的職務，他此時並沒有隨大軍繼續東下，而是留守在大後方，主要在江西九江及湖南嶽陽一帶活動。在此期間，他認識了呂師夔。至於二者為何往來密切，都先生認為白樸曾隨蒙元軍隊南下，和蒙元軍隊將領熟悉。呂師夔結交白樸，當是為了從側面瞭解元朝將領，即他的新主子，以便能投其所好。白樸認識呂師夔，能從後者那裡得到資助。白樸遊走於各處，需要經濟支持，而呂師夔富貴至極，能夠滿足白樸的需求。筆者覺得，都先生的觀點很符合呂師夔其人的特點。從呂師夔一系列行動來看，他是一個精明的利己主義者。他從宋朝轉入元朝，無依無靠，又是降將，所以如何在元朝站穩腳跟是他最關心的。白樸是元軍將領身邊的人物，呂師夔跟他搞好關係，自然有利於自己以後的發展。都先生的這一觀點對呂師夔的性格把握得很到位。另外，都先生認為，白樸也將自己與呂師夔的關係看得很重，其中還有一個原因可能即是白樸的父親白華於金哀宗天興二年（1233）降宋，任均州提督，在彼待了三年之久，直到宋理宗端平三年被叛宋降蒙的范用吉挾去北歸。在此期間，白華與呂師夔的父親呂文德及叔叔呂文煥相識。有了這層關係，白樸和呂師夔自然走的親近。〔註85〕然而，據筆者前面的考述，呂文德是在淮西從軍的，並且一直在兩淮地區作戰，直到十三世紀五十年代才被調往京湖。呂文煥的情況不得而知，不過他參軍時間更晚，也應和乃兄一樣，初期在兩淮地區活動。所以，白華在均州（今湖北丹江口，宋時屬京湖戰區）的三年，不大可能認識呂文德、呂文煥。不過，筆者覺得，白樸父親白華的降將身份倒是有利於白樸和呂師夔的交往。因為白樸的父親是降將，所以至少白樸對降將沒有什麼惡感，那麼他和呂師夔結識就沒什麼障

〔註84〕徐凌云：《白樸交遊考述》，《古籍研究》1995年第4期。
〔註85〕都劉平：《白樸行跡考》，《唐都學刊》2017年第5期。

礙。不像其他的元朝士人一樣，對變節投降的宋將鄙夷、不屑。如此，白樸和呂師夔交誼深厚之「謎」，基本就解開了。

至元十七年二月，因兩廣地區民不聊生，元廷詔右丞塔出、左丞呂師夔回朝廷，詰問他們其中原因。結果「廷辯無驗」，元廷讓他們「還省治事」。〔註86〕至元二十二年六月，呂師夔乞假五月到江州看望母親，元世祖同意。〔註87〕至元二十四年五月，沙不丁說：「江南各省南官多，每省宜用一二人。」元世祖說：「除陳岩、呂師夔、管如德、范文虎四人，余從卿議。」〔註88〕可見，呂師夔還是很受忽必烈重視的。次年，元朝搜羅南方人才，謝枋得被迫從福建赴大都。十二月十日路經龍興時，時為左丞的呂師夔送給他一襲寒衣，但他拒不接受，並有「身不繫綿二十年，後山凍殺分宜然」之句，表達了對降元的呂師夔的憎惡，堅持了崇高的民族氣節。第二年到京後，謝枋得拒不降元，時刻思念著故國，不久死去。他死時，呂師夔正在京城。呂師夔為謝枋得料理了後事，「為具衣衾棺槨殯之（闕）明門外」。〔註89〕不知面對以前的好友謝枋得的守節而死，呂師夔作何感想。元成宗大德五年七月，呂師夔去世，享年72歲。〔註90〕方回的一首詩記錄了他聽到呂師夔噩耗時的情況：

> 七旬有二傳凶問，九月初三記誕辰。客裏偶然逢此日，淮思江望淚痕新。（題注：道山訃音自寶應來江謂九江府第）〔註91〕

方回還為呂師夔作了五首挽詩：

> 一門真將相，天地間生之。表海太公望，封王郭子儀。……

> 乃翁同此老，兩柱共擎天。初作二千石，才生十九年。漢陽（缺）最大，嶺外帥何緣。極恨湖濱相，姦臣喜弄權。

> （缺）公三十歲，死守漢陽城。焉得江陵闈，能支鄂渚兵。椿庭縈不起，槐府已無情。最恨木綿鬼，乾坤一擲輕。

> 昔僕叨名第，繄誰極作成。首捐登仕詁，……，權臣獨不平。可憐身欲死，無以報平生。

〔註86〕宋濂：《元史》卷十一《世祖八》，第222頁。

〔註87〕宋濂：《元史》卷十三《世祖十》，第277頁。

〔註88〕宋濂：《元史》卷十四《世祖十一》，第298頁。

〔註89〕不著撰人：《昭忠錄‧謝枋得》。

〔註90〕方回：《桐江續集》卷二十七《道山座主先生平章呂公輓歌辭五首》，文淵閣四庫全書本，第1193冊，第575頁。

〔註91〕方回：《桐江續集》卷二十六《秋思七言八首》，文淵閣四庫全書本，第1193冊，第560頁。

> 大別登秋興，南樓望戰塵。興亡元有數，生死不無神。將相名
> 千古，兒孫近百人。生靈活億萬，報豈止公身。〔註92〕

方回與呂師虁關係密切，挽詩不免有為呂師虁迴護之嫌，特別是對呂師虁投降
元朝並助元滅宋的事蹟，基本沒有提，反而稱讚他「將相名千古」。明人何喬
新對呂師虁做出了與方回截然相反的評價。他說：

> 師虁何人哉？……它日信州之戰，師虁親在行間，彎弓相向，
> 曾無赧容。及枋得敗而逃竄，既鏤榜以捕之，又執其妻子送獄。至
> 枋得被執北上，師虁方位通顯，曾無一言以解紛。所以報知己者，
> 蓋如此。其人可知矣。……師虁既叛其君，又負其友，使死者有知，
> 亦何顏以見枋得於黃泉哉？〔註93〕

相比較而言，與呂師虁沒有利害關係的何喬新的評價更準確。

呂師龍。在江州投降元朝後不久，發生了一件關係他性命的事：

> （至元）十四年……黃州叛。九江戍卒僅五百人。呂師龍新降
> 為招討使，擁精騎數千，檄使捍禦不聽。秉彝夜登庾樓，遙望小舟
> 順流下，邏獲七人。自黃州來，持叛書，期師龍以五月十六日為內
> 應。秉彝即偕其計議官陳文彬見師龍，諭以利害。師龍自誓不知。
> 秉彝曰：「審爾。請分兵守城。」師龍從命，九江遂安堵。其兄師虁
> 自江西奉黃金二百兩、白金二千兩、奴婢十人為謝，卻不受。〔註94〕

至元十四年，黃州的宋軍給降元不久的呂師龍一封信，信的內容是約他做內
應，合力攻擊九江。元軍抓獲了送信的宋朝士兵。元將領李秉彝就審問呂師龍。
後者辯解，說自己不知道此事。為了驗證呂師龍，李秉彝讓其守城。呂師龍領
命，很好地守護了九江。呂師龍的哥哥呂師虁得知此事後，很感激李秉彝，送
給他巨額金銀和十位奴婢，李秉彝沒有接受。呂師龍度過了這場風波。在元朝，
他仕至大司農。〔註95〕

范文虎在元朝也受到元世祖的重用，而且他在呂氏家族中，官位是最高

〔註92〕方回：《桐江續集》卷二十七《道山座主先生平章呂公輓歌辭五首》，文淵閣四
　　　　庫全書本，第 1193 冊，第 575 頁。
〔註93〕何喬新：《椒邱文集》卷七《謝枋得自以與呂師虁善上書以一族保師虁可信乞
　　　　以師虁為鎮撫使之行成且乞身至江州見文煥與議朝廷以枋得為沿江察訪使》，
　　　　文淵閣四庫全書本，第 1249 冊，第 115～117 頁。
〔註94〕柯劭忞：《新元史》卷一百七十四《李秉彝傳》，第 353 頁。
〔註95〕馬蓉等點校：《永樂大典方志輯佚・江州志》，第 1663 頁。

的。下面是范文虎官職變動情況。至元十七年八月，中書右丞；〔註96〕二十一年十一月，中書左丞，商量樞密院事；〔註97〕二十四年二月，中書右丞，商議樞密院事；〔註98〕二十四年閏二月，尚書右丞，商議樞密院事；〔註99〕至晚在至元三十年三月，平章政事。〔註100〕我們還可以從元世祖對范文虎的評價和賞賜看出世祖對他的重用和厚愛。至元十五年六月，元世祖對昂吉兒說：「宰相明天道、察地理、盡人事，能兼此三者，乃為稱職。……南人如呂文煥、范文虎率眾來歸，或可以相位處之。」〔註101〕元世祖認為宰相明天道、察地理、盡人事才為稱職，而在他眼中，范文虎就是這樣的人，可見世祖對范文虎評價之高。二十四年五月，沙不丁建議：「江南各省南官多，每省宜用一二人。」元世祖說：「除陳岩、呂師夔、管如德、范文虎四人，余從卿議。」〔註102〕亦可見世祖對范文虎的重視。元世祖還多次賞賜范文虎。至元十六年八月，賜范文虎僚屬二十一人金紋綾及西錦衣。〔註103〕至元十七年二月，賜諸王阿八合、那木干所部，及征日本行省阿剌罕、范文虎等西錦衣、銀鈔、幣帛各有差。〔註104〕十八年九月，賜怯憐口及四斡耳朵下與范文虎所部將士羊馬、衣服、幣帛有差。〔註105〕值得注意的是，1956 年，安徽省安慶市棋盤山發掘出了一個元代合葬墓，墓主人就是范文虎夫婦。隨葬品中有一個虎鈕玉押。〔註106〕押是一種符號，在文書、契約上簽字畫押，表示個人的承諾。蒙古建立元朝後，官吏多不識漢字，所以多用押簽署文件。元人陶宗儀說：「今蒙古色目人之為官者，多不能執筆花押，例以象牙或木刻而印之。宰輔及近侍官至一品者，得旨，則用玉圖書押字，非特賜不敢用。」〔註107〕元代官吏用押較為普遍。而一般的押多為象牙或木製，玉質則表明主人的尊貴。此玉押應是皇帝賜給范文虎的，反映出范文虎在元朝是很受重用的。

〔註96〕宋濂：《元史》卷十一《世祖八》，第 226 頁。
〔註97〕宋濂：《元史》卷十三《世祖十》，第 270 頁。
〔註98〕宋濂：《元史》卷十四《世祖十一》，第 295 頁。
〔註99〕宋濂：《元史》卷十四《世祖十一》，第 297 頁。
〔註100〕宋濂：《元史》卷十七《世祖十四》，第 371 頁。
〔註101〕宋濂：《元史》卷十《世祖七》，第 202 頁。
〔註102〕宋濂：《元史》卷十四《世祖十一》，第 298 頁。
〔註103〕宋濂：《元史》卷十《世祖七》，第 215 頁。
〔註104〕宋濂：《元史》卷十一《世祖八》，第 223 頁。
〔註105〕宋濂：《元史》卷十一《世祖八》，第 234 頁。
〔註106〕金鑫：《元代虎鈕玉押》，《收藏》2011 年第 3 期。
〔註107〕陶宗儀：《南村輟耕錄》卷二《刻名印》，第 27 頁。

　　當然，元世祖雖然很看重范文虎，但也不是對他言聽計從。如史載：「（至元十六年）九月乙巳朔，范文虎薦可為守令者三十人。詔：『今後所薦，朕自擇之。凡有官守不勤於職者，勿問漢人、回回皆論誅之，且沒其家。』」〔註108〕

　　總的來說，范文虎在平宋後依然受到了元世祖的重用，而范文虎也感恩戴德，積極為元朝效勞。他在這一時期活動很多。其中參與了元朝第二次東侵日本之役，此事後面單獨論述。這裡先敘述范文虎的其他活動。

　　至元十七年六月，唆都部下顧總管聚黨於海道，劫奪商貨。范文虎設法招降了他們。朝臣商議按法律處置他們。元廷令范文虎等集議處之。〔註109〕

　　至元二十四年四月，發生了東道諸王乃顏的叛亂，忽必烈親征，范文虎統兵隨行。五月，詔范文虎率領衛軍五百鎮平灤。〔註110〕兩個月後，叛亂平息，乃顏被誅。范文虎建議：「豪、懿、東京等處，人心未安，宜立省以撫綏之。」元世祖採納了這個建議，設立了遼陽等處行尚書省。〔註111〕遼陽行省的建立，削弱了藩王權力，加強了中央對東北地區的管理和控制，有利於邊疆的鞏固。首倡建立行省的范文虎在其中是起了一定作用的。

　　至元二十六年十一月，漳州陳機察等八千人起義，進攻龍巖，抓住了千戶張武義，並與楓林地區的起義軍會合。福建行省的元軍擊敗了起義軍，陳機察、丘大老、張順等率眾投降。行省請斬之以警告其他人。這件事下發到樞密院商議。范文虎認為：「賊固當斬，然既降乃殺之，何以示信？宜並遣赴闕。」其他人都認可了這個建議。〔註112〕對於范文虎為何寬恕降人，屠寄認為：「文虎自以身亦降臣，又窺知汗意寬大，故敢一再議寬典。」〔註113〕我們認為屠寄的分析是非常準確，入木三分的。范文虎自己就是降臣，他對投降的起義軍寬大，其實也是對自己寬大。他深知忽必烈對降人歷來是奉行寬典的，所以迎合忽必烈的心理，反對嚴懲降人。由此，我們可以看出范文虎在元朝的心境。

　　至元二十八年，郭守敬向元廷提出開鑿從大都至通州的運河的方案，得到准允。該運河全長一百六十四里，從至元二十九年春動工，到次年秋完成，共動用軍民兩萬多人。范文虎參與了這個巨大而有意義的工程。三十年三月，元

〔註108〕　宋濂：《元史》卷十《世祖七》，第 215 頁。
〔註109〕　宋濂：《元史》卷十一《世祖八》，第 224 頁。
〔註110〕　宋濂：《元史》卷十四《世祖十一》，第 298 頁。
〔註111〕　宋濂：《元史》卷十四《世祖十一》，第 301 頁。
〔註112〕　宋濂：《元史》卷十五《世祖十二》，第 327 頁。
〔註113〕　屠寄：《蒙兀兒史記》卷一百一十二《范文虎傳》，第 693 頁。

廷以平章政事范文虎董疏漕河之役。〔註114〕范文虎工作的詳情不得而知,但三十一年八月,元廷「以大都留守段貞、平章政事范文虎監濬通惠河,給二品銀印」〔註115〕。可知范文虎為修建通惠河是做出貢獻的,受到了朝廷賞賜。通惠河的修建具有重大意義。此運河開鑿前,元朝漕運和海運北上的終點均只能到達通州,然後用驛馬馱運,耗費甚巨,每遇秋雨,「驢畜死者不可勝計」〔註116〕,「民不勝其悴」〔註117〕。運河修成後就解決了這個問題,減輕了百姓的負擔,有利於南北物資的交流,加快了大都城的營建。所以,運河竣工後,忽必烈自上都還,「過積水潭,見舳艫蔽水,大悅」,為之起名「通惠河」,並予郭守敬以重賞。〔註118〕

　　至元三十一年,范文虎與中書省和樞密院就澱山湖屯軍事宜進行商討。澱山湖是太湖下游重要的入海通道與分洪區。此湖在宋時曾專門派軍駐守,目的是不許周邊居民侵佔湖旁餘地,並「常疏其壅塞,以泄水勢」。元朝佔領後,「無人管領,遂為勢豪絕水築堤,繞湖為田。湖狹不足瀦蓄,每遇霖潦,泛溢為害」。元世祖末年,差發民夫十二萬進行了疏掘。成宗即位初,平章鐵哥奏:「今諸河日受兩潮,漸致沙漲,若不依舊宋例,令軍屯守,必致坐隳成功。臣等議,常時工役撥軍,樞府猶且怜惜,屯守河道用軍八千,必辭不遣。澱山湖圍田賦糧二萬石,就以募民夫四千,調軍士四千與同屯守。立都水防田使司,職掌收捕海賊,修治河渠圍田。」元成宗命樞密院等議。樞密院認為,澱山湖在宋時設軍屯守,范文虎等「必知其故」。元廷就讓樞府官及范文虎等共議。范文虎建議:「差夫四千,非動搖四十萬戶不可,若令五千軍屯守,就委萬戶一員提調,事或可行。」後樞密院說與「知源委之人」商議之後再做出決定。〔註119〕

　　另外,忽必烈時期,戰爭頻仍,開支浩大,國家急需大量錢財以充國用,在這種情況下,忽必烈相繼啟用阿合馬、盧世榮、桑哥等善於理財之人為相,理財官權傾一時。所以,是否善於理財,能否為國家增加收入,一度成為仕進的重要條件之一。范文虎也迎合這一風氣,開江南茶貢之先例,為元廷增開財源。《元史》中記述了各類茶法,其中就有以范文虎的官職命名的:「至順之後,

〔註114〕宋濂:《元史》卷十七《世祖十四》,第371頁。
〔註115〕宋濂:《元史》卷十八《成宗一》,第387頁。
〔註116〕宋濂:《元史》卷一百六十四《郭守敬傳》,第3852頁。
〔註117〕宋濂:《元史》卷六十四《河渠志·通惠河》,第1589頁。
〔註118〕宋濂:《元史》卷一百六十四《郭守敬傳》,第3852頁。
〔註119〕宋濂:《元史》卷六十五《河渠二·澱山湖》,第1638~1639頁。

無籍可考。他如范殿帥茶、西番大葉茶、建寧胯茶，亦無從知其始末，故皆不著。」〔註 120〕茶葉以范文虎的官職命名，必然與他有密切的聯繫。《研北雜志》的記載證明這種茶是范文虎首先徵收的。該書載：「紹興進茶，自宋降將范文虎始。」〔註 121〕范文虎很可能是為迎合當時擴大財源的風氣，贏得最高統治者的青睞，鞏固和提升自己的地位而這麼做的。明人鄭真就范文虎首開茶貢之事評論道：

> （范文虎）又開慈谿茶貢以固其寵，自以為百世無窮之利矣。
> 〔註 122〕

說范文虎開慈谿茶貢是為「固其寵」，可謂一針見血。

范文虎在元朝的重要活動，是參與了對元朝和日本都產生重大影響的元朝第二次侵日戰爭。

蒙古國建立後，積極對外征伐，謀求建立一個世界性的帝國。經過多年征戰，蒙古於 1259 年迫使高麗投降。之後，蒙古又想臣服與高麗一衣帶水的日本。從至元三年到七年，蒙古多次派使者去詔諭日本，但都被當時的日本執政者北條時宗拒絕。和平手段不奏效，蒙古就開始入侵日本了。

至元十一年（1274），忽必烈任命征東都元帥忻都、右副元帥洪茶丘、左副元帥劉復亨，統率蒙漢軍 20000 人、高麗軍 5600 人，加上高麗水手 6700 人，共計 32300 人，入侵日本。

元軍於十月三日從高麗合浦出發，駛向對馬。五日，逼近對馬。隨即，元、日雙方展開激戰。由於日軍人數太少，所以很快被元軍殲滅。六日，元軍佔領對馬。稍適休整後，元軍於十四日傍晚攻入壹岐島，十五日攻陷城池。隨後，元軍兵鋒直指博多灣大宰府。十月十九日元軍進攻博多灣，二十日，雙方鏖戰一整日。傍晚，元軍統帥忻都認識到日本武士之勇猛，加之左副元帥劉復亨受傷，元軍兵疲箭盡，於是他有了畏懼之心，對部將說：「小敵之堅，大敵之擒，策疲兵入敵境，非完計也，不若班師。」〔註 123〕於是忻都把全軍撤至船上，準備來日班師。但就在當天晚上，突降大風暴雨，元軍損失慘重。忻都等率殘部逃回。元朝第一次入侵日本的行動以失敗告終。

〔註 120〕宋濂：《元史》卷九十四《食貨二·茶法》，第 2394 頁。

〔註 121〕陸友仁：《研北雜志》卷下，文淵閣四庫全書本，第 866 冊，第 597 頁。

〔註 122〕鄭真：《滎陽外史集》卷三十七《題跋雜識·讀宋史》，文淵閣四庫全書本，第 1234 冊，第 207 頁。

〔註 123〕柯劭忞：《新元史》卷二百五十《日本》，第 474 頁。

忽必烈第一次入侵日本的目的，在於威嚇日本，使其迅速通好，尚無滅日本之心。忻都等利用忽必烈的心理，巧妙地掩飾了元軍遭遇暴風雨而敗退的實情，以「入其國，敗之」〔註124〕的謊言，欺騙元世祖。元世祖信以為真，以為經過對日戰爭，日本已經嚇破了膽，因此對征日將士大加封賞，並於至元十二年二月派出禮部侍郎杜世忠、兵部侍郎何文著等五名使者，攜帶國書出使日本。日本的執政者北條時宗蠻橫地將元朝使者殺死，以示自己的勇武。日本殺死使者的消息沒有及時傳到元朝。平宋後，元世祖遣人問南宋降將是否可以征伐日本。呂文煥、范文虎等都認為可伐。耶律希亮認為：「宋與遼、金攻戰且三百年，干戈甫定，人得息肩，俟數年，興師未晚。」〔註125〕元世祖採納了希亮的建議。當時元朝剛剛平定南宋，人民迫切希望和平，反對戰爭。這一點，范文虎等不會不知道。那他們為何力主伐日呢？筆者認為，范文虎、呂文煥等人，之所以受到元世祖的重用，就是因為他們在戰爭中立了功。如果沒有了戰爭，在他們看來，很可能就會得不到元世祖的重視，所以他們極力支持元朝侵日。至元十六年，范文虎在得到元世祖同意後，派周福、欒忠與日本僧齎詔去日本詔諭。〔註126〕周福等在同年六月入日，八月被殺死於太宰府。消息傳到元朝，徹底激怒了元世祖，堅定了他再次侵略日本的決心。范文虎在元朝第二次侵日戰爭前後扮演了重要角色。

為第二次征日，元世祖命高麗造戰船九百艘，揚州、泉州、贛州、湖南等地建造戰船六百艘，但這些造船計劃都因超出民力，遭到反對而沒能實施。七月，元世祖下令取消潭州建造侵略交趾、日本戰船的計劃。〔註127〕至元十八年（1281）二月，福建省左丞蒲壽庚上奏：「詔造海船二百艘，今成者五十，民實艱苦。」元廷於是下詔止之。截至至元十八年六月江南軍出征，最終交付使用的新造戰船，都沒有達到計劃的數字。至元十六年八月，范文虎請簡閱舊戰船以充用，忽必烈同意。〔註128〕所以，第二次征日時，江南軍戰船總數約三千五百艘，其中很大部分是元軍所繳獲以及接收的原南宋水軍的戰船。〔註129〕

〔註124〕　宋濂：《元史》卷二百〇八《日本》，第 4628 頁。

〔註125〕　宋濂：《元史》卷一百八十《耶律希亮傳》，第 4161 頁。

〔註126〕　宋濂：《元史》卷十《世祖七》，第 215 頁。

〔註127〕　宋濂：《元史》卷十《世祖七》，第 214 頁。

〔註128〕　宋濂：《元史》卷十《世祖七》，第 215 頁。

〔註129〕　曾我部静雄：《南宋的水軍》，劉俊文主編：《日本學者研究中國史論著選譯》，第 5 卷，中華書局，1993 年。

至元十七年六月，忽必烈召范文虎商議征日本事宜。〔註130〕七月，忽必烈命范文虎等招集避罪附宋、蒙古、回回等軍。〔註131〕八月，元廷以范文虎、忻都、洪茶丘為中書右丞，李庭、張拔突為參知政事，並行中書省事。〔註132〕十八年正月，忽必烈召阿剌罕、范文虎、囊加帶同赴闕受訓諭，又同意范文虎的請求，給他增漢軍一萬人。但當范文虎「又請馬二千給禿失忽思軍及回回砲匠」時，忽必烈說：「戰船安用此？」沒有同意。〔註133〕可能忽必烈認為，與日本作戰，主要是海戰，不需要大量馬匹和回回炮。但後來的事實表明，日本海軍由於戰船小，無法與元軍在海面對抗，所以他們大多在岸上防衛。故元朝和日本的戰鬥多為陸戰和登陸作戰，馬匹和回回炮是必要的。忽必烈不同意范文虎的請求，反映出他對日本情況的不瞭解，也說明范文虎還是比較瞭解日本的。二月，元廷詔諭范文虎等以征日本之意，仍申嚴軍律。〔註134〕五月，元朝兵分兩路征伐日本。忻都、洪茶丘率蒙古、高麗、漢軍四萬，從高麗渡海，是為東路；范文虎、李庭率新附軍十萬人乘海船，從慶元、定海啟航，是為南路的江南軍。兩路軍的總指揮是阿剌罕。二路大軍約定六月十五日以前會於壹岐島及平壹島。

五月三日，東路軍自合浦起錨，開往巨濟島等待江南軍。東路軍在巨濟島待命半月，儘管未到預定會師日期，但忻都等不再等待，於五月二十一日直駛對馬，揭開了第二次元日戰爭的序幕。元軍抵達對馬後，很快擊敗了日軍，佔領該島。五月二十六日，元軍進攻壹岐島。佔領該島後，元軍又駛向博多灣。日軍早已做好準備，防止元軍來襲，這次「日本軍學習了元軍的戰法，也採取了集團戰法，並在博多灣築石壘，還乘上小船襲擊元的大船，拼死防守」〔註135〕。元軍在這裡作戰，遇到嚴重挫折。在無法攻佔博多灣後，六月十五日，忻都率軍撤離這裡，駛向壹岐島，以與江南軍會合。

五月，征日行省得知平戶島守軍都被調到大宰府，所以建議元世祖應以該島為會師地點。元世祖將此情報告訴兩路總指揮阿剌罕。阿剌罕決定於平

〔註130〕宋濂：《元史》卷十一《世祖八》，第224頁。
〔註131〕宋濂：《元史》卷十一《世祖八》，第225頁。
〔註132〕宋濂：《元史》卷十一《世祖八》，第226頁。
〔註133〕宋濂：《元史》卷十一《世祖八》，第229頁。
〔註134〕宋濂：《元史》卷十一《世祖八》，第230頁。
〔註135〕依田憙家著，卞立強、李天工、雷慧英譯：《簡明日本通史》，上海遠東出版社，2004年，第72頁。

戶會師。但他在六月初病逝。元世祖任命阿塔海為兩路總指揮。人事的變動使范文虎指揮的江南軍未能按期出發。范文虎於六月初派出先遣隊去東路軍告知他們變動會師地點的消息。六月十八日，范文虎認為先遣隊已出發多日，不宜久等，所以在阿塔海未到任的情況下，率江南軍出發。江南軍在七月到達指定地點。兩路軍會師後，七月十七日移集鷹島。元軍先頭部隊遭到日軍攔截，經過激戰，日軍撤退。范文虎與忻都商議，欲進攻大宰府。但元軍統帥之間的不和影響了軍務，加上日軍戒備森嚴，元軍在鷹島滯留達一個月之久。八月一日，海面刮起了颱風。元軍遭到颱風襲擊，「戰船皆破壞覆沒」，「溺死者無算」。只有行省平章政事張禧「捨舟築壘於平戶，約束戰艦相去各五十步，以避風濤撞擊」，所以「所部獨完」。范文虎的船亦壞，抱船板漂流海中，被張禧救起。張禧對范文虎說：「士卒溺死者半，其脫死者，皆壯士也，曷若乘其無回顧心，因糧於敵以進戰。」從當時情況看，這個建議是可行的。但范文虎嚇破了膽，已無鬥志，堅持回師，說：「還朝問罪，我輩當之，公不與也。」〔註136〕拋棄大軍，獨自逃回元朝。這樣，元朝第二次侵日戰爭又以失敗告終。

范文虎回到大都後，為了逃避責任，向元世祖撒了一個大謊：

> 至日本，欲攻太宰府，暴風破舟，猶欲議戰，萬戶屬德彪、招討王國佐、水手總管陸文政等不聽節制，輒逃去。本省載餘軍至合浦，散遣還鄉里。

紙畢竟包不住火。後來，江南軍中的士兵於闐逃回，真相大白。〔註137〕忽必烈大怒，范文虎等獲罪被罰。〔註138〕范文虎具體受到了何種處罰未見於記載。董濤據至元二十年忽必烈重新任命的日本行省官員名單推斷，范文虎至少被免去了日本行省右丞的職務並且不再參與征日本事務了。〔註139〕至元十九年十二月，忽必烈令阿塔海接管了范文虎等所有的海船三百艘。〔註140〕但范文虎並未因這次戰爭失利而不再受元世祖重用。相反，他後來又被委以重

〔註136〕宋濂：《元史》卷一百六十五《張禧傳》，第3867頁。

〔註137〕宋濂：《元史》卷二百○八《日本》，第4629頁。

〔註138〕宋濂：《元史》卷一百六十五《張禧傳》：「至京師，文虎等皆獲罪，禧獨免」。可見范文虎獲罪了。柯劭忞：《新元史》卷一百七十七《范文虎傳》：「及歸，文虎奏：『遇風壞舟，將士沉溺。』世祖不之罪也。」恐誤。

〔註139〕董濤：《宋元之際水軍將領范文虎的事蹟與相關問題探析》，第64頁。

〔註140〕宋濂：《元史》卷十二《世祖九》，第248頁。

任，參加了許多重要事件（前文已述）。這是為何呢？筆者推測，這可能與元世祖侵略日本的目的有關。元朝平定南宋後，南宋十幾萬大軍被元朝收編為新附軍。戰爭結束後，讓新附軍全都解甲歸田，元世祖是不放心的。如何處置這些軍隊成為他急需解決的問題。為此，元世祖令他們侵略日本。〔註141〕如果元軍佔領了日本，就讓這些軍隊駐紮日本；如果失敗，正好借日本人之手消滅掉這些軍隊。范文虎雖慘敗而還，但解決了大部分新附軍，〔註142〕消除了令元世祖頭痛的問題。所以，元世祖在處罰了范文虎後，依然重用他。

後范文虎因年老致仕，元世祖賜他右丞的俸祿，並讓他擔任商議江浙行省公事的職務。〔註143〕范文虎一生可謂受君主寵眷不衰。元成宗大德五年，這位「享盡了一生的榮華富貴」的「常敗將軍」〔註144〕去世。其妻死於大德九年八月十四日，享年79歲。二人合葬於安慶。〔註145〕

對范文虎的一生，鄭真評論道：

> 夫文虎以殿廡之重，受援襄樊之命，坐視危迫，不發一矢。襄樊既破，遂以呂氏子壻，舉安慶而降之。自是而後，為大兵嚮導者，文虎也；迫二王及楊鎮者，亦文虎也；异太后之床驅遂督促而為宮人詬責者，亦文虎也。棄君叛國，圖取富貴，資產之盛，遍及東南，又開慈谿茶貢以固其寵，自以為百世無窮之利矣。〔註146〕

除說范文虎援襄時「不發一矢」，不符合事實外，鄭真的評論還是準確的。

二、平宋後呂氏家族受重用的原因

呂氏家族降元後，元朝為了利用這個家族，使其幫助自己滅亡南宋，所以對他們予以重用。但平宋之後，呂氏家族多人依然受到重用。這是為何呢？筆者認為主要有三個原因。

第一，呂氏家族幫助元朝滅宋有功。忽必烈對有功的降將歷來是重用的。如劉整降蒙後，就被授予夔府行省，兼安撫使的官職。因在對宋戰爭中有功，

〔註141〕韓儒林主編：《元朝史》，人民出版社，1986年，前言，第8頁。
〔註142〕宋濂《元史》卷十一《世祖八》載，回來的軍隊僅「十存一二」。
〔註143〕屠寄：《蒙兀兒史記》卷一百一十二《范文虎傳》，第693頁。
〔註144〕周崇雲主編：《安徽考古》，第234頁。
〔註145〕白冠西：《安慶市棋盤山發現的元墓介紹》，《文物參考資料》1957年第5期；周崇雲主編：《安徽考古》，第238頁。
〔註146〕鄭真：《滎陽外史集》卷三十七《題跋雜識‧讀宋史》，文淵閣四庫全書本，第1234冊，第207頁。

劉整最後官至驃騎衛上將軍、行中書左丞。〔註147〕如前所述，呂氏家族投降後，通過招降，為元軍獻計獻策，撫諭軍民、維持佔領區秩序，親自帶兵鎮壓南宋殘餘勢力等方式，為元朝迅速滅亡南宋立下了汗馬功勞。所以，平宋之後，元世祖依然重要他們。

　　第二，呂氏家族的人較有才幹。呂氏家族長期在南宋任職，有豐富的治軍理政的經驗，確有才幹。如呂文煥在「陷身重圍」的情況下堅守襄樊五年之久，顯示出出眾的軍事才能。元人評論呂文德、呂文煥「武忠（呂文德）之善戰，平章（呂文煥）之善守」，是「季世之遺才，興王之良佐」〔註148〕。即使這個家族的范文虎，雖無出色的軍事才能，但在行政等方面還是有些才幹的。例如，他長期掌管南宋殿前司水軍，對水戰比較熟悉，這可能是他被元世祖任命為第二次侵日戰爭江南軍首領的原因之一。另外，他在組織新附軍，維護江南穩定，跟隨忽必烈平叛乃顏，監修通惠河等事蹟中，都表現出一定的能力。呂氏家族成員較有才幹，加之元世祖知人善任，用人所長，而且用人具有重實才、輕學識，重武將、輕文臣，重實用、輕品德的特點，〔註149〕所以他們受到重用。

　　第三，與元初南方地區的嚴峻形勢和呂氏家族的身份、經歷有關。在平宋戰爭中，蒙古軍將乘機俘擄侵奪。平宋後，這種風氣有增無減。蒙軍不僅侵奪珍寶、財貨、土地，而且還掠奪人口。「大州小邑，無少長悉為俘虜。」胡紫山描述當時的慘苦情況：「（江南）自歸附以來，兵官嗜殺，利其反側，叛亂已得，從其擄掠。貨財子女則入於軍官，壯士巨族則殄殲於鋒刃。一縣叛則一縣蕩為灰燼，一州叛則一州莽為邱墟。」〔註150〕有的官吏的所作所為甚至超過了強盜。如唆都部下顧總管聚黨於海道，劫掠商貨。千戶脫略、總把忽帶公然引軍入婺州永康縣界，殺掠吏民。元朝佔領江南後，大肆搜刮，一再徵收各種稅賦。桑哥當政期間，又通過增稅、理算的措施，加重了江南人民的負擔。括工匠、馬匹等行為，使人民苦不堪言。元廷派到此地的官吏多唯利是圖，以致

〔註147〕宋濂：《元史》卷一百六十一《劉整傳》，第3788頁。
〔註148〕鄭元祐：《鄭元祐集》卷八《送呂惟清序》，第186頁。
〔註149〕楊建新、馬曼麗：《成吉思汗忽必烈評傳》，南京大學出版社，2002年，第422～425頁。李治安認為說忽必烈用人重實用、輕品德，「有些道理，但不太全面」，認為忽必烈用人重實用的同時也講究道德。參見李治安：《忽必烈傳》，人民出版社，2004年，第744頁。
〔註150〕胡祇遹：《紫山大全集》卷二十三《民間疾苦狀》，文淵閣四庫全書本，第1196冊，第417頁。

貪污成風、賄賂公行。加上元朝對江南漢人的歧視，連年不斷的海外戰爭，使江南人民處在水深火熱之中。為了反抗元朝的壓迫，人民紛紛起義。據統計，至元二十年，南宋故地人民起義就有二百多處，這還是保守的估計。至元二十六年，起義達四百多處。特別是在閩、浙、贛、粵交會地區，鬥爭不斷高漲。除漢族人民起義外，其他少數民族如壯族、瑤族、彝族、佘族、水族、侗族、黎族等人民也揭竿而起。其中聲勢較大的就有至元十四年漢族陳弔眼聯合佘族的許夫人發動的反元起義；至元二十三年，四川趙和尚領導的反元復宋活動；至元二十五年，佘族鍾明亮領導的起義；至元二十六年，漢族楊鎮龍領導的有十二萬人參加的起義。〔註151〕其他較小的起義不計其數。可見，平宋之初，元朝在南方的統治是不穩定的。為了鎮壓人民起義，也為了消除或減少這些人的牴觸情緒，有利於元朝的統治，元世祖充分任用南宋降臣。因為降臣大多曾在南宋任職，在當地有較大的影響或勢力。懷柔和使用這些人，有利於籠絡江南人民的人心，降低和消磨他們的反抗意識。這是呂氏家族在平宋後依然受到重用的又一個原因。

第三節　呂氏家族入元後的心態

由上述可見，呂氏家族在元朝還是受重用的。那他們在元朝的心態是怎樣的？這是要深入認識他們所必需知道的。史料一般不會直接記載人們的心理活動。我們可以從一些特定的言行推斷，因為一定的言行是心理狀態的反映。史載：

> （至元十五年五月）己亥，江東道按察使阿八赤求江東宣慰使
> 呂文煥金銀器皿及宅舍子女不獲，誣其私匿兵仗。〔註152〕

阿八赤之所以向呂文煥索要金銀器皿及宅舍子女，筆者認為原因有二。一是呂文煥可能有不少錢財。呂氏家族在南宋身居高位，積攢了大量錢財。前引《山居新話》呂師夔分析家私一事說明呂氏家族在平宋之後，經濟上還是相當富有的。這可能是阿八赤向呂文煥索賄的原因之一。但筆者認為更重要的原因在於呂文煥是降將，阿八赤作為蒙古人，瞧不起呂文煥，趁機向其索要錢物子女。面對自己上司公開的索賄，呂文煥沒有給他。阿八赤就誣告呂文

〔註151〕邱樹森：《元朝史話》，中國國際廣播出版社，2007年，第84～85頁。
〔註152〕宋濂：《元史》卷十《世祖七》，第201頁。

煥私匿兵仗。元廷為防止漢人和南人反抗，曾在中統三年三月下令「禁民間私藏軍器」〔註153〕。至元十三年，又檢括江南已歸附州郡兵器。〔註154〕所以阿八赤在索賄無果的情況下以此罪名誣告呂文煥。元廷派行御史臺大夫相威調查此事。經過調查，真相大白。最後元廷免去了阿八赤的官職。〔註155〕

不僅呂文煥被誣告，呂師夔也遇到類似情況。至元十五年，張公明告發左丞呂師夔「謀為不軌」。塔出知道呂師夔位居相位，不可能做謀反的事，認為張公明是「狂夫欲協求貨」。於是殺掉了張公明，並上報朝廷。元世祖沒有追究這件事。〔註156〕元朝官員對呂文煥和呂師夔的誣告雖然沒有成功，但從中可以看出，呂氏家族在新朝是被歧視的，已不可能像在南宋那樣作威作福。

在新朝，呂氏家族的心態並不好受。《西湖遊覽志餘》卷六《板蕩淒涼》載：

> 至元丙子，北兵入杭，廟朝為墟。有金姓者，世為伶官，流離無所歸。一日，道遇左丞范文虎，向為宋殿帥將。熟其為人，憐之，謂金曰：「來日公宴，汝來獻伎，不愁貧賤也。」如其言往，為優戲云：「『某寺有鐘，寺奴不敢擊者數日。』主僧問故，乃言：『鐘樓有大神，怖不敢登耳。』主僧亟往視之，神即跪伏投拜。主僧曰：『汝何神也？』答曰：『鐘神。』主僧曰：『即是鐘神，如何投拜？』」眾皆大笑，范文虎不懌，其人亦不顧，卒以不遇，識者莫不多之。〔註157〕

針對此事，有人發了一番感慨：「嗟夫！凡人當困苦之中，忽得所謁，不低首下心以順承其意，則諂貌諛詞以務悅其心，求固其寵，惟恐失之。伶人以亡國之餘，濱危鄰死，乃致譏於所欲活之人，快其忠憤，亦賢矣哉！」〔註158〕這是對處於「亡國之餘，濱危鄰死」的伶人的高度讚揚，也是對范文虎的辛辣嘲諷。伶官在古代社會被視為最低賤的人。連伶官都對范文虎嘲諷，說明范文虎雖身居高位，但並沒有得到人們的尊敬。

〔註153〕宋濂：《元史》卷五《世祖二》，第83頁。

〔註154〕宋濂：《元史》卷九《世祖六》，第180頁。

〔註155〕宋濂：《元史》卷十《世祖七》，第201頁。

〔註156〕柯劭忞：《新元史》卷一百二十六《塔出傳》，第274頁。

〔註157〕田汝成：《西湖遊覽志餘》卷六《板蕩淒涼》，浙江人民出版社，1980年，第94頁。

〔註158〕陶宗儀纂：《說郛》卷二十五上《優戲》，文淵閣四庫全書本，第877冊，第410頁。

呂文煥也因投降而被人們嘲諷，他自己也常懷愧疚。史載：

> （德祐二年正月二十日，文）天祥大罵賈餘慶賣國，且責伯顏
> 失信。呂文煥從旁慰解之，天祥斥言叛逆遺孽，當用春秋誅亂賊法。
> 文煥謂：「丞相何故以逆賊見罵？」天祥曰：「國家不幸至今日，汝
> 為罪魁，非逆賊而何？三尺童子猶斥罵汝，獨我乎？」文煥曰：「守
> 襄陽七年不救，是以至此。」天祥曰：「呂氏一門，父子兄弟，受國
> 厚恩，不幸勢窮援絕，以死報國可也，豈有降理？汝自愛身，惜妻
> 子，壞家聲。今汝合族為逆矣，尚何言！」文煥慚恚。〔註159〕

面對文天祥的指責，呂文煥最後沒有反駁，而是「慚恚」。劉壎《隱居通議》
卷十《琵琶亭詩》還載：

> 諸呂家於江州仕宋累朝，窮富極貴，中外鼎盛。及北兵至，自
> 文煥而下，相率納款，無一人抗節報國。其後有題詩於琵琶亭者。
> 一日呂老見之揮淚。其詩曰：「老大蛾眉負所天，尚留餘韻入哀弦。
> 江心正好看明月，卻抱琵琶過別船。」語意深婉，信佳句也，且有
> 關於世道。或云燕五峰右丞偕龍麟洲謁呂文煥，酒酣命麟洲賦詩，
> 以琵琶亭為題。麟洲賦此譏之。〔註160〕

引文中的燕五峰，即燕公楠，字國才，元朝南康路建昌縣人。元貞年間為江浙
行省右丞。龍麟洲就是元朝著名文學家龍仁夫。劉壎對此詩是否為龍仁夫所作
不確定。但據其他各種史料記載，此詩作者為龍仁夫無可置疑。〔註161〕龍仁
夫的這首詩以琵琶女「過別船」為喻，諷刺呂文煥背宋降元。呂文煥懂得此詩
的含義，因而看了之後「揮淚」。

至元二十九年冬，王惲為磁州采芹亭作序時，談到他以前與呂文煥的一段
對話：

> 降將呂太尉，飯畢行欲起。偶而得會面，舍館接汝爾。自言鎮
> 襄陽，於此今五紀。為惜萬人命，此來非為己。
>
> 聖王錫深恩，高爵還故里。一飯尚有報，盡忠從此始。余謂我
> 國家，萬方同一軌。得之與不得，東南一隅耳。向使君不來，宋歷

〔註159〕 劉岳申：《文丞相傳》，《文天祥集》卷十九《附錄》，第 489 頁。

〔註160〕 劉壎：《隱居通議》卷十《琵琶亭詩》，第 114 頁。

〔註161〕 李超：《元代文學家龍仁夫考》，《井岡山大學學報（社會科學版）》2010 年第
4 期。

能有幾？人生苟富貴，直筆一張紙。見說李陵生，不若張巡死。呂
為之斂衽而去。〔註162〕

王惲是元朝著名大臣、學者、詩人。據學者推斷，這次談話發生於呂文煥降元
後不久。〔註163〕呂文煥為自己的投降辯解，說投降是為了保護襄陽城中的百
姓。王惲並不認同呂文煥的說法。他認為得到別人的一口飯，尚且要感恩圖報。
身為國家大臣，享受高官厚祿，更應該為國盡忠。當時元朝滅亡南宋已是大勢
所趨，只是時間問題。呂文煥投降就是為了富貴。呂文煥與其像李陵一樣活著，
不如像張巡一樣為國犧牲。顯然，王惲對呂文煥的投降行為是鄙視的。面對王
惲的指責，呂文煥沒有再說什麼，只是「斂衽而去」。

　　早在先秦時期，中國就形成了忠君思想。經過秦漢到隋唐，這種思想不
斷發展。到了宋代，程朱理學家提出了忠臣不事二主、為主殉死等忠君主張。
之後，這種思想便成為一種固定的模式而衡量於每個臣民，成為臣民們必須
遵循的道德標準和必盡的義務。〔註164〕呂文煥「負宋而降元」，顯然是違背
當時的道德觀念的。所以文天祥、龍麟洲、王惲等批判、譏諷他。而呂文煥
面對批判、譏諷，他的反應是「慚恚」、「揮淚」、「斂衽而去」，說明他知道自
己降元是失節的。可見，晚年的呂文煥雖受元廷重用，但內心並不快樂。其
實，元世祖雖然重用呂氏家族的人，但對降將也是看不起的，「雖賞之爵之，
未嘗不疑其心薄其行」〔註165〕。專制君主對不忠的大臣是無法原諒的。元朝
大臣也瞧不起呂氏家族。當文天祥斥責呂文煥、呂師孟叛國投降、助元滅宋
時，伯顏吐舌說：「男子！男子！」〔註166〕另一元將唆都也說：「丞相罵得呂
家好！」〔註167〕

　　呂氏家族雖在元朝身居高位，但從皇帝到伶官都因為他們負國投降而瞧
不起他們，甚至一些蒙古大臣欺辱他們。可以想見，呂氏家族在元朝是不太順
心的。

〔註162〕王惲：《秋澗先生大全文集》卷四十三《磁州采芹亭後序》，四部叢刊初編本。
〔註163〕申萬里：《宋元之際的呂文煥及其家族》，「元代多元文化與社會生活」學術研
　　　　討會，2014 年。
〔註164〕雷學華：《試論中國封建社會的忠君思想》，《華中師範大學學報（哲學社會科
　　　　學版）》1997 年第 6 期。
〔註165〕王崇：《（嘉靖）池州府志》卷六《忠節趙公祠記》，黃山書社，2017 年。
〔註166〕劉岳申：《文丞相傳》，《文天祥全集》卷十九《附錄》，第 489 頁。
〔註167〕文天祥：《文天祥全集》卷十三《指南錄·紀事》，第 316 頁。

第四節　呂氏家族的衰落

　　由宋入元的呂氏家族諸人，依然受到元廷任用，多人擔任地方高官。但出生於元朝或主要活動於元朝的成員，情況就與上述諸人不同了。下面依據分散的史料介紹這些人的活動。

　　呂師召，據弘治《溫州府志》卷八載，他是呂文煥從子。他因法辦了罪大惡極的僧人而聞名遐邇。至元二十八年（1291），溫州發生了一起驚心動魄的滅門慘案，主犯是僧祖傑。據《癸辛雜識》記載：「溫州樂清縣僧祖傑，自號斗崖，楊髡之黨也。無義之財極豐，遂結託北人，住永嘉之江心寺，大剎也。」〔註168〕劉壎《義犬傳》云：「永嘉江心寺長老祖傑，閩人也。累任僧錄，挾貲豪恣。」〔註169〕楊髡就是曾發掘故宋帝陵墓的江南釋教總統楊璉真珈。祖傑是福建人，先在樂清為僧，有了楊髡這個靠山，他借佛斂財，當上了江心寺住持和溫州路僧錄。他乃好色之徒，姦淫婦女，殺人越貨，無惡不作。弘治《溫州府志》有「郡有樂清余氏一門妻子被僧祖傑以舟載沉於海」的記載。〔註170〕慘案的起因，是「本州總管者與之（指祖傑）至密，託其訪尋美人，傑既得之，以其有色，遂留而蓄之。未幾有孕，眾口藉藉，遂令如思之長子在家者娶之為妻，然亦時往尋盟。俞生者不堪鄰人嘲誚，遂挈其妻往玉環以避之。傑聞之大怒」，而報覆滅門。如思「有三子，其二亦為僧於雁蕩」，亦被殺。「雁蕩主首真藏叟者不平，越境擒二僧殺之，遂發其事於官」。雁蕩能仁寺住持真藏禪師告發祖傑，但「州縣皆受其賂，莫敢誰何」〔註171〕。

〔註168〕周密：《癸辛雜識》別集上《祖傑》，第261頁。

〔註169〕劉壎：《水雲村稿》卷四《義犬傳》，文淵閣四庫全書本，第1195冊，第371頁。

〔註170〕王瓚、蔡芳編纂：《弘治溫州府志》卷八《名宦·元》，溫州文獻叢書，上海社會科學院出版社，2006年，第171頁。《癸辛雜識》作「俞氏」，潘猛補先生認為，《癸辛雜識》作者周密是根據他的朋友、時任溫州路總管夏若水的弟弟夏若木的口述而記錄的，是音同而誤。參見氏著《元代惡僧祖傑殺人滅門——誰是讓他伏法的功臣？》，《溫州日報》2016年6月22日，第11版。劉壎《義犬傳》記為「陳氏」。

〔註171〕周密：《癸辛雜識》別集上《祖傑》，第262頁。劉壎《義犬傳》所記的案情與《癸辛雜識》不同，《義犬傳》載：「有知識陳某者，家城中，薄有資產，州縣利其富而懾，數因戶役困苦之。積不堪，與妻謀捐田入寺，依傑勢苟活。請於傑，傑欣諾。遂棄里居，徙家近寺而身任庫院之職。傑頻造其廬，窺其妻，始猶間往不常，久則與至方丈，或累日彌旬乃反。妻每怒罵夫曰：『初為避官府，謀庇身，今反失身如此。汝為人夫，甘忍辱耶？』其夫固恨，乃密謀遠徙。適獲房宇於別島嶼，嶼瀕海，大聚落也。地有巡檢司，又

後來一位叫捏古伯（又作聶古柏）的玉環巡檢司巡檢抓到祖傑的三個手下，三人承認了滅門罪行，案件遂告破。〔註172〕但案破後，祖傑沒有立即遭到懲處，因為總管「任私庇覆」〔註173〕之。雖然總管包庇祖傑，但時為宣武將軍同知府事的呂師召不顧阻撓，執法無私，依法懲辦了僧祖傑。弘治《溫州府志》卷八載：「師召獨執法無私，雖同寅亦不顧，竟置祖傑於法，輿論偉之。」但據劉壎《義犬傳》記載，呂師召將祖傑「斃之於獄」是出於個人恩怨，因為祖傑曾怠慢他。《義犬傳》云：「初府有同知與傑交，暇日嘗絕江訪傑，傑辭以出，同知還，至半途遇總管亦往訪，同知請無往，總管曰：『我往，彼必納也。』邀同知偕往，因復絕江同入寺。傑果迎待，置酒而還。同知由此銜傑，及事露，同知即議移檄萬戶府，遣兵圍寺。」「既就逮至有司引伏械送，總管猶欲全之，故緩其事待京報，未幾果聞懿旨召傑，同知令獄卒曰：『僧奸良人婦，又謀殺七人，可恕乎？汝速處置，明當賞汝。』卒入獄命傑醉飽，起立縣枷梢於梁，囊沙置腦後扼其氣，遂死，人皆快之。既死而旨至，無及矣。同知以是得名，省臺交稱焉。」這裡的同知就是呂師召。然而，周密認為祖傑的被處死是執法官員受到輿論壓力的結果。「其事（指祖傑殺人滅門一事）雖得其情，已行申省，而受其賂者，尚玩視不忍行。旁觀不平，惟恐其漏網也，乃撰為戲文，以廣其事。後眾言難掩，遂斃之於獄，越五日而赦至。」〔註174〕不管是出於公義還是私恨，是源自本心還是迫於輿論壓力，呂師召處死窮凶極惡的祖傑，為

有一佛閣。竟浮家宵遁，近閣而居。傑聞其逸，大怒，訪知所在，厚募惡少年十有四人，飫以豐饌，餌以重賞，使往屠之，曰：『截取婦人雙乳來為證。』惡少年如命，夜舟徑造，盡殺其家七口，懷其雙乳而還。」這裡說陳某為躲避沉重的戶役，將田產捐給寺院，依仗祖傑的勢力生活。祖傑看到陳某的妻子貌美，就蹂躪了她。陳某夫婦為此逃到一個島嶼上。祖傑大怒，派人將陳某一家七口殺害。

〔註172〕 此據《癸辛雜識》別集上《祖傑》並參考了潘猛補的研究成果。劉壎《義犬傳》所記的案情與《癸辛雜識》不同，《義犬傳》載，惡少年殺害了陳某一家後，巡檢追捕，其中一人逃到佛閣隱壁間躲避。巡檢在一條狗的指引下抓到了這個人，此人供出了祖傑指使殺人的真相。

〔註173〕 嵇曾筠：《浙江通志》卷一百五十六《名宦》，文淵閣四庫全書本，第523冊，第225頁。據研究，這個總管是西夏人李朵兒赤。參見潘猛補《元代惡僧祖傑殺人滅門——誰是讓他伏法的功臣？》一文。

〔註174〕 周密：《癸辛雜識》別集上《祖傑》，第263頁。本部分關於祖傑一案，參考了沈沉《祖傑戲文與對金牌傳奇——南戲回聲錄之一》（《溫州師範學院學報（哲學社會科學版）》2000年第5期）一文和潘猛補《元代惡僧祖傑殺人滅門——誰是讓他伏法的功臣？》一文。

民除害，大快人心，辦了件大好事。與呂氏家族關係密切的方回在寫給呂師召的詩中還談到此事：「國手文章無敵手，將壇家世上詩壇。海艘蕩寇鯨波靜，江寺除凶鬼膽寒。」（原注：江心寺僧淫良人婦，厥□移家避去，屠殺其家□□口。力爭乃事，主僧處死。）〔註175〕另外，通過方回這首詩我們還可以得知呂師召曾平定海寇（「海艘蕩寇」），並且能詩善文。

呂師張，呂文福子，〔註176〕曾任衢州路同知、韶州路總管，〔註177〕至大二年（1309）任贛州路總管。〔註178〕在任衢州路同知時，方回給他寫詩，其中寫道：

> 大門昔有謠，呂氏一千中。華胄所自出，恭惟齊太公。君伯先郡王，張韓劉岳同。百戰護諸將，易名稱武忠。武忠棣華眾，皆有遠祖風。分閫仗斧鉞，威望真非熊。子姓幾百人，人人俱英雄。人人俱智慧，人人俱疏通。三衢今使君，尤其明且聰。劍光夜衝斗，玉氣日貫虹。好士出天性，坐滿樽不空。民懷吏膽落，於物大有功。驛馬走中原，蹇蹇臣匪躬。北上夏雲赤，南還春花紅。割牲餉鮓脯，邂逅孤山東。念此門下士，陋巷甘固窮。昨者諸彥集，長裾織青蔥。豈謂龍虎閣，著此垂翅鴻。高懷極戀戀，莫景殊匆匆。願言一轉手，西江掛飛蓬。〔註179〕

詩歌首先頌揚呂文德的軍事才能和軍功，然後誇讚呂師張為人聰慧，性情豪放，好與士人交遊，做官能夠忠君為國，不顧個人安危，深受百姓愛戴。詩中還描寫了作者和呂師張在孤山東飲酒的情景，展現了二人深厚的友誼。方回還寫詩記述他和呂師張、孟君復遊覽西湖時的情況。「遣車卻騎錢塘門，主人滿船富殽酒。別喚輕船載僕從，大船品字著三友。……一杯一杯入醉鄉，詼嘲謔笑無不有。泉幣重費忘多少，歌妓頻呼雜妍醜。似狂非狂癡非癡，何

〔註175〕 方回：《桐江續集》卷二十二《呈呂使君二首》，文淵閣四庫全書本，第1193冊，第499頁。

〔註176〕 方回：《桐江續集》卷二十一《呈呂使君留卿師張文福子衢州路同知》，文淵閣四庫全書本，第1193冊，第485頁。

〔註177〕 郝玉麟：《廣東通志》卷二十六《職官志一》，文淵閣四庫全書本，第563冊，第73頁。

〔註178〕 謝旻：《江西通志》卷四十六《秩官一》，文淵閣四庫全書本，第514冊，第513頁。

〔註179〕 方回：《桐江續集》卷二十一《呈呂使君留卿》，文淵閣四庫全書本，第1193冊，第485頁。

蒼萬眾悉回首。」〔註180〕三人坐船賞景，飲酒狂歡，一副熱鬧歡快自在的場面。

呂師說，字肖卿，呂文德第十一子，生於南宋咸淳四年（1268），〔註181〕宋廷投降時他只有八歲，所以他的一生基本是在元朝度過的。他曾任江淮等處財賦副總管，仕至廣德路總管。〔註182〕他於元仁宗延祐年間（1314～1320）在嘉定建永壽寺。〔註183〕方回曾贈他三首詩，其中第一、三首寫道：

> 雖未登三十，知君已幾年。先師斧修月，名父柱擎天。失怙初
> 周晬，耽吟早極玄。孤身能自立，萬卷絕芸編。
>
> 知己身俱老，逢君淚欲傾。不時思令舅，無可報難兄。溢浦稀
> 魚素，陽山杳雁程。平安只消息，聊此慰羈情。〔註184〕

詩題的小注說此詩是作者在呂師說二十八歲時寫給他的。那麼時間應該是元成宗元貞元年（1295）。第一首詩誇讚呂師說能在早失所怙的情況下自立，並且愛好讀書。第三首詩表達了方回對呂氏家族的感激之情。方回另有《次韻呂肖卿講學三首》，可知呂師說寫過《講學三首》的詩，可惜沒有留傳下來。看來呂師說具有一定的文學修養。

呂師山、呂師寬、呂師順、呂師謙。據載四人都是呂師夔之弟，則他們都是呂文德之子。他們曾擔任各種官職，但治績不詳。呂師順仕至淮西道僉事。呂師謙仕至江浙財賦總管。〔註185〕他們和兄長呂師夔在地方捐資助財，興建道觀。姚燧記道：「江西行省左丞呂公師夔，及其弟福州路同知師山、行金玉局總管師寬、淮西江北僉憲師順、江浙財賦總管師謙，與諸子姪發米於庾，割田於郊，捐幣於帑，為鄉鄰先。故富室佐財，貧者輸力，如恐人後。」〔註186〕

〔註180〕 方回：《桐江續集》卷二十一《記三月十日西湖之遊呂留卿主人孟君復方萬里為客》，文淵閣四庫全書本，第 1193 冊，第 485～486 頁。

〔註181〕 方回：《桐江續集》卷二十《贈呂肖卿三首呂武忠第十一子師說戊辰生年二十八飽學失怙時一歲耳》，文淵閣四庫全書本，第 1193 冊，第 471 頁。

〔註182〕 馬蓉等點校：《永樂大典方志輯佚・江州志》，第 1663 頁。

〔註183〕 錢大昕：《潛研堂文集》卷二十九《題韓濬嘉定縣志後》，陳文和主編：《嘉定錢大昕全集》（九），江蘇古籍出版社，1997 年，第 501 頁。

〔註184〕 方回：《桐江續集》卷二十《贈呂肖卿三首》，文淵閣四庫全書本，第 1193 冊，第 471 頁。

〔註185〕 馬蓉等點校：《永樂大典方志輯佚・江州志》，第 1663 頁。

〔註186〕 姚燧：《牧庵集》卷十一《江州廬山太平興國宮改為九天採訪應元保運妙化助順真君殿碑》，第 130 頁。

另外姚燧還記載呂師山曾為江州道教太平宮捐田。〔註187〕聯繫到前述呂文煥修建常照庵，呂師說建永壽禪寺，可以看出呂氏家族比較熱心地方宗教事業。

呂元愷，呂師夔子。方回曾寫給他兩首詩。其一寫道：「一別龍門十五期，溢城日夜夢魂馳。歸裝初解臨川印，注本應多介甫詩。定復一鷗能見惠，遙知五馬未相遺。鯉魚直下西江水，兼有書來慰我思。」〔註188〕借索要李雁湖注王半山詩之機，表達了作者對呂元愷的思念之情。其二是方回送別呂元愷出任合肥縣尹時寫的，全詩是：「妙年半五十，分刺合肥城。楚俗雖尊武，淮鄉已息兵。草霜校秋獵，花雨課春耕。退食應多暇，書燈夜夜明。」〔註189〕方回希望呂元愷恪盡職守，閑暇多讀書。

呂元方，呂師夔子，〔註190〕方回給他的詩寫道：「弱冠清修更老成，詩來重慰故人情。向曾屢共阿戎語，今乃新聞侯喜聲。材大君當為杞梓，器微吾僅比瓶罌。平生吟社凋零盡，合許忘年友與盟。」〔註191〕說呂元方少年老成，有大器材，是呂家的賢子。

呂元直、呂元仁、呂元哲均是呂師夔之子，〔註192〕事蹟不詳。

呂儀之，呂師孟子，曾任承事郎、封州知州兼勸農事。

呂儼之，呂師孟子，曾任登事郎、英德路同知桂陽州事。〔註193〕他們二人事蹟不詳。

上述呂氏諸人基本生活於元朝。他們大多出仕為官，擔任路府州等各級地方官，有的還有治績。他們熱心地方公益事業，興建佛道寺觀。他們與之前的呂文煥、范文虎、呂師夔等武將不同，比較熱愛讀書，有一定的文化修養，是文人士大夫。這是在和平環境下，呂氏從武將家族轉變為了士人家族。從仕宦

〔註187〕姚燧：《牧庵集》卷九《太平宮新莊記》，第110頁。

〔註188〕方回：《桐江續集》卷二十四《寄撫州呂使君元愷索李雁湖注王半山詩》，文淵閣四庫全書本，第1193冊，第535頁。

〔註189〕方回：《桐江續集》卷四《送呂才甫之官合肥元愷》，文淵閣四庫全書本，第1193冊，第262頁。

〔註190〕蔡呈韶等：《臨桂縣志》卷九《山川八》，第134頁；汪森：《粵西叢載》卷二《龍隱岩題名》，第146頁。

〔註191〕方回：《桐江續集》卷四《次韻謝呂君元方見寄二首》，文淵閣四庫全書本，第1193冊，第259頁。

〔註192〕蔡呈韶等：《臨桂縣志》卷九《山川八》，第134頁；汪森：《粵西叢載》卷二《龍隱岩題名》，第146頁。

〔註193〕江蘇省文物管理委員會：《江蘇吳縣元墓清理簡報》，《文物》1959年第11期。

經歷看，他們在地方上還有一定的影響力。但也就是從他們開始，家族出現了衰落的跡象。方回寫給呂元愷的一首詩說：

> 陶漁起畎畝，在野賢無遺。世豈有貧士，貧民且無之。鰥寡不敢侮，俊乂斯可知。末季尚貪欲，高位多窮奇。有如元愷者，豈不寒與饑。寒饑士之常，蒼生良足悲。〔註194〕

可見呂元愷的生活十分困難，已淪落為貧士。方回死於大德九年（1305），則這首詩肯定寫於此之前。那麼至晚到十四世紀初，呂氏家族出現了經濟危機。另一條記載印證了這一點：

> 允定大圩是趙丞相信庵以水泊之所築堤，遂為良產三十餘年。而國朝兵至，趙不能有，轉鬻於呂平章。呂至三十餘年，子弟不肖，廢其業，始為吾家所有，主四十餘年，今為盜所陷。〔註195〕

「國朝兵至，趙不能有，轉鬻於呂平章」，說明此事大概發生於元軍滅亡宋朝的1276年前後。「呂至三十餘年，子弟不肖，廢其業，始為吾家所有」，表明呂氏三十餘年後出賣了此地，則時間大概在1306年後，即十四世紀初。這與前述呂元愷陷入貧窮的時間是吻合的。經濟條件是衡量一個家族興衰的重要指標。呂元愷的貧窮和呂氏的出賣田產說明呂氏家族經濟上陷入了困頓，標誌著家族開始衰落。只不過呂氏諸人還擔任著各種官職，尚能勉強維持。

呂家的下一代有呂儀之、呂儼之的兒子呂溥、呂濤。呂濤曾擔任海門縣尉，是基層地方官吏。呂溥未見為官的記載，估計只是一介布衣。

呂惟清是呂文煥的曾孫，和呂溥、呂濤是一代人。據和他有交往的鄭元祐記述，他「自幼好學，六藝、經傳、百家之書蓋無所不觀」。他「隱寓吳城而居幾十年，日從薦紳先生遊」。後來因父親在蕪湖，他就去蕪湖居住了，在那裡「歸耕以養父，讀書以明理」。他離開吳城前，詩人顧盟寫詩送別他：

> 蕪湖郭裏野田花，曾見南朝舊將家。九月荒茨飛社燕，千年喬木噪寒鴉。江山風雨殊今昔，文武衣冠起歎嗟。扶策歸耕有孫子，寧辭辛苦答春華。〔註196〕

〔註194〕方回：《桐江續集》卷九《擬詠貧士七首》，文淵閣四庫全書本，第1193冊，第328頁。

〔註195〕孔齊：《至正直記》卷四《字識》，第150頁。

〔註196〕顧瑛輯：《草堂雅集》卷十《送呂惟清歸耕蕪湖》，中華書局，2008年，第853頁。

據學者考證，這首詩寫於至正十年（1350）後。〔註197〕整首詩充滿了今不如昔、悲涼蕭索的意味。鄭元祐在呂惟清離開吳城前也寫文章送別他，其中提到呂氏家族的情況：

> 予齒日以長，於杭、吳、昇諸郡喬木故家，猶有存者，時見呂氏子孫珠玉錦繡之習，與馬聲伎之奉，留予目而在予耳者，今猶一日也。無何歷稔既久，草木之枯榮不同，浮雲之變閃迭異，迄余已老，始識惟清於中吳。惟清之大父宣慰公，平章之子也。方宋有國時，呂氏之貲業何可以算計，今皆淪落傾謝。〔註198〕

鄭元祐幼時見到過呂氏家族的興盛，晚年又看到呂氏家族的現狀，面對如此巨大的變化，不禁發出了「草木之枯榮不同，浮雲之變閃迭異」的感慨。他的話自然確鑿地表明呂氏家族在呂惟清這一代已經徹底衰落了。這篇文章和顧盟的詩都是寫於呂惟清離開吳城前，則寫作時間也是在至正十年後。那麼我們可以說，曾經煊赫一時、窮富極貴的呂氏家族在元朝末年已經「淪落傾謝」，成為為稻粱謀的一般家族了。這樣巨大的落差不禁讓人想起《桃花扇》中的《離亭宴帶歇指煞》和《紅樓夢》中《好了歌注》：

> 俺曾見金陵玉殿鶯啼曉，秦淮水榭花開早，誰知道容易冰消。眼看他起朱樓，眼看他宴賓客，眼看他樓塌了。

> 陋室空堂，當年笏滿床。衰草枯楊，曾為歌舞場。蛛絲兒結滿雕梁。綠紗今又糊在蓬窗上。……金滿箱，銀滿箱，轉眼乞丐人皆謗。正歎他人命不長，那知自己歸來喪。

拋開歷史興亡之喟和草木榮枯之感，我們不禁要問：呂氏家族為何衰落呢？孔齊認為是呂氏「子弟不肖」〔註199〕。一般來講，子孫不肖是古代家族衰敗的一個共因，如王曾瑜先生所說：「祖宗發家，子孫敗家，這是中國古代權力和財產世襲制的遺傳規律。」〔註200〕筆者認為，呂氏家族的衰落，除了子孫個人的原因外，還與當時特殊的環境有關，這是元朝的家族和其他朝代的家族走向衰落的不同之處。

〔註197〕申萬里：《宋元之際的呂文煥及其家族》，「元代多元文化與社會生活」學術研討會，2014年。
〔註198〕鄭元祐：《鄭元祐集》卷八《送呂惟清序》，第186頁。
〔註199〕孔齊：《至正直記》卷四《字識》，第150頁。
〔註200〕王曾瑜：《宋高宗》，吉林文史出版社，1996年，第1頁。

眾所周知，元朝推行四等人制。這種政策將元朝境內人分為四等，第一等是蒙古人；第二等是由回回、維吾爾、唐兀等西北諸族組成的色目人；第三等是長江以北原金朝境內的漢族、女真、契丹人及四川、雲南兩地人組成的漢人；第四等是南人，指除四川外原南宋境內的人。四等人制在元世祖時基本形成，〔註201〕到元成宗大德年間正式在法律上確定下來。〔註202〕四等人制對蒙古人、色目人予以優待，給他們以許多特權，而對漢人、南人——尤其對南人——予以壓制和歧視。這在政治、法律、軍事、科舉、社會生活等各方面都有反映。茲以政治和科舉為例。按照四等人制，中央高官基本被蒙古、色目人壟斷，少數漢人擔任過中央高官，而南人幾乎沒有人在中央任過高官。在地方上，按四等人制，「官有常職，位有常員，其長則蒙古人為之，而漢人、南人貳焉」〔註203〕。即漢人、南人只能擔任副貳，不能擔任長官。據學者研究，這些規定並非一紙空文，除極少數特殊情況外，有元一代基本上遵循了這些原則。〔註204〕四等人制對漢人尤其是南人所擔任的官職予以嚴格限制，這還不夠，又對漢族人的入仕加以限制。元代入仕一般有三條途徑。一是怯薛入仕。這是元朝高官的主要來源，只有少數漢人勳貴子弟擔任怯薛。一般漢族人很難擔任。二是科舉入仕。元朝曾一度舉行科舉。元代科舉，蒙古、色目人自為一科，漢人、南人為一科。漢人、南人的科舉考試內容難度大，競爭激烈，錄取率極低。正如葉子奇所說：「至於科目取士，止是萬分之一耳，殆不過粉飾太平之具。」〔註205〕有元一代，由科舉入仕者不過千餘人。所以漢人、南人要想走科舉道路進入仕途，十分困難。第三，由吏入官。這是元代選用漢族官員的主要途徑。吏員入仕的比例雖然占絕對優勢，但元代吏員必須經過九十到一百二十個月的吏途，方能遷轉入品。即使升為官，「其得為者不過州縣卑秩」〔註206〕。仕途坎坷，晉升很難。有些漢人、南人出於謀生等原因，由吏入官，進入仕途，在屈辱的環境下做文化上不如他們的人的低級助手，而更多的漢人、南人則與做官無緣。

〔註201〕　李治安：《忽必烈傳》，第340頁。
〔註202〕　韓玉林主編：《中國法制通史》（第六卷），法律出版社，1999年，第21頁。
〔註203〕　宋濂：《元史》卷八十五《志第三十五‧百官一》，第2120頁。
〔註204〕　箭內亙：《元代蒙漢色目待遇考》，商務印書館，1932年；蒙思明：《元代社會階級制度》，中華書局，1980年，第37～44頁。
〔註205〕　葉子奇：《草木子》卷之四下《雜俎篇》，中華書局，1959年，第82頁。
〔註206〕　葉子奇：《草木子》卷之三上《克謹篇》，第49頁。

元朝平宋後，隨著戰事的減少，局勢的穩定，呂氏逐漸從文，由武將家族轉變為文人家族。在元代推行四等人制，積極壓制和歧視漢族人特別是南人的情況下，呂氏子孫和其他南人一樣，難以入仕，以延續家族的輝煌和興盛。所以這個曾經繁盛一時的大族，不可避免的「淪落傾謝」，淪為一般家族。

結　語

　　呂氏家族是宋元之際權勢顯赫的大族。這個家族的歷史可以降元為界分
為前後兩個時期。該家族通過軍功起家,逐漸身居南宋軍政要職。在宋元戰爭
激烈進行的年代,這個家族為抵禦蒙元進攻,保衛南宋做出了重要貢獻。如呂
文福在淳祐五年十二月,參加壽春之戰立有戰功。呂文信在淳祐六年七月和蒙
軍戰於龍塭,有功。後來他在開慶元年白鹿磯之戰中壯烈殉國。呂文煥守衛襄
樊五年之久,「創建了中國古代戰爭史上的奇蹟」〔註1〕。而這個大族的開創
者呂文德更是戰功赫赫。他臨邊四十餘年,轉戰兩淮、京湖、四川三大戰場,
「大小百戰」〔註2〕,戰功累累。在兩淮戰場,他參加了宋蒙戰爭前期這一戰
區四大戰役(黃州之戰、安豐之戰、廬州之戰、壽春之戰)中的兩次(安豐之
戰、壽春之戰),而且都是宋軍的指揮官,為保證南宋取得勝利起了關鍵作
用。在蒙哥汗攻宋的戰爭中,他措置西南邊防,防備蒙軍從大理滲透至京湖。
之後,他西援釣魚城,東援鄂州,轉戰川、湖,功推第一。在生命的最後十
年,他鎮撫荊襄,平定劉整叛亂,收復瀘州。他的赫赫戰功有目共睹,贏得
了南宋君臣的好評。宋理宗說他是自己的一名「虎臣」〔註3〕,功勞不在中
興功臣下;〔註4〕名臣李曾伯稱讚他「聲名在於敵國,勳績著於三邊」〔註5〕;

〔註1〕屈超立:《論呂文德及呂氏軍事集團》,胡昭曦、鄒重華主編:《宋蒙(元)關
　　　　係研究》,四川大學出版社,1989年。
〔註2〕劉克莊:《劉克莊集箋校》卷五十六《賜太尉保康軍節度使呂文德辭免除開府
　　　　儀同三司職任依舊恩命不允詔》,第2743頁。
〔註3〕不著撰人:《宋史全文》卷三十六《宋理宗六》,第2888頁。
〔註4〕不著撰人:《宋史全文》卷三十六《宋理宗六》,第2919頁。
〔註5〕李曾伯:《可齋雜稿·續稿》後卷三《奏為徐提刑申呂馬帥事》,文淵閣四庫全
　　　　書本,第1179冊,第620頁。

甚至降元的劉整說：「南人惟恃一黑灰團（指呂文德）。」〔註6〕由於立下了卓越功勳，呂文德被宋廷授予兩鎮節度使。在南宋後期眾多將領中，唯有呂文德一人獲此殊榮。這也使他成為與南宋前期抗金的韓世忠、岳飛、吳璘等並列的名將。

呂氏家族抗擊蒙軍的活動，具有重要意義。不僅保衛了南宋政權，而且客觀上保護了南方地區發達的經濟、文化。至南宋初年，我國的經濟、文化重心已全面轉移至以江南為代表的南方地區。呂氏家族多次打退蒙元進攻，使南方的經濟、文化避免或減少了蒙元軍隊的摧殘。蒙元對佔領地區的破壞是極為嚴重的。例如，端平三年，蒙軍侵入四川內地，致使四川「五十四州俱陷破，獨夔州一路，及瀘、果、合數州僅存。」〔註7〕。時人描述四川被蒙軍蹂躪後的情況：「昔之通都大邑，今為瓦礫之場；昔之沃壤奧區，今為膏血之野。青煙彌路，白骨成丘，哀恫貫心，瘡痍滿目。譬如人之一身，命脈垂絕，形神俱離，僅存一縷之氣息而已。」〔註8〕可見蒙元對佔領地區破壞之嚴重。呂氏家族抗擊蒙元的活動，客觀上保護了南方地區的經濟、文化，對於生產力的持續發展具有重要意義。

呂氏家族能從平民家族發展成為顯赫大族，除建立軍功外，還與他們和一些文人特別是權相賈似道關係較好有關。呂氏家族多次幫助賈似道，而賈似道也投桃報李，積極支持呂氏家族。在賈似道的支持下，呂氏家族繁盛一時，成為宋末首屈一指的武將家族。

如前所述，呂氏家族對蒙作戰，保衛了南宋，延長了宋朝國祚，但與此同時，他們也推動著南宋走向盡頭。這個家族在獲得一定地位後，剋扣軍餉、貪污腐敗、侵吞國家財產，加劇了南宋的財政危機；以范文虎為代表的一些人沒有出色的軍事才能，又不顧大局、畏敵怯戰、貪生怕死、連吃敗仗，使南宋喪失大量軍隊和地盤；呂師夔、范文虎、呂文福等為保住性命，貪圖富貴，背棄國家，不戰而降；呂文德和賈似道、俞興等逼死有功之將曹世雄，激起劉整之叛，給南宋國防帶來巨大損失。

可以說南宋時期的呂氏家族既是南宋的保衛者，又是南宋的掘墓人，對國家起著雙重作用。

〔註6〕佚名著、王瑞來箋證：《宋季三朝政要箋證》卷三，第303頁。
〔註7〕佚名著、王瑞來箋證：《宋季三朝政要箋證》卷一，第94頁。
〔註8〕吳昌裔：《論救蜀四事疏》，黃淮、楊士奇編：《歷代名臣奏議》卷一百，第1364頁。

　　1273 年二月，呂文煥降元。之後，呂氏家族成員紛紛投降元朝。降元後
的呂氏家族的主要活動是幫助元朝滅亡南宋。他們利用自己曾長期在南宋任
職的優勢，招降南宋守將，使許多地方不戰而降；他們熟悉南宋情況，積極為
元朝攻宋獻計獻策，使元軍少走了許多彎路；他們維護佔領區秩序，解除了元
軍的後顧之憂；他們甚至親自帶兵與南宋殘餘勢力作戰，殘酷鎮壓南宋軍民的
抵抗，充當元朝滅宋的急先鋒。這些事實表明，他們已經完全為了個人和家族
的利益拋棄了故國。如果說，呂氏家族投降前對南宋起著雙重作用的話，則他
們投降後積極為元朝攻宋服務，則直接加速了南宋滅亡的進程。南宋迅速敗
亡，呂氏家族是負有很大責任的。對呂氏家族投降和助元滅宋的行徑，時人和
後人歷來是持批判態度的。文天祥認為，呂氏家族「合族為逆，萬世之賊臣」
〔註 9〕。何喬新說：「彼其父子兄弟，受國厚恩，或擁麾節，或典方州，不知感
恩圖報，視去故國若棄敝屣。」〔註 10〕

　　平宋後，降元的呂氏諸人依然受到重用，擔任地方高官，參與了一些活動，
特別是范文虎還參加了元朝第二次侵日戰爭，並在其中扮演了重要角色。但畢
竟這些人是以降將的身份處在新朝，既不可能被最高統治者信任，又因投降而
為人們所不恥，而他們中如呂文煥等也為自己的失節感到愧疚。所以，這一時
期的呂氏家族已不可能在新朝發揮重大作用，更不可能重現昔日的權勢和輝
煌。元成宗大德年間，隨著由宋入元的主要成員的離世，這個家族不可避免地
開始走向衰落。到元後期，由於子孫個人的原因和元朝壓制南人的政策，這個
家族已「淪落傾謝」，成為普通家族了。一個曾經掀起驚濤巨浪的顯赫大族悄
無聲息地消失於歷史長河中。

〔註 9〕 文天祥：《文天祥全集》卷十三《指南錄》，第 316 頁。
〔註 10〕 何喬新：《椒邱文集》卷七《謝枋得自以與呂師夔善上書以一族保師夔可信乞
　　　　以師夔為鎮撫使之行成且乞身至江州見文煥與議朝廷以枋得為沿江察訪使》，
　　　　文淵閣四庫全書本，第 1249 冊，第 116 頁。

參考文獻

（以作者姓氏首字母為序）

一、古籍

1. （元）白樸：《天籟集》，文淵閣四庫全書本，臺北：臺灣商務印書館 1986 年版。〔註 1〕

2. （清）畢沅：《續資治通鑒》，北京：中華書局 1957 年點校本。

3. （元）孛蘭肹：《元一統志》，北京：中華書局 1966 年點校本。

4. （元）不著撰人：《宋史全文》，北京：中華書局 2016 年點校本。

5. （宋）不著撰人：《咸淳遺事》，守山閣叢書本。

6. （清）蔡呈韶等：《臨桂縣志》，臺北：成文出版社 1967 年影印本。

7. （明）陳邦瞻：《宋史紀事本末》，北京：中華書局 1977 年點校本。

8. 陳高華等點校：《元典章》，天津：天津古籍出版社，北京：中華書局 2011 年點校本。

9. （宋）陳規、湯璹：《守城錄》，叢書集成初編本，上海：商務印書館 1939 年版。

10. （元）陳桱：《通鑒續編》，文淵閣四庫全書本。

11. （宋）陳亮：《陳亮集（增訂本）》，北京：中華書局 1987 年點校本。

12. （元）程文海：《雪樓集》，文淵閣四庫全書本。

13. （宋）程顥、程頤：《二程遺書》，上海：上海古籍出版社 2000 年點校本。

14. （明）程敏政輯：《新安文獻志》，文淵閣四庫全書本。

15. （宋）杜範：《清獻集》，文淵閣四庫全書本。

〔註 1〕以下所有四庫全書，均是該版本，不再一一注明。

16.（元）方回：《桐江集》，南京：江蘇古籍出版社 1988 年影印本。

17.（元）方回：《桐江續集》，文淵閣四庫全書本。

18.（元）顧瑛輯：《草堂雅集》，北京：中華書局 2008 年點校本。

19.（清）顧祖禹：《讀史方輿紀要》，北京：中華書局 2005 點校本。

20.（明）何喬新：《椒邱文集》，文淵閣四庫全書本。

21.（清）郝玉麟：《廣東通志》，文淵閣四庫全書本。

22. 湖北省大冶市地方志編纂委員會：《（同治）大冶縣志》（詮譯本）。

23.（元）胡祇遹：《紫山大全集》，文淵閣四庫全書本。

24.（宋）胡銓：《澹庵文集》，文淵閣四庫全書本。

25.（明）黃淮、楊士奇編：《歷代名臣奏議》，上海：上海古籍出版社 1989 年影印本。

26.（元）黃溍：《黃溍文集》，胡氏夢選廔本。

27.（宋）黃震：《古今紀要逸編》，四明叢書本。

28.（明）黃佐：《廣州人物傳》，廣州：廣東高等教育出版社 1991 年點校本。

29.（清）嵇曾筠：《浙江通志》，文淵閣四庫全書本。

30.（民國）柯劭忞：《新元史》，上海：開明書店 1935 年版。

31.（明）柯維騏：《宋史新編》，臺北：文海出版社 1974 年版。

32.（元）孔齊：《至正直記》，上海：上海古籍出版社 1987 年點校本。

33.（波斯）拉施特主編，余大鈞、周建奇譯：《史集》，北京：商務印書館 1985 年版。

34.（元）李祁：《雲陽集》，文淵閣四庫全書本。

35.（清）李清馥：《閩中理學淵源考》，文淵閣四庫全書本。

36.（宋）李燾：《續資治通鑑長編》，北京：中華書局 1979 點校本。

37.（宋）李心傳：《建炎以來朝野雜記》，北京：中華書局 2000 點校本。

38.（宋）李曾伯：《可齋雜稿》，文淵閣四庫全書本。

39.（宋）劉克莊：《劉克莊集箋校》，北京：中華書局 2011 年點校本。

40.（元）劉敏中：《中庵集》，文淵閣四庫全書本。

41.（元）劉敏中：《平宋錄》，叢書集成初編本，上海：商務印書館 1939 年版。

42.（元）劉塤：《水雲村稿》，文淵閣四庫全書本。

43.（元）劉塤：《隱居通義》，叢書集成初編本，上海：商務印書館 1937 年版。

44. （元）劉一清：《錢塘遺事》，上海：上海古籍出版社 1985 年影印本。

45. （元）劉岳申：《申齋集》，文淵閣四庫全書本。

46. （元）陸友仁：《研北雜志》，文淵閣四庫全書本。

47. （宋）羅大經：《鶴林玉露》，北京：中華書局 1983 點校本。

48. 馬蓉等點校：《永樂大典方志輯佚》，北京：中華書局 2004 年點校本。

49. 駢宇騫等譯注：《孫子兵法 孫臏兵法》，北京：中華書局 2006 年版。

50. （清）錢大昕：《潛研堂文集》，南京：江蘇古籍出版社 1997 年點校本。

51. （清）清高宗：《御製樂善堂全集定本》，文淵閣四庫全書本。

52. （清）邵遠平：《元史類編》，臺北：文海出版社 1984 年影印本。

53. （宋）司馬光：《資治通鑒》，北京：中華書局 1956 年點校本。

54. （明）宋濂：《宋學士文集》，四部叢刊初編本。

55. （明）宋濂：《元史》，北京：中華書局 1976 年點校本。

56. （元）蘇天爵編：《元文類》，長春：吉林人民出版社 1998 年點校本。

57. （元）蘇天爵輯撰：《元朝名臣事略》，北京：中華書局 1996 年點校本。

58. 唐圭璋編：《全宋詞》（第五冊），北京：中華書局 1965 年版。

59. （元）陶宗儀：《南村輟耕錄》，瀋陽：遼寧教育出版社 1998 年點校本。

60. （元）陶宗儀纂：《說郛》，文淵閣四庫全書本。

61. （明）田汝成：《西湖遊覽志餘》，杭州：浙江人民出版社 1980 年點校本。

62. （民國）屠寄：《蒙兀兒史記》，上海：上海古籍出版社、上海：上海書店 1989 年版。

63. （元）脫脫：《宋史》，北京：中華書局 1977 年點校本。

64. （元）王逢：《梧溪集》，叢書集成初編本，上海：商務印書館 1935 年版。

65. （清）汪森：《粵西叢載》，揚州：江蘇廣陵古籍刻印社 1983 年影印本。

66. （宋）王應麟：《玉海》，南京：江蘇古籍出版社、上海：上海書店 1987 年版。

67. （宋）汪元量：《增訂湖山類稿》，北京：中華書局 1984 年點校本。

68. （元）王惲：《秋澗集》，四部叢刊初編本。

69. （明）王瓚、蔡芳編纂：《弘治溫州府志》，溫州文獻叢書，上海：上海社會科學院出版社 2006 點校本。

70. （元）魏初：《青崖集》，文淵閣四庫全書本。

71. （宋）魏了翁：《鶴山先生大全文集》，四部叢刊初編本。

72.（清）魏源：《元史新編》，長沙：嶽麓書社 2005 年點校本。

73.（宋）文天祥：《文天祥全集》，北京：中國書店 1985 年影印本。

74.（宋）無名氏：《昭忠錄》，守山閣叢書本。

75.（明）吳萊：《淵穎吳先生文集》，四部叢刊初編本。

76.（宋）吳潛：《許國公奏議》，叢書集成初編本，上海：商務印書館 1939 年版。

77.（清）謝旻：《江西通志》，文淵閣四庫全書本。

78.（清）謝啟昆輯：《粵西金石略》，臺北：新文豐出版公司 1982 年第二版。

79.（宋）徐夢莘：《三朝北盟會編》，上海：上海古籍出版社 1987 年版。

80.（清）徐松輯：《宋會要輯稿》，上海：上海古籍出版社 2014 年點校本。

81.（宋）許應龍：《東澗集》，文淵閣四庫全書本。

82.（宋）徐自明撰、王瑞來校補：《宋宰輔編年錄校補》，北京：中華書局 1986 年點校本。

83. 楊伯峻譯注：《論語譯注》，北京：中華書局 1980 第二版。

84.（元）楊瑀：《山居新話》，知不足齋叢書本。

85.（元）姚燧：《牧庵集》，叢書集成初編本，北京：商務印書館 1936 年版。

86.（明）葉子奇：《草木子》，北京：中華書局 1959 年版。

87.（宋）佚名：《續編兩朝綱目備要》，北京：中華書局 1995 年點校本。

88.（元）佚名著、王瑞來箋證：《宋季三朝政要箋證》，北京：中華書局 2010 年點校本。

89.（民國）喻長霖等纂修：《台州府志》，臺北：成文出版社 1970 年影印本。

90.（元）虞集：《道園學古錄》，四部叢刊初編本。

91.（宋）岳珂編、王曾瑜校注：《鄂國金佗稡編續編校注》，北京：中華書局 1989 點校本。

92.（元）袁桷：《清容居士集》，四部叢刊初編本。

93.（清）曾廉：《元書》，宣統三年屇游堂刻本。

94.（清）張廷玉：《明史》，北京：中華書局 1974 年點校本。

95.（元）張鉉：《至正金陵新志》，宋元方志叢刊本，北京：中華書局 1990 年版。

96.（清）趙宏恩：《江南通志》，文淵閣四庫全書本。

97.（宋）鄭思肖：《鄭思肖集》，上海：上海古籍出版社 1991 年點校本。

98. （元）鄭元祐：《鄭元祐集》，杭州：浙江大學出版社 2010 年點校本。

99. （明）鄭真：《滎陽外史集》，文淵閣四庫全書本。

100.（元）朱德潤：《存復齋文集》，叢書集成續編本，上海：上海書店 1995 年版。

101.（宋）周密：《癸辛雜識》，北京：中華書局 1988 年點校本。

102.（宋）周密：《齊東野語》，北京：中華書局 1983 年點校本。

103. 曾棗莊、劉琳主編：《全宋文》，上海：上海辭書出版社，合肥：安徽教育出版社 2006 年版。

104.（宋）周應合：《景定建康志》，北京：中華書局 1990 年版。

二、今人論著

（一）著作

1. 昌彼得、王德毅、程元敏、侯俊德編：《宋人傳記資料索引》（第二冊），臺北：鼎文書局 1986 年增訂二版。

2. 陳福康：《井中奇書考》，上海：上海文藝出版社 2001 年版。

3. 陳高華、史衛民：《中國經濟通史‧元代經濟史》，北京：經濟日報出版社 2000 年版。

4. 陳健安：《軍事地理學》，北京：解放軍出版社 1988 年版。

5. 陳世松：《蒙古定蜀史稿》，成都：四川省社會科學院出版社 1985 年版。

6. 陳世松、匡裕徹、朱清澤、李鵬貴：《宋元戰爭史》，成都：四川省社會科學院出版 1988 年版。

7. 陳世松、喻亨仁、趙永康編著：《宋元之際的瀘州》，重慶：重慶出版社 1985 年版。

8. 陳西進：《蒙元王朝征戰錄》，北京：崑崙出版社 2007 年版。

9. （美）戴仁柱著、劉曉譯：《十三世紀中國政治與文化危機》，北京：中國廣播電視出版社 2003 年版。

10. 鄧廣銘、程應鏐主編：《中國歷史大辭典‧宋代卷》，上海：上海辭書出版社 1984 年版。

11. （德）傅海波、（英）崔瑞德編，史衛民等譯：《劍橋中國遼西夏金元史》，北京：中國社會科學出版社 1998 年版。

12. 顧宏義：《天平——十三世紀宋蒙（元）和戰實錄》，上海：上海書店出版社 2007 年版。

13. 國家文物局編：《中國文物精華大辭典（書畫卷）》，上海：上海辭書出版社 1996 年版。

14. 韓儒林主編：《元朝史》，北京：人民出版社 1986 年版。

15. 韓玉林主編：《中國法制通史》（第六卷），北京：法律出版社 1999 年版。

16. 郝家林：《忽必烈的帝國》，北京：北京圖書館出版社 2000 年版。

17. 何玉紅：《南宋川陝邊防行政運行體制研究》，上海：上海古籍出版社 2012 年版。

18. 何忠禮：《南宋全史（政治、軍事和民族關係卷）》，上海：上海古籍出版社 2011 年版。

19. 何忠禮：《南宋政治史》，北京：人民出版社 2008 年版。

20. 何忠禮：《宋代政治史》，杭州：浙江大學出版社 2007 年版。

21. 何忠禮、徐吉軍：《南宋史稿》，杭州：杭州大學出版社 1999 年版。

22. 胡泊主編：《蒙古族古代軍事史》，瀋陽：遼寧民族出版社 2004 年版。

23. 胡昭曦主編：《宋蒙（元）關係史》，成都：四川大學出版社 1992 年版。

24. 胡昭曦、蔡東洲：《宋理宗 宋度宗》，長春：吉林文史出版社 1996 年版。

25. 胡昭曦、鄒重華主編：《宋蒙（元）關係研究》，成都：四川大學出版社 1989 年版。

26. 黃寬重：《宋代的家族與社會》，臺北：東大圖書公司 2006 年版。

27. （日）箭內亙：《元代蒙漢色目待遇考》，上海：商務印書館 1932 年版。

28. 劉迎勝：《二十五史新編・元史》，上海：上海古籍出版社 1997 年版。

29. 李洪程：《步兵戰術學》，北京：軍事科學出版社 2000 年版。

30. 李耐國：《軍事情報研究》，北京：軍事科學出版社 2001 年版。

31. 李天鳴：《宋元戰史》，臺北：食貨出版社 1988 年版。

32. 李則芬：《元史新講（第二冊）》，臺北：黎明文化事業公司 1978 年版。

33. 李振宏：《歷史學的理論與方法》，開封：河南大學出版社 1999 年第二版。

34. 李治安：《忽必烈傳》，北京：人民出版社 2004 年版。

35. 黎澍主編：《馬克思恩格斯列寧斯大林論歷史人物評價問題》，北京：人民出版社 1981 年版。

36. 羅旺扎布、德山、胡泊等:《蒙古族古代戰爭史》,北京:民族出版社 1992 年版。

37. 羅瑩:《宋代東萊呂氏家族研究》,北京:人民出版社 2011 年版。

38. 蒙思明:《元代社會階級制度》,北京:中華書局 1980 年版。

39. 邱樹森:《元朝史話》,北京:中國國際廣播出版社 2007 年版。

40. 史衛民:《大一統:元至元十三年紀事》,北京:生活‧讀書‧新知三聯書店 1994 年版。

41. 史衛民:《中國軍事通史》第 14 卷《元代軍事史》,北京:軍事科學出版社 1998 年版。

42. 粟品孝等:《南宋軍事史》,上海:上海古籍出版社 2008 年版。

43. 臺灣三軍大學編著:《中國歷代戰爭史》第 13 冊,北京:軍事譯文出版社 1983 年版。

44. 王曾瑜:《宋朝軍制初探(增訂本)》,北京:中華書局 2011 年版。

45. 王曾瑜:《宋高宗》,長春:吉林文史出版社 1996 年版。

46. 王兆春:《中國古代兵器》,北京:商務印書館 1996 年版。

47. 王智勇:《南宋吳氏家族的興亡——宋代武將家族個案研究》,成都:巴蜀書社 1995 年版。

48. 溫海清:《元史》,上海:上海人民出版社 2015 年版。

49. 吳秀永、牛頌、何平:《中國元代軍事史》,北京:人民出版社 1994 年版。

50. (法)謝和耐著、劉東譯:《蒙元入侵前夜的中國日常生活》,南京:江蘇人民出版社 1995 年版。

51. 熊武一主編:《古代兵法鑒賞辭典》,北京:軍事譯文出版社 1991 年版。

52. 閻盛國:《秦漢招降戰略戰術研究》,北京:人民出版社 2010 年版。

53. 楊建新、馬曼麗:《成吉思汗忽必烈評傳》,南京:南京大學出版社 2002 年版。

54. 姚紅:《宋代東萊呂氏家族及其文獻考論》,北京:中國社會科學出版社 2010 年版。

55. (日)依田憙家著,卞立強、李天工、雷慧英譯:《簡明日本通史》,上海:上海遠東出版社 2004 年版。

56. 游彪:《廟堂之上與江湖之間:宋代研究若干論題的考察》,北京:北京師範大學出版社 2011 年版。

57. 俞兆鵬、俞暉：《文天祥研究》，北京：人民出版社 2008 年版。

58. （美）約翰·柯林斯著，中國人民解放軍軍事科學院譯：《大戰略》，北京：戰士出版社 1978 年版。

59. 張金嶺：《宋理宗研究》，北京：人民出版社 2008 年版。

60. 張金嶺：《晚宋時期財政危機研究》，成都：四川大學出版社 2001 年版。

61. 張聲振、郭洪茂：《中日關係史》（第一卷），北京：社會科學文獻出版社 2006 年版。

62. 張文儒、陳葆華：《軍事辯證法》，北京：北京大學出版社 1988 年版。

63. 張希清等：《宋朝典章制度》，長春：吉林文史出版社 2001 年版。

64. 張曉生：《兵家必爭之地》，北京：解放軍出版社 1987 年版。

65. 曾慶瑛、劉耕荒：《南宋末三帝》，長春：吉林文史出版社 1997 年版。

66. 政協湖北省黃石市石灰窯區委員會文史資料委員會：《西塞山古文化》，1997 年版。

67. 中國社會科學院語言研究所詞典編輯室編：《現代漢語詞典》，北京：商務印書館 2012 年版。

68. 周崇雲主編：《安徽考古》，合肥：安徽文藝出版社 2011 年版。

69. 朱瑞熙、張邦煒、劉復生、蔡崇榜、王曾瑜：《遼宋西夏金社會生活史》，北京：中國社會科學出版社 1998 年版。

70. 總政治部聯絡部：《中國古代心理戰思想及其運用》，北京：軍事科學出版社 1996 年版。

（二）論文

1. 艾萌：《宋元時期生券軍與熟券軍考》,《河南科技大學學報（社會科學版）》2013 年第 1 期。

2. 白冠西：《安慶市棋盤山發現的元墓介紹》,《文物參考資料》1957 年第 5 期。

3. 白立超：《蒙宋襄樊之戰》,《文史天地》2021 年第 10 期。

4. 陳峰：《論宋朝武將培養選拔體制的缺陷及影響》,《西北大學學報（哲學社會科學版）》2004 年第 5 期。

5. 陳有和：《忽必烈侵日的原因及其歷史影響》,《元史及北方民族史研究集刊》第 9 輯，1985 年。

6. 鄧京:《南宋國防中的荊襄地區》,中國社會科學院研究生院碩士學位論文,2017 年。

7. 丁國范:《〈靜齋至正直記〉三議》,《元史及北方民族史研究集刊》第 11 輯,1987 年。

8. 董濤:《宋元之際水軍將領范文虎的事蹟與相關問題探析》,四川師範大學碩士學位論文,2008 年。

9. 都劉平:《白樸行跡考》,《唐都學刊》2017 年第 5 期。

10. 杜雁華:《1267～1273 年元朝經略襄陽研究》,內蒙古大學碩士學位論文,2017 年。

11. 段玉明:《論夏貴》,劉道平主編:《釣魚城與南宋後期歷史——中國釣魚城暨南宋後期歷史國際學術討論會文集》,重慶:重慶出版社 1991 年版。

12. 高小岩、全美英:《九州海底的馬鞭——從民族學角度對忽必烈征日戰爭失利的探析》,《江淮論壇》2011 年第 6 期。

13. 顧誠:《〈靜齋至正直記〉的作者為孔克齊》,《元史論叢》,北京:中國社會科學出版社 1997 年版。

14. 管維良:《黃石錢窖與南宋貨幣經濟》,《江漢考古》1991 年第 2 期。

15. 貴州省博物館:《遵義高坪「播州土司」楊文等四座墓葬發掘記》,《文物》1974 年第 1 期。

16. 方駿:《元初亞洲征伐戰爭的對外影響》,《元史及民族史研究集刊》第 14 輯,海口:南方出版社 2001 年版。

17. Cheng-Hua Fang(方震華):"Military Families and the Southern Song Court-The Lü Case", Journal of Sung-Yuan Studies, 33(2003).

18. 方震華:《賈似道與襄樊之戰》,宋史座談會主編:《宋史研究集》第 34 輯,臺北:蘭臺出版社 2004 年版。

19. 方震華:《近四十年南宋末政治史中文論著研究》,《臺灣師範大學歷史學報》第 20 期,1992 年。

20. 方震華:《晚宋邊防研究》,臺灣師範大學碩士學位論文,1992 年。

21. 方震華:《晚宋政爭對邊防的影響》,《大陸雜誌》88 卷 5 期,1994 年。

22. 付鵬、王茂華:《仕元的宋呂氏集團考析》,(韓)《中國史研究》,第 88 輯,2014 年。

23. 龔長根：《西塞山南宋錢幣窖藏》，《湖北錢幣專刊（總第 17 期）》2018 年。

24. 龔長根、周建華、彭友送：《湖北省黃石市西塞山歷代出土錢幣窖藏概述》，《湖北錢幣專刊（總第 17 期）》2018 年。

25. 郭偉：《宋蒙（元）釣魚城之戰與襄樊之戰比較研究》，《重慶科技學院學報（社會科學版）》2010 年第 9 期。

26. 何忠禮、鄭瑾：《賈似道與鄂州之戰》，《中華文史論叢》第 79 輯，上海：上海古籍出版社 2005 年版。

27. 洪學東：《名開榷場，實修堡壘——宋元襄樊戰役元軍築堡年代考》，《元史及民族與邊疆研究集刊》第 31 輯，上海：上海古籍出版社 2016 年版。

28. 湖北省博物館：《黃石市發現的宋代窖藏銅錢》，《考古》1973 年第 4 期。

29. 胡昭曦：《反映南宋末年四川軍民抗元鬥爭的幾件歷史文物》，《四川大學學報》1981 年第 4 期。

30. 黃飛：《元朝忽必烈對日本的戰爭》，《河北理工大學學報（社會科學版）》2010 年第 5 期。

31. 黃寬重：《宋元襄樊之戰》，《南宋史研究集》，臺北：新文豐出版公司 1985 年版。

32. 黃寬重：《唐宋基層武力與基層社會的轉變——以弓手為中心的觀察》，《歷史研究》2004 年第 1 期。

33. 黃寬重：《中國歷史上武人地位的轉變：以宋代為例》，《南宋軍政與文獻探索》，台北：新文豐出版公司 1990 年版。

34. 江蘇省文物管理委員會：《江蘇吳縣元墓清理簡報》，《文物》1959 年第 11 期。

35. 金鑫：《元代虎鈕玉押》，《收藏》2011 年第 3 期。

36. 金子：《日本海的「神風」——元朝東征日本始末》，《艦載武器》2006 年第 11 期。

37. 匡裕徹：《淺析宋元襄樊戰役勝敗的原因》，《歷史教學》1984 年第 4 期。

38. 雷學華：《試論中國封建社會的忠君思想》，《華中師範大學學報（哲學社會科學版）》1997 年第 6 期。

39. 李超：《元代文學家龍仁夫考》，《井岡山大學學報（社會科學版）》2010 年第 4 期。

40. 李天鳴：《宋元戰爭中元軍的水陸協同三面夾擊水戰戰法》，《國際宋史研討會論文集》，臺北：中國文化大學史學研究所 1988 年版。

41. 李迺揚：《十三世紀末蒙元征日事件考議》，《松遼學刊（社會科學版）》1985 年第 3 期。

42. 劉冬青、賈修蓮：《宋蒙（元）戰爭中的蒙方招降政策》，姜錫東、李華瑞主編：《宋史研究論叢》第 8 輯，保定：河北大學出版社 2007 年版。

43. 劉觀林、張實行：《淺談宋元襄樊戰役之始末》，《學理論》2015 年第 29 期。

44. 劉曉：《宋元對峙時期的大都督》，《隋唐遼宋金元史論叢》（第 6 輯），上海：上海古籍出版社 2016 年版。

45. 劉遠芳：《揭開西塞山出土錢幣去向之謎》，《湖北錢幣專刊（總第 17 期）》2018 年。

46. 劉遠芳：《最終化為銅液的西塞山窖藏古幣》，《檔案記憶》2017 年第 5 期。

47. 盧偉山：《襄陽之戰——蒙宋最關鍵之役》，《國家人文歷史》2013 年第 4 期。

48. 羅美潔、黃權生：《宋末川江涪陵藺市浮橋爭奪戰研究》，《長江師範學院學報》2017 年第 2 期。

49. 馬繼業：《宋代城池防禦探究》，山東師範大學碩士學位論文，2005 年。

50. 馬駿騏：《試論元帝國對日本的征伐》，《貴州文史叢刊》2000 第 5 期。

51. 毛瑞明：《忽必烈的伐日及其失敗》，《贛南師範學院學報》1996 年第 1 期。

52. 潘猛補：《元代惡僧祖傑殺人滅門——誰是讓他伏法的功臣？》，《溫州日報》2016 年 6 月 22 日，第 11 版。

53. 裴一璞：《宋蒙涪州藺市之戰》，《長江文明》2011 年第 1 期。

54. 喬東山：《南宋吳氏家族和呂氏家族比較研究》，（韓）《歷史文化研究》第 54 輯，2015 年。

55. 喬東山：《論元朝攻宋戰爭中的招降戰術——以襄陽之戰為例》，姜錫東主編：《宋史研究論叢》第 23 輯，北京：科學出版社 2018 年版。

56. 喬東山：《呂文德若干問題研究》，姜錫東主編：《宋史研究論叢》第 16 輯，保定：河北大學出版社 2015 年版。

57. 喬東山：《「呂氏安則趙氏危」——呂氏家族與南宋滅亡》，姜錫東主編：《宋史研究論叢》第 30 輯，北京：科學出版社 2022 年版。

58. 喬東山：《晚宋呂氏家族初探》，常建華主編：《中國社會歷史評論》第 16 卷（下），天津：天津古籍出版社 2015 年版。

59. 沈沉：《祖傑戲文與對金牌傳奇——南戲回聲錄之一》，《溫州師範學院學報（哲學社會科學版）》2000 年第 5 期。

60. 申萬里：《宋元之際的呂師孟及其家族初探》，《南開學報（哲學社會科學版）》2016 年第 2 期。

61. 申萬里：《宋元之際的呂文煥及其家族》，「元代多元文化與社會生活」學術研討會，2014 年。

62. 石堅軍：《蒙古「斡腹之謀」與南宋西南邊防》，四川大學博士學位論文，2008 年。

63.（日）寺地遵：《賈似道的對蒙防衛構想》，《國際社會科學雜誌（中文版）》2009 年第 3 期。

64. 黃健：《南宋末年京湖戰區的戰役與戰略——以開慶之役及鄂州議和為例》，華中科技大學碩士學位論文，2015 年。

65. 宋傑：《蒙元滅宋之役中的襄陽》，《國學學刊》2012 年第 1 期。

66. 王曾瑜：《岳飛的正己和治軍》，《岳飛和南宋前期政治與軍事研究》，開封：河南大學出版社 2002 年版。

67. 王金林：《元朝忽必烈兩次東征日本及其失敗原因》，《東北亞學刊》2012 年第 5 期。

68. 王茂華：《南宋晚期武將的境遇——圍繞呂文德及呂家軍的分析》，（韓）《人文學研究》2007 年第 12 期。

69. 王茂華：《南宋降將與宋蒙（元）戰爭進程》，《赤峰學院學報（漢文哲學社會科學版）》2007 年第 1 期。

70. 王茂華：《試論宋蒙（元）戰爭中的南宋降將》，上海師範大學碩士學位論文，2004 年。

71. 王茂華：《宋蒙（元）戰爭中的南宋降將考》，姜錫東、李華瑞主編：《宋史研究論叢》第 6 輯，保定：河北大學出版社 2005 年版。

72. 王茂華、劉冬青：《虞集〈劉垓神道碑〉考析》，《河北大學學報（哲學社會科學版）》2007 年第 6 期。

73. 王善軍：《宋代世家大族的起家和主要類型》，葛志毅主編：《中國古代社會與思想文化研究論集》第 3 輯，哈爾濱：黑龍江人民出版社 2008 年版。

74. 魏采蘋：《呂師孟墓金銀器考察》，《東南文化》1994 年第 3 期。

75. 吳承明：《中國經濟史研究的方法論問題》，《中國經濟史研究》1992 年第 1 期。

76. 吳彥勤：《十三世紀中葉蒙元與南宋在襄樊的軍事鬥爭研究》，雲南師範大學碩士學位論文，2000 年。

77. 向珊：《方回撰〈呂師孟墓誌銘〉考釋》，《中國國家博物館館刊》2015 年第 6 期。

78. 蕭啟慶：《蒙元水軍之興起與蒙宋戰爭》，劉道平主編：《釣魚城與南宋後期歷史——中國釣魚城暨南宋後期歷史國際學術討論會文集》，重慶：重慶出版社 1991 年版。

79. 蕭啟慶：《宋元戰史研究的新豐收——評介海峽兩岸的三部新著》，（日）《中國史學》1991 年第 1 卷。

80. 熊燕軍：《戰略錯位與宋蒙（元）襄樊之戰——從南宋援襄諸軍的構成談起》，姜錫東主編：《宋史研究論叢》第 14 輯，保定：河北大學出版社 2013 年版。

81. 徐勁松、胡莎可、謝四海：《試論黃石西塞山宋代錢窖的性質》，《江漢考古》2004 年第 4 期。

82. 徐黎麗：《元朝對日本的東征及其失敗》，《西北民族學院學報（哲學社會科學版）》1999 年第 1 期。

83. 徐凌云：《白樸交遊考述》，《古籍研究》1995 年第 4 期。

84. 楊倩描：《端平「三京之役」新探——兼為「端平入洛」正名》，姜錫東、李華瑞主編：《宋史研究論叢》第 8 輯，保定：河北大學出版社 2007 年版。

85. 揚之水：《讀物小札：呂師孟夫婦墓出土金銀器細讀》，《南方文物》2014 年第 2 期。

86. 葉新民：《伯顏與平宋戰爭》，中國蒙古史學會編：《中國蒙古史學會論文選集》，呼和浩特：內蒙古人民出版社 1980 年版。

87. （日）衣川強：《劉整的叛亂》，劉俊文主編：《日本中青年學者論中國史（宋元明清卷）》，上海：上海古籍出版社 1995 年版。

88. 尤德豔：《〈靜齋至正直記〉及作者考述》，《中國典籍與文化》2003 年第 3 期。

89. 由迅：《南宋荊襄戰區軍事地理初探》，華中師範大學碩士學位論文，2011年。

90. 余蔚：《論南宋宣撫使和制置使制度》，《中華文史論叢》2007第1期。

91. 虞雲國：《論宋代第二次削兵權》，《上海師範大學學報（哲學社會科學版）》1986年第3期。

92. 趙炎：《襄陽城外的貿易暗戰》，《國企》2014年第1期。

93. 趙治樂：《從邊疆將帥群體探索南宋能長期抗蒙的原因——以孟珙為重點》，武漢大學碩士學位論文，2004年。

94. （日）曾我部靜雄：《南宋的水軍》，劉俊文主編、索介然譯：《日本學者研究中國史論著選譯》，北京：中華書局1993年版。

95. 曾祥波：《宋末襄樊圍城陷落的一個內部原因——以李曾伯、賈似道關於襄樊戰略地位的矛盾為起點》，《國學學刊》2020年第2期。

96. 只誠：《元朝東征日本研究》，河北大學碩士學位論文，2014年。

97. （日）中島樂章、四日市康博：《元朝的征戰船與原南宋水軍——關於日本鷹島海底遺跡出土的南宋殿前司文字資料》，《海交史研究》2004第1期。

98. 鍾焓：《〈心史·大義略敘〉成書時代新考》，《中國史研究》2007年第1期。

99. 周寶珠：《南宋抗蒙的襄樊保衛戰》，《史學月刊》1982年第6期。

100. 周建華：《西塞山宋代錢窖之謎》，《湖北錢幣專刊（總第17期）》2018年。

101. 周曲洋：《南宋荊湖地區軍事補給體制的構建與運作——兼論宋元襄樊之戰失利之原因》，《學術研究》2016年第3期。

102. 左駿：《輕素結玉盒——元代范文虎墓玉貫耳壺的考古學觀察》，《東南文化》2016年第6期。

103. 左駿：《腰玉橫金——中國國家博物館藏元范文虎墓玉帶具的考古學觀察》，《中國國家博物館館刊》2017年第2期。

104. 左駿：《元代「常敗將軍」范文虎的一件白玉壺》，《大眾考古》2017年第5期。

附錄　南宋吳氏家族和呂氏家族比較研究

　　王智勇先生說：「南宋王朝建立伊始，就注定了與太平盛世絕緣、而將在慘烈的戰爭中了此一生的命運。」〔註1〕的確，南宋前期與金朝作戰，後期又與更為強大的蒙古交鋒，戰火連綿。在長期的戰爭中，南宋先後形成了三大著名的武將家族——吳氏家族、郭氏家族和呂氏家族。這三者，相對而言，郭氏家族雖也勢力強大，但郭氏子孫靠年資重新起家，軍功並不顯赫〔註2〕，無法與另兩個家族相提並論。吳氏和呂氏家族都是對南宋政治軍事產生重大影響的家族。這兩個家族，一個產生於南宋前期，一個形成於南宋後期，猶如南宋歷史上的雙子星座，交相輝映，絢麗奪目。學界對這兩個家族特別是吳氏家族做了研究〔註3〕。單獨對這兩個家族進行研究當然是必要的，但單獨研究容易

〔註1〕王智勇：《南宋吳氏家族的興亡——宋代武將家族個案研究》，巴蜀書社，1995年，引言，第1頁。

〔註2〕楊倩描：《南宋郭氏軍事集團述論》，《山西大學學報（哲學社會科學版）》1991年第1期。

〔註3〕研究吳氏家族的論著甚多，不能一一列舉，研究最深入、全面的是三部專著，陳家秀：《吳氏世襲武將與南宋四川政局》，中國學術著作獎助委員會，1986年；王智勇：《南宋吳氏家族的興亡——宋代武將家族個案研究》；楊倩描：《吳家將——吳玠吳璘吳挺吳曦合傳》，河北大學出版社，1996年。研究呂氏家族的較少，只有幾篇論文，屈超立：《論呂文德及呂氏軍事集團》，胡昭曦、鄒重華主編：《宋蒙（元）關係研究》，四川大學出版社，1989年；Cheng-Hua Fang：「Military Families and the Southern Song Court-The Lu Case」，Journal of Sung-Yuan Studies 33（2003）；王茂華：《南宋晚期武將的境遇——圍繞呂文德及呂家軍的分析》，（韓）《人文學研究》2007年第12期；付鵬、王茂華：《仕元的宋呂氏集團考

陷入「不識廬山真面目，只緣身在此山中」的困境，不易看出家族的特點。筆者認為，只有將兩個家族放在比較的視野下，才能凸顯出家族的特點，才能更深入地瞭解這兩個家族。所以，筆者在此對吳氏和呂氏家族進行比較研究，以期有助於人們更深入地認識這兩個家族。

一、吳氏家族和呂氏家族的相同點

（一）軍功卓著

吳氏家族和呂氏家族都是以軍功起家的武將家族，都在戰爭中立下了赫赫戰功。這是二者最顯著的相同點。

吳氏家族的代表人物是吳玠、吳璘、吳挺和吳曦。其中吳挺基本生活於和平時代，幾乎沒有參加過戰鬥。吳曦雖參加了南宋的開禧北伐，但很快投降金朝，旋即被殺死，所以也沒有顯著的軍功。真正立下卓著軍功的是吳玠、吳璘兄弟。

吳玠是吳氏大族的開創者。他立下的主要軍功是和尚原大捷和仙人關大捷。北宋末年，女真崛起。他們先破遼、後滅北宋。宋朝被迫撤至東南一隅。後金朝進攻江浙，企圖滅亡南宋。宋高宗航行海上，躲過了金軍的追擊。金軍在撤退途中遭到宋軍阻截，最後雖撤回北方，但再也不敢輕易過江。為了滅宋，金朝將戰略重點轉移到川陝，企圖佔領川陝，然後順流東下，滅亡南宋。南宋的川陝宣撫處置使張浚錯誤地和金軍在富平展開會戰。最後宋軍大敗，陝西五路盡失。金軍乘勝南下，欲一鼓作氣佔領四川。在這危急關頭，吳玠據守在和尚原，阻止金軍南下。經過鏖戰，吳玠取得了勝利。和尚原之戰，金軍由勇猛善戰的兀朮指揮，而且人數達數萬，數倍於吳玠率領的宋軍。但吳玠憑藉著有利的地勢和沉著的指揮，戰勝了金軍。此戰，宋軍俘獲金指揮官就達三百人，連兀朮也「中流矢二，僅以身免」，被殺死的金軍填山谷者達二十餘里。宋軍「俘馘首領及甲兵以萬計」。此戰的規模、激烈程度和取得的勝利都是空前的，是女真破遼滅北宋以來的首次大敗，「蓋自虜入中原，其敗衄未嘗如此也」〔註4〕。此戰的直接結果是挫敗了金軍佔領四川進而包圍

析》，（韓）《中國史研究》第 88 輯；申萬里：《宋元之際的呂文煥及其家族》，「元代多元文化與社會生活」學術研討會，2014 年；申萬里：《宋元之際的呂師孟及其家族初探》，《南開學報（哲學社會科學版）》2016 年第 2 期。

〔註 4〕李心傳：《建炎以來繫年要錄》卷四十八，紹興元年十月乙亥，中華書局，2013年，第 1008 頁。

南宋的企圖，鞏固了南宋西部防線，緩解了宋軍在戰場上的危勢，更重要的是打破了金軍不可戰勝的神話，極大地鼓舞了西部乃至整個宋軍的士氣和抗戰的信心。吳玠因此戰被授予鎮西節度使。

紹興四年（1134），金朝又進攻四川。吳玠率軍在仙人關與金軍展開激戰。此戰，金軍做了充分準備。金軍「十餘萬眾，半是馬軍」〔註5〕。而吳玠兵力僅有三萬餘，顯然雙方實力相差懸殊。但吳玠仍取得勝利。宋軍殺死金軍上萬人，繳獲戰馬、器械無數。此戰的規模、激烈程度超過了和尚原之戰。這次大捷是宋金西部戰史上空前輝煌的勝利。吳玠因此功被授予兩鎮節度使。對於吳玠的軍功，王曾瑜先生有客觀、準確的評價：

> 自紹興元年至四年三月，川陝戰場是宋金的主要戰場，甚至是
> 唯一戰場，吳玠軍近乎獨立支撐南宋半壁江山，在此期間的抗金戰
> 功是獨一無二的。……吳玠是南宋第一個因抗金軍功而建節的將帥，
> 其戰功和聲威最初尚在岳飛之上。〔註6〕

吳璘也在宋金戰爭中立下了卓越軍功。他參加了和尚原之戰和仙人關之戰，幫助宋軍取得了勝利，但這兩戰，吳璘並非指揮。吳璘最輝煌的軍功是他親自指揮的剡家灣大捷。紹興九年，金朝因政變而撕毀了前一年簽署的和議，敗盟南侵，其中一路進攻川陝。起初宋金雙方互有勝負，處於膠著狀態。後吳璘率軍進攻剡家灣的金軍，取得大勝。此戰，吳璘有軍隊二萬八千人，而金軍有五萬，吳璘在兵力上處於劣勢。更為困難的是，吳璘在地勢上處於不利地位。金軍在山上，「據險自固，前臨峻嶺，後控臘家城，進退有守」。而吳璘軍在山下，只能仰攻。而且，金軍統帥是號稱百戰百勝的罕札和希卜蘇。前者勇於戰，後者善於謀，「二人皆老於兵者」。所以，此戰吳璘在各個方面均處於不利地位。但吳璘不僅取得勝利，而且殺死大量金軍，罕札和希卜蘇「僅以身入城」〔註7〕。剡家灣大捷改變了宋金西部戰場形勢，「時陝右久隔王化，王（吳璘）一戰而聲振關中」，「陝右州郡亦以次納書降」〔註8〕。此戰打破了宋金雙方一年多的相持狀態，為陝西宋軍收復失地創造了條件。

〔註5〕徐松輯：《宋會要輯稿》兵十四之二十四，上海古籍出版社，2014年，第8892頁。

〔註6〕王曾瑜：《和尚原和仙人關之戰述評》，《西南師範學院學報》1983年第2期。

〔註7〕李心傳：《建炎以來繫年要錄》卷一百四十一，紹興十一年九月丙辰，第2664～2665頁。

〔註8〕王曮：《吳武順王璘安民保蜀定功同德之碑》，杜大珪編：《名臣碑傳琬琰集》上卷十四，北京圖書館出版社，2003年。

　　對於吳氏家族的軍功，宋人和後人給予了高度評價，「微玠身當其衝，無蜀久矣」〔註9〕，「吳玠與弟璘智勇忠實，戮力協心，據險抗敵，卒保全蜀」〔註10〕。這些評價絕非溢美之詞。

　　呂氏家族生活於宋元戰爭時期，他們也立下了赫赫軍功。如呂文信，淳祐六年（1246）七月，率軍和蒙軍戰於龍塈，有功，受到宋廷獎賞〔註11〕。呂師龍，參加蘋草坪之戰，立有戰功〔註12〕。呂師夔，在忽必烈開慶元年（1259）進攻京湖時，知漢陽軍，抵禦蒙軍有功〔註13〕。呂文福，淳祐五年十二月，因參加壽春之戰有功，宋廷詔其「官三轉」〔註14〕。呂氏家族軍功最卓著的是該家族的開創者呂文德。他在宋蒙戰爭中，「周旋三邊，大小百戰」〔註15〕，戰功累累。就大的軍功而言，就有安豐之捷、壽春之捷、瀘州之捷等。

　　嘉熙元年（1237），蒙軍進攻安豐，對安豐形成了合圍之勢。安豐控扼淮、潁，襟帶江、沱，適當南北交通要衝，是南宋兩淮地區的三大重鎮之一，時人認為「三州安則淮甸無虞，江面奠枕」〔註16〕。安豐的得失關係南宋江淮防禦。當時防衛安豐的是知軍杜杲。他率領軍民多次擊退蒙軍的進攻，但蒙軍對安丰采取了圍困戰術，企圖拖垮宋軍。這時，池州都統制呂文德和余玠、趙東、夏皋等奉命救援安豐。余玠等遭到蒙軍的阻擊，無法進入城內。呂文德到達安豐附近後，設計進入了城中，給守軍以有力支持。呂文德進入城中後，本為軍隊指揮的安豐總轄聶斌「以所部盡付之文德」〔註17〕。這樣，呂文德成為安豐城內各軍的總指揮。為打破蒙軍的包圍，呂文德與城外的援軍夾擊蒙軍，蒙軍大敗。安豐被圍三個月，至此終於解圍。此戰，蒙軍死亡一萬七千人。此戰中，

〔註9〕 脫脫：《宋史》卷三百六十六《吳玠傳》，中華書局，1977年，第11414頁。
〔註10〕 脫脫：《宋史》卷三百六十六「論曰」，第11424頁。
〔註11〕 脫脫：《宋史》卷四十三《理宗三》，第836頁。
〔註12〕 劉克莊：《劉克莊集箋校》卷七十《右武大夫高州刺史左領衛大將軍呂師龍將蘋草坪所得兩官及父文德回授兩官轉武大夫》，中華書局，2011年，第3268頁。
〔註13〕 方回：《桐江續集》卷二十五《送男存心如燕二月二十五日夜走筆古體》，文淵閣四庫全書本，臺灣商務印書館，1986年，第1193冊，第549頁。
〔註14〕 脫脫：《宋史》卷四十三《理宗三》，第834頁。
〔註15〕 劉克莊：《劉克莊集箋校》卷五十六《賜太尉保康軍節度使呂文德辭免除開府儀同三司職任依舊恩命不允詔》，第2743頁。
〔註16〕 不著撰人：《宋史全文》卷三十三《宋理宗三》，中華書局，2016年，第2755頁。
〔註17〕 吳潛：《許國公奏議》卷二《奏申論安豐軍諸將功賞》，叢書集成初編本，商務印書館，1939年，第49頁。

呂文德功勞最大。杜杲向朝廷報功時說：「安豐之役，呂文德、聶斌功也。」
這次勝利，是宋蒙開戰以來取得的「前所未有的大捷」〔註18〕，終使南宋「淮
右以安」〔註19〕。

　　淳祐四年，蒙古為阻止宋軍築城，派軍進攻壽春。壽春位於淮河北岸，與
安豐隔河相對，是兩淮的門戶，南北的要衝，戰略地位極其重要。很快，蒙軍
將壽春城包圍了起來。壽春被圍後，宋廷派鎮江都統劉虎、知蘄州呂文德以及
京湖制置使孟珙之一部援助壽春，各路援軍由呂文德統一指揮。呂文德設計進
入了壽春城中。但蒙軍依然「圍繞如故」。後呂文德「持兵出剿，一鼓而破之」，
蒙軍始北遁。此戰，從二月到五月，壽春被圍困七十餘日，南宋最終取得了勝
利。此戰呂文德所起作用最大，「非文德指授諸校，布置方略，未必能以全勝
若此」〔註20〕。

　　景定二年（1261）六月，南宋驍將劉整叛宋降蒙。宋廷得知後，十分震驚，
派俞興去收復瀘州，但俞興被擊敗。後宋廷又任命呂文德兼四川安撫使，令其
收復瀘州。呂文德從夔州溯江而上，直奔瀘州治所神臂城。呂文德吸取俞興失
敗的教訓，採取步步為營、穩紮穩打的戰術，從外圍層層逼近神臂城。景定二
年十月，呂文德「已復瀘州外堡」。然後他又在神臂城隔江對岸「壘石為城，
以示持久之計」〔註21〕。是年冬天，宋軍在呂文德的率領下，對神臂城中的蒙
軍發動了總攻，「水陸並進，雨雪載塗。或築堡以逼其城，或巡江以護吾餉，
或出奇以焚其積粟，或盡銳以剿其援師」〔註22〕。蒙軍支持不住，被迫撤出瀘
州。景定三年正月，呂文德收復瀘州，宋廷改瀘州為江安軍。呂文德因此功進
開府儀同三司〔註23〕。

　　另外，呂文德在 1258～1259 年蒙哥汗進攻南宋的戰爭中也立下軍功。當
時，蒙哥汗分三路進攻南宋，其中忽必烈率東路軍進攻京湖地區。1259 年九

〔註18〕陳世松、匡裕徹、朱清澤、李鵬貴：《宋元戰爭史》，四川省社會科學院出版社，
　　　　1988 年，第 101 頁。
〔註19〕佚名著、王瑞來箋證：《宋季三朝政要箋證》卷一，中華書局，2010 年，第 102
　　　　頁。
〔註20〕李曾伯：《可齋續稿》後卷三《奏為徐提刑申呂馬帥事》，文淵閣四庫全書本，
　　　　第 1179 冊，第 620 頁。
〔註21〕脫脫：《宋史》卷四十五《理宗五》，第 878 頁。
〔註22〕劉克莊：《劉克莊集箋校》卷五十三《收復瀘州獎諭宣制兩闡立功將帥詔》，第
　　　　2602 頁。
〔註23〕脫脫：《宋史》卷四十五《理宗五》，第 880 頁。

月，忽必烈軍包圍了鄂州，並進行猛攻。宋廷得知鄂州被圍後，十分震驚，先後派數支軍隊援鄂。呂文德在四川戰事緩和後，也從重慶趕赴鄂州救援。在途中，他與要去岳州的蒙古將領拔突兒相遇，呂文德擊敗這支蒙軍，「乘夜入鄂城」，使城「守愈堅」〔註24〕。蒙軍使用鵝車、挖地道等各種方法攻城，但都被宋軍擊敗。蒙軍師久無功，士氣低落，加之糧食匱乏、疾病流行，愈益處於不利的境地。而且，由於忽必烈急於回去與阿里不哥爭奪汗位，所以他於十一月北返，後蒙軍陸續撤退，鄂州之圍遂解。由於材料的缺乏，呂文德在此役的詳細情況我們不得而知。但不同史料載，「（蒙軍）將攻鄂州，宋賈似道、呂文德將兵來拒，水陸軍容甚盛」〔註25〕，「文德乘夜入鄂城，守愈堅」〔註26〕，「呂文德已並兵拒守，知我國疵，鬥氣自倍」〔註27〕，都提到呂文德。且鄂州之捷後的景定元年正月庚辰，宋廷晉升呂文德為檢校少傅、京西湖北安撫大使兼制置使、知鄂州〔註28〕。後宋廷認為「呂文德援蜀之賞未足酬功，今援鄂之勳，尤為顯著」〔註29〕，「賜緡錢百萬、浙西良田百頃」〔註30〕，說明呂文德在此役中是立了很大功勞的。

對於呂文德的軍功，當時名臣李曾伯說：「（呂文德）久董戎行，素負忠赤，聲名在於敵國，勳績著於三邊」〔註31〕。連蒙古方面也承認呂文德「出自戎行，驅馳邊境，守禦奔援，時立武功」〔註32〕。

可見，吳氏家族和呂氏家族都在戰爭中立下了卓越軍功，他們不愧是武功卓著的武將家族。

（二）權勢顯赫

吳氏和呂氏家族都因軍功而身居高位，權勢顯赫。

〔註24〕 宋濂：《元史》卷四《世祖一》，中華書局，1976年，第62頁。

〔註25〕 宋濂：《元史》卷一百四十八《董俊傳附董文用傳》，第3495頁。

〔註26〕 宋濂：《元史》卷四《世祖一》，第62頁。

〔註27〕 宋濂：《元史》卷一百五十七《郝經傳》，第3706頁。

〔註28〕 不著撰人：《宋史全文》卷三十六《宋理宗六》，第2888～2889頁。

〔註29〕 不著撰人：《宋史全文》卷三十六《宋理宗六》，第2889頁。

〔註30〕 脫脫：《宋史》卷四十五《理宗五》，第871頁。《宋史全文》卷三十六《宋理宗六》載「萬頃」。顯係誇大，不取。

〔註31〕 李曾伯：《可齋雜稿·續稿》後卷三《奏為徐提刑申呂馬帥事》，文淵閣四庫全書本，第1179冊，第620頁。

〔註32〕 宋褧：《與襄陽呂安撫書》，蘇天爵編：《元文類》卷三十七，吉林人民出版社，1998年，第670頁。

先看吳氏家族。吳玠是吳氏家族的開創者。他本是一「良家子」〔註33〕，參加宋軍後因軍功而步步高升，最後官至四川宣撫使。在宋代，「宣撫使是武將的最高官位」〔註34〕，吳玠擔任四川宣撫使，說明他達到了武將所能達到的最高官位，掌握了四川地區最高的軍政大權。此外，吳玠還被授予檢校少師的頭銜。檢校官雖是加官，但都授予有大功的人，吳玠擁有此頭銜說明其地位的崇高。吳璘與其兄一樣，位高權重。他也曾為四川宣撫使，而且他的官階達到了太尉、開府儀同三司。太尉是武官官階的最高級別，在節度使之上。開府儀同三司是文官官階的最高一級。吳璘官階為太尉、開府儀同三司，說明其官已至極品，已沒有升遷的空間，可謂真正的位極人臣。吳挺時，宋廷對吳氏家族強大的勢力感到不安，所以對吳氏家族採取抑制政策，因而吳挺的勢力沒有他的父輩高。但這只是相對而言，如果單看吳挺的官階和軍職，依然很高。吳挺為興州都統制，其父吳璘就曾擔任此職。都統制是南宋中前期屯駐大軍的首領。興州地理位置重要，加之吳氏的經營，所以在四川，興州兵馬最多、戰鬥力最強〔註35〕。因此吳挺的軍事實力是很強大的。而且吳挺任職時，極力擴張自己的經濟權力，「利源多為（吳挺）所擅，前後二十年，財帛不勝計矣」〔註36〕。吳挺也為太尉，達到了武將官階的最高級。吳挺死後，宋廷繼續對吳氏家族採取抑制政策，不讓其子吳曦回川任職。但由於宋廷內部的權力紛爭，吳曦在韓侂胄的支持下回到了吳氏家族長期經營的四川。開禧北伐時，吳曦擔任川陝宣撫副使。他到興州後「諷副都統制王大節，罷之，更不除副帥，而兵權悉歸於曦」，而韓侂胄「以總計隸宣司，副使得節制按劾，而財賦之權又歸於曦」〔註37〕。吳曦集軍權財權於一身，而且他還被宋廷授予「便宜行事」的特權，臨事可先斬後奏。

據李心傳統計，南宋中興諸將生享王封者四人，吳璘為其一；追封真王者五人，吳玠、吳璘居其二〔註38〕。建節在宋代是武將的「極致」〔註39〕，「是

〔註33〕脫脫：《宋史》卷三百六十六《吳玠傳》，第11408頁。
〔註34〕王曾瑜：《宋朝軍制初探》（增訂本），中華書局，2011年，第229頁。
〔註35〕何玉紅：《南宋川陝邊防行政運行體制研究》，上海古籍出版社，2012年，第117～123頁。
〔註36〕李心傳：《建炎以來朝野雜記》乙集卷十六《紹興至淳熙四川宣撫司錢帛數》，中華書局，2000年，第801頁。
〔註37〕脫脫：《宋史》卷四百七十五《吳曦傳》，第13812頁。
〔註38〕李心傳：《建炎以來朝野雜記》甲集卷九《中興諸將封王數》，第174頁。
〔註39〕脫脫：《宋史》卷四百七十四《賈似道傳》，第13783頁。

武將仕途中最重要的梯級」〔註40〕。南宋父子建節十三家，吳玠與其子拱、吳
璘與其子挺、吳挺與其子曦占三家；兄弟建節七家，吳玠與吳璘，吳挺與吳拱
占二家；三世建節僅吳氏一家〔註41〕；南宋將相四十歲以下建節者九人，吳
玠、吳璘、吳曦占三席〔註42〕。這些數字說明吳氏家族地位的崇高、權勢的顯
赫。如時人所說：「吳氏三世為將，其族甚大」〔註43〕，「（吳氏）傳之四世，
恩威益張，根本益固，蜀人知有吳氏而不知有朝廷」〔註44〕。而且吳氏世代在
四川擔任要職，形成具有強烈地方色彩的武將家族，權勢更加強大。〔註45〕

　　呂氏家族也是一個權勢顯赫的大族。呂文德是呂氏家族的開創者和支柱。
他也曾任四川宣撫使，達到了武將的最高官職。但南宋後期宣撫使非常設，所
以呂擔任此職較短。他長期擔任京湖制置使。制置使在南宋後期是常設官職，
若不設宣撫使，制置使是一個地區的最高軍政長官。所以學者認為宣撫使和制
置使是「轄區內除總領以外所有地方官員的上司，同時也是對國家命運影響最
大的官員」〔註46〕。呂文德擔任京湖制置使，說明他掌握了京湖地區軍事、民
事的最高權力。值得注意的是，他連續擔任京湖制置使十年之久，這在宋代是
罕見的。武將長期在一個地區擔任長官，極容易形成自己的勢力，從而威脅中
央集權。所以在南宋，除四川地區情況特殊外，很少有武將在某一地區長期任
職。雖然在宋末，由於與蒙元戰事激烈，南宋武官在一地任制置使的時間比以
前長了，但連續在一地任職十年的情況還是少見的。試看開慶元年至宋廷投降
時武官制置使任期表〔註47〕。

開慶元年至宋廷投降時武官制置使任期表

時　間	人　名	官　職	任　期	備　註
開慶元年三月至是年閏十一月	呂文德	四川制置副使	9個月	

〔註40〕王曾瑜：《宋朝軍制初探》（增訂本），第326頁。
〔註41〕李心傳：《建炎以來朝野雜記》甲集卷九《渡江後父子兄弟建節數》，第177頁。
〔註42〕李心傳：《建炎以來朝野雜記》乙集卷十一《將相四十以下建節者》，第672頁。
〔註43〕徐松輯：《宋會要輯稿》刑法六之四十六，第8556頁。
〔註44〕脫脫：《宋史》卷四百一十六《余玠傳》，第12472頁。
〔註45〕何玉紅：《南宋川陝邊防行政運行體制研究》，第109～152頁。
〔註46〕余蔚：《論南宋宣撫使和制置使制度》，《中華文史論叢》2007年第1期。
〔註47〕本表摘自方震華《端平元年至咸淳十年武官任制置使表》。方表見氏著：《晚宋邊防研究》，臺灣師範大學碩士學位論文，1992年，第123頁。

開慶元年閏十一月至咸淳五年十一月	呂文德	京湖制置使	10 年	
景定二年四月至同年七月	俞興	四川制置使	3 個月	
景定二年十一月至景定五年四月	劉雄飛	四川制置使	2 年	先為副使，景定四年七月升正使
景定五年四月至咸淳四年十二月	夏貴	四川制置使	5 年	
咸淳四年十二月至咸淳七年	夏貴	沿江制置副使	3 年	
咸淳八年至不詳	孫虎臣	沿江制置副使	不詳	
咸淳九年十一月至德祐二年	夏貴	淮西制置使	2 年	德祐二年臨安淪陷後降元
咸淳九年十一月至德祐元年正月	陳奕	沿江制置副使	1 年	德祐元年降元

　　由此表可以看出，呂文德在一地任期十年是獨有的。此外，呂文德在擔任京湖制置使期間，還兼任屯田使、夔路策應使、湖廣總領財賦等職〔註48〕，進一步擴大了自己的職權。特別是他兼任湖廣總領，取得了軍需之權。這樣，他成為京湖地區的最高軍事、民事和財政長官。宋衜說呂文德「開荊南之制閫，總湖北之利權」〔註49〕，是準確的。因為呂文德長期在京湖任職，所以在當地形成了很強的勢力，「沿邊數千里皆歸其控制，所在將佐列戍皆俾其親戚私人」〔註50〕。戴仁柱先生稱之為「荊湖集團」〔註51〕。寺地遵先生甚至說呂文德在湖廣已經形成「藩鎮」〔註52〕。這種說法有些過頭，但指出了呂文德勢力的強大。

　　以上是呂文德的軍職，從呂文德的階官上也可看出他的地位和權勢。作為武將，呂文德不僅建節，而且為寧武、保康軍兩鎮節度使〔註53〕。據宋末學者王應麟統計，南宋大將建雙節者僅七人，而在南宋後期唯有呂文德一人

〔註48〕脫脫：《宋史》卷四十五《理宗五》，第 877～878 頁。
〔註49〕宋衜：《與襄陽呂安撫書》，蘇天爵編：《元文類》卷三十七，第 670 頁。
〔註50〕黃震：《古今紀要逸編》，四明叢書本。
〔註51〕戴仁柱著、劉曉譯：《十三世紀中國政治與文化危機》，中國廣播電視出版社，2003 年，第 77 頁。
〔註52〕寺地遵：《賈似道的對蒙防衛構想》，《國際社會科學雜誌（中文版）》2009 年第 3 期。
〔註53〕脫脫：《宋史》卷四十六《度宗》，第 884 頁。

而已〔註54〕。這反映出呂文德在南宋軍中的崇高地位。呂文德還被宋廷封為少傅〔註55〕。三少在宋代是加官〔註56〕，主要賜給軍國重臣，呂文德被授予少傅，是其地位崇高的反映。當時人說，宋廷對呂文德「列之於三孤，崇之於兩鎮」〔註57〕，是十分準確的。

除呂文德外，呂氏家族的其他人也身居軍政要職。試看呂文煥投降前，呂氏家族一些人的最高官職：呂文煥，京西安撫副使、知襄陽府；呂師夔，廣西經略安撫使兼轉運使，知靜江府；呂文福，淮西安撫副使兼知廬州；范文虎（呂文德女婿），殿前司副都指揮使，都是握有一方實權的閫帥或中央禁軍高級將領。

另外，呂氏家族權勢之顯赫、勢力之強大還有一個表現，就是他們所控制的軍隊私人化的傾向。時人稱京湖一帶的軍隊為「呂家軍」〔註58〕，這是一個非常值得注意的現象。南宋初年，武將權力擴大，長期握有某一支軍隊，人們多以武將的姓氏稱這支軍隊，「當時諸將，各以姓為軍號，如張家軍、岳家軍之類」〔註59〕。「以武將姓氏為軍隊番號，反映出武將在該軍隊中至高無上的權威和影響力。」〔註60〕這是與宋朝壓制武將權力的家法相違背的。所以，宋高宗君臣在宋金戰事緩和後，解除了武將的權力。之後，很少有以武將姓氏為軍隊番號的情況出現。京湖地區的軍隊被人們稱為「呂家軍」，說明這一地區的「整個軍事基層組織已發展成高度個人化的團體」〔註61〕，顯示出呂氏家族在該地區軍隊中擁有最高權威和影響力。這是軍隊私人化的表現，也是南宋初年以來極其罕見的現象。

元朝一些人也注意到呂氏家族權勢的顯赫和興盛。鄭元祐說：「（呂氏家族）赫然以功名顯著於天下」〔註62〕。魏初認為：「呂氏，彼國（南宋）大族，

〔註54〕 王應麟：《玉海》卷十九《地理》，江蘇古籍出版社、上海書店，1987年，第372頁。
〔註55〕 脫脫：《宋史》卷四十六《度宗》，第898頁。
〔註56〕 張希清等：《宋朝典章制度》，吉林文史出版社，2001年，第98頁。
〔註57〕 宋衜：《與襄陽呂安撫書》，蘇天爵編：《元文類》卷三十七，第670頁。
〔註58〕 方回：《桐江續集》卷三十二《錢純父西徵集序》，文淵閣四庫全書本，第1193冊，第666頁。
〔註59〕 羅大經：《鶴林玉露》乙編卷二《旌忠莊》，中華書局，1983年，第149頁。
〔註60〕 何玉紅：《南宋川陝邊防行政運行體制研究》，第139頁。
〔註61〕 戴仁柱著、劉曉譯：《十三世紀中國政治與文化危機》，第75頁。
〔註62〕 鄭元祐：《鄭元祐集》卷八《送呂惟清序》，浙江大學出版社，2010年，第186頁。

與之抗衡者，必因此有所誅殺。」〔註63〕

（三）叛國投敵

吳氏家族和呂氏家族都有人叛變南宋，投降敵國。這是雙方又一共同點。

吳氏家族叛國投敵的代表人物是吳曦。由於吳氏家族和宋廷的矛盾以及金朝對吳曦的引誘，吳曦於 1206 年背叛南宋，投降金朝，並受金朝的冊封，稱蜀王。吳氏家族中跟隨吳曦叛變的還有吳晫、吳睍等。關於吳曦叛變的原因和過程，相關研究已很多〔註64〕，不再贅述。

1267～1273 年，宋元之間進行了空前激烈的襄樊之戰。在此戰最後階段，南宋襄陽守軍勢孤援絕。在這種情況下，守軍主將呂文煥投降了元朝。在之後的元朝平宋戰爭中，呂氏家族的其他人也紛紛投降元朝。基本情況如下：至元十二年（1275）正月十三日，元軍到達江州，宋兵部尚書呂師夔等以城降。就在伯顏大軍進入江州後，正月十六日，呂文德女婿范文虎數次遣人到江州請降。伯顏遂命阿朮率舟師先到安慶。阿朮到後，范文虎果然以城降。同年三月，宋廷「加呂文福保康軍承宣使，趣入衛。文福至饒州，殺使者，入江州降大元」〔註65〕。次年正月，呂師孟和宋廷一同降元。為便於瞭解呂氏家族成員降元情況，特製成下表：

呂氏家族成員降元情況一覽表

人　名	投降時間	投降地點	投降時官職	出　處
呂文煥	咸淳九年（至元十年，1273 年）二月	襄陽	京西安撫副使，知襄陽府	《元史》卷 8《世祖五》
范文虎	德祐元年（至元十二年，1275）正月	安慶	知安慶府	《元史》卷 128《阿朮傳》

〔註63〕魏初：《青崖集》卷四《四月十六日奏》，文淵閣四庫全書本，第 1198 冊，第 760 頁。

〔註64〕楊倩描：《「吳曦之亂」析論》，《浙江學刊》1990 年第 5 期；張邦煒：《吳曦叛宋原因何在》，《天府新論》1992 年第 5 期；王智勇：《論吳曦之叛》，《宋代文化研究》第五輯，巴蜀書社，1995 年；鮮喬鎣：《吳曦叛宋降金的原因及其影響》，《成都師專學報》2001 年第 1 期；王繼東：《吳曦叛宋探因》，《商丘師範學院學報》2005 年第 1 期；何玉紅：《南宋川陝戰區兵力部署的失衡與吳曦之變》，《中國歷史地理論叢》2008 年第 1 輯；何玉紅：《南宋四川總領所制度與吳曦之變》，《文史哲》2011 年第 6 期。

〔註65〕脫脫：《宋史》卷四十七《瀛國公》，第 928 頁。

呂師夔	德祐元年正月	江州	兵部尚書	《元史》卷 127《伯顏傳》
呂文福	德祐元年三月	江州	五郡鎮撫使	《宋史》卷 47《瀛國公》
呂師孟	德祐二年（至元十三年，1276）正月	臨安	兵部侍郎	《元史》卷 131《囊加歹傳》

二、吳氏家族和呂氏家族的不同點

（一）投降後境遇不同

如前文所說，吳氏和呂氏家族都有人投降了敵國。但在投降後，兩個家族的境遇卻有很大的不同。

吳曦的叛變，引起蜀中忠義之士的極大憤慨。許多人想殺死吳曦，平定叛亂。最後在楊巨源、李好義、安丙等人的謀劃下，吳曦被殺，叛亂被平定。雖然跟隨吳曦叛亂的吳氏家族中人不多，但在講究連坐的古代社會，吳氏家族的人勢必會受到牽連。叛亂平定後，宋廷對吳氏家族進行了處置。考慮到吳玠保衛南宋立過大功，宋廷對吳玠一系免於連坐；吳璘一系，參與謀叛者及吳曦之妻、子處死，一部分流徙於湖廣，一部分流徙於川東地區，另外一部分特許留住原地〔註66〕。可見，宋廷考慮到吳氏先輩為國家做出過貢獻，對該家族做了從輕的處罰。但即便如此，吳氏家族也退出了歷史舞臺，最終銷聲匿跡。可以說，吳曦之叛是吳氏家族史的轉折點。吳曦叛變前，吳氏家族在四川還有相當的勢力，叛變後，由於吳曦被殺，叛亂很快被平定，吳氏家族其他人受到吳曦的連累，遭到宋廷的處罰，最終走向了衰亡。

呂氏家族叛宋降元後卻有與吳氏家族不同的境遇。呂文煥在襄樊戰役最後時刻降元，宋廷可能出於安撫呂氏家族的考慮，沒有對呂氏家族其他成員進行處置，仍讓他們擔任官職。但在元朝平宋過程中，呂氏家族諸人不思殺敵報國，卻在元軍進攻面前紛紛投降。他們降元後，元朝授予他們官職，以利於攻宋。所以呂氏家族諸人降元後，依然身居官位。如呂文煥降元後被授予昭勇大將軍、侍衛親軍都指揮使、襄漢大都督；范文虎被授予兩浙大都督；呂師夔被授予江東江西大都督知江州。而且在平宋後，由於呂氏家族為元朝滅宋立下了功勞，並且元朝還需要他們治理南宋故地，所以他們官位不斷上升。由於呂氏家族入元後事蹟不多，史料缺乏，所以我們只能根據現有史料查出呂氏家族一

些成員在平宋後擔任的最高官職：呂文煥，江淮行省右丞；呂師孟，嘉議大夫，漳州路總管，行淮東道副使；呂師夔，行省參知政事；呂師張，贛州路總管；呂師說，江淮等處財賦副總管；呂文煥子，宣慰使；范文虎，行省平章政事。可見，呂氏家族降元後，依然受到元廷任用，多人擔任地方高級官職。雖然不能與他們在南宋時候的權勢相提並論，但作為降將，境遇已經很不錯了。如果說，對於吳氏家族，投降金朝是家族由盛到衰的轉折點；那麼，對於呂氏家族，投降元朝則是延續家族勢力的鏈接點。試想，若呂氏家族堅持抗戰，拒不投降，則他們很可能戰死沙場，那麼這個家族也就和南宋一樣走向了盡頭。所以，拋開國家利益和民族氣節不談，投降元朝是呂氏家族能夠跨越兩朝，保持繁盛的關鍵。

（二）對南宋的主要影響不同

吳氏家族在抗金戰爭中屢立戰功，為保衛南宋立下了汗馬功勞，這是吳氏家族對南宋產生的積極影響。但吳氏家族的一些行為也對南宋產生了消極影響，一是他們依仗自己的權勢兼并土地。「劍外諸州之田，自紹興以來，久為諸大將吳、郭、田、楊及勢家豪民所擅」〔註67〕，「關外舊有營田，歲收租十餘萬斛，其田半為吳、郭、田諸家所據，租入甚輕，計司知之而不敢問」〔註68〕。一是吳曦之亂。兼并土地使一些人民生活困苦，受到壓榨，也給國家財政帶來損失；吳曦之亂給當時南宋的北伐帶來困難。但吳氏家族對南宋的消極影響和積極影響比較而言，後者占主要地位。宋高宗紹興初年，金朝將戰略重點轉移到川陝地區，企圖佔領四川，然後順流而下，滅亡南宋。如果四川不保，則南宋政權就危險了。在這關鍵時刻，吳玠、吳璘兄弟率領南宋軍民奮起抗金，取得了和尚原、仙人關等重大戰役的勝利，使金人不敢輕易窺蜀，粉碎了金朝滅亡南宋的計劃。對於吳氏保蜀的功績，時人予以高度評價，「微玠身當其衝，無蜀久矣」〔註69〕，「吳玠與弟璘智勇忠實，戮力協心，據險抗敵，卒保全蜀」〔註70〕。而且，吳氏家族的抗金活動客觀上保衛了南宋四川地區發達的生產力和文化。宋代是我國經濟文化取得重大發展的

〔註67〕李心傳：《建炎以來朝野雜記》乙集卷十六《關外經量》，第796頁。

〔註68〕佚名：《續編兩朝綱目備要》卷六《寧宗皇帝》，中華書局，1995年，第106頁。

〔註69〕脫脫：《宋史》卷三百六十六《吳玠傳》，第11414頁。

〔註70〕脫脫：《宋史》卷三百六十六「論曰」，第11424頁。

時期，經濟文化水平在世界範圍內居於領先水平。當時金朝處於奴隸制社會時期，對佔領區進行大肆掠奪和蹂躪，對當地經濟文化造成嚴重破壞。如金朝佔領中原後，「東及沂、密，西至曹、濮、兗、鄆，南至陳、蔡、汝、潁，北至河朔，皆被其害」〔註71〕。吳氏家族成功抗金，使巴蜀地區免於遭受金軍的蹂躪，為南宋時期四川經濟文化的持續發展創造了條件。而且，吳氏家族的抗金使四川人民免遭金軍殺掠，使人民能安定地從事生活生產活動，這是符合人民利益的。而吳氏家族兼併土地，雖使一些農民受到壓榨，但與吳氏保衛四川地區和四川人民的功績而言，顯然是次要的。吳曦叛亂雖給北伐帶來不利影響，但叛亂四十一天就被平定，吳曦也被殺死，對南宋局勢影響不大。因此，吳氏家族對南宋既產生了積極影響，也產生了消極影響，但前者是主要的。我們贊同王智勇先生的觀點，即吳氏家族對南宋是「功大於過」〔註72〕的。

呂氏家族在抗蒙戰爭中也立下了赫赫戰功，為保衛南宋做出了貢獻。但他們的一些行為給南宋帶來了消極影響。首先，呂氏家族貪污腐敗。據劉克莊記載，淳祐初，呂文德前往朝廷，趙希瀞暫時接替呂的職位。趙到呂的軍營後，發現「軍無宿儲，萬口籍籍，憤呂剖克」。趙希瀞「密刻其不法」，最後呂文德受到「奪帥權移馬司」〔註73〕的處分。另外，黃震記道：「京湖兵在岳鄂王時額三十萬，……至文德減至七萬，而掩取六十四州養三十萬兵之賦入為己有，又用私人戴壎者，名總領，歲科降朝廷金帛錢楮三十萬，瓜分為己私，以至寶貨充棟，宇產遍江淮，富亦極矣。」〔註74〕這是呂文德侵吞國家財產的又一明證。晚宋時期，南宋本就處於嚴重的財政危機中〔註75〕。呂氏家族大肆貪污，侵吞國家財產，無疑加劇了這一危機。第二，嫉賢妒能，自毀長城。呂文德嫉妒曹世雄在開慶元年涪州藺市所立的斷橋之功，逼死了他。史載：「斷橋之役，曹世雄功第一，整次之。大將呂文德忌二人，捏世雄罪逼以死。」〔註76〕其後，呂文德又與賈似道、俞興激起劉整之叛。劉整本是南宋驍將，他之所以叛宋降蒙，原因之一是呂文德嫉妒劉整的戰功，「所畫

〔註71〕李心傳：《建炎以來繫年要錄》卷四，建炎元年夏四月庚申，第99頁。

〔註72〕王智勇：《南宋吳氏家族的興亡——宋代武將家族個案研究》，第104頁。

〔註73〕劉克莊：《劉克莊集箋校》卷一百五十五《安撫殿撰趙公墓誌銘》，第6092頁。

〔註74〕黃震：《古今紀要逸編》，四明叢書本。

〔註75〕張金嶺：《晚宋時期財政危機研究》，四川大學出版社，2001年。

〔註76〕不著撰人：《宋史全文》卷三十六《宋理宗六》，第2904頁。

策輒撓沮，有功輒掩而不白」〔註77〕，在向朝廷報功時，呂文德與俞興將本來功為第一的劉整之功定為下等，從而激起劉整的反叛。呂文德和他人害死曹世雄、逼反劉整，無異於自毀長城。而且，劉整降蒙後積極為元朝滅宋服務。他勸忽必烈將攻宋方向由四川轉移到京湖，為元朝滅宋找到了正確道路；他為元朝訓練水軍，使元水軍實力趕上並超過南宋〔註78〕；他幫助元朝經略襄樊，使元朝取得宋元戰史上「最關鍵性的」〔註79〕戰役——襄樊戰役的勝利。對於劉整在元朝滅宋戰爭中起的作用，元人揭傒斯說：「非劉整之叛，無以周知渡江之謀……元遂用其策以滅宋。」〔註80〕指出了劉整在其中的巨大作用。劉整叛亂固然有諸多因素〔註81〕，但呂文德的嫉妒和壓制與劉整之叛不無關係。第三，投降元朝，助元滅宋。如前所述，在元朝平宋戰爭中，呂氏家族的人紛紛投降元朝，而且他們降元後，積極為元朝滅宋效力。這可分為幾個方面。（1）招降南宋將領。呂氏家族多人長期在南宋軍中身居要職，許多南宋將領是他們的相識或部下。所以，他們憑藉自己的關係，勸南宋將領降元。如至元十一年十二月，元軍進至鄂州，派呂文煥、楊仁風、楊春勸降。呂文煥等說：「汝國所恃者，江、淮而已，今我大兵飛渡長江，如履平地，汝輩何不速降。」結果「知鄂州張晏然、知漢陽軍王儀、知德安府來興國，皆以城降，程鵬飛以其軍降」〔註82〕。元軍佔領鄂州後，以呂文煥為嚮導，順流而下。至元十二年正月，元軍令呂文煥、陳奕寫信給蘄州安撫使管景模，勸其投降，當伯顏率軍進至蘄州時，管景模出降。二月七日，伯顏從安慶出發，前往池州。先是，伯顏在蘄州時，呂文煥、陳奕就遣使致書池州都統張林，勸其投降。伯顏到池州後，張林投降。（2）為元軍攻宋獻計獻策。呂氏諸人原是南宋的重要將領，對南宋的虛實十分瞭解，「宋君臣之孰賢孰愚，宋河山城郭之何瑕何堅，宋兵民之多寡

〔註77〕宋濂：《元史》卷一百六十一《劉整傳》，第3786頁。

〔註78〕蕭啟慶：《蒙元水軍之興起與蒙宋戰爭》，劉道平主編：《釣魚城與南宋後期歷史——中國釣魚城暨南宋後期歷史國際學術討論會文集》，重慶出版社，1991年。

〔註79〕傅海波、崔瑞德編，史衛民等譯：《劍橋中國遼西夏金元史》，中國社會科學出版社，1998年，第502頁。

〔註80〕揭傒斯：《揭傒斯全集》文集卷九《題昔刺使宋圖後》，上海古籍出版社，1985年，第430頁。

〔註81〕陳世松、喻亨仁、趙永康編著：《宋元之際的瀘州》，重慶出版社，1985年，第74～82頁。

〔註82〕宋濂：《元史》卷一百二十七《伯顏傳》，第3103頁。

虛實，宋兵刑政之得失巧拙，不為不知」〔註83〕。他們積極為元軍獻計獻策，使元軍少走了許多彎路。如至元十一年十月，呂文煥導元軍進攻漢水中游重鎮郢州。郢州城高池深，不易攻取。呂文煥建議，繞過郢州，從旁邊的湖中渡過進入長江。元軍統帥採納了這個建議，順利進入了長江〔註84〕。呂文煥的建議避免了元軍再次頓兵於堅城之下，加快了滅宋的步伐。（3）直接帶兵作戰，殘酷殺害南宋軍民。如范文虎率軍追擊益、廣二王；〔註85〕呂師夔率軍平定殘宋在江西、廣東等地的抗元勢力。〔註86〕限於篇幅，不詳細敘述。

　　由上述可知，呂氏家族的一些行為對南宋產生了很大的消極影響。他們貪污腐敗，侵吞國家財產，加劇了南宋本已嚴重的財政危機；他們嫉賢妒能，自毀長城，與人逼死大將曹世雄，激起劉整之叛，嚴重破壞了南宋國防；在襄樊失陷後，呂氏家族的人，紛紛投降，之後積極為元朝滅宋服務。可以說，南宋迅速敗亡，呂氏家族是負有重要責任的。這些消極影響與他們為保衛南宋立下的軍功相比，影響更大，居主要地位。所以呂氏家族對南宋影響與吳氏家族不同，以消極影響為主。

三、結語

　　吳氏家族和呂氏家族都是南宋著名的武將家族。通過比較可以發現二者間有相同點也有不同點。相同點是兩個家族都在戰爭中立下了卓著軍功；二者均地位崇高，權勢顯赫；兩個家族都有人叛變南宋，投降敵國。不同點是，投降後，境遇不同。吳曦降金後，很快被忠義之士殺死，因為他的叛變，吳氏其他人受到牽連。這樣吳氏家族退出了政治軍事舞臺，在歷史上銷聲匿跡。呂氏家族降元後，元朝為了利用他們滅亡南宋，依然重用他們。平宋後，因為呂氏家族滅宋有功，並且元朝需要他們治理南宋故地，所以仍讓他們擔任官職。呂氏家族投降後的境遇與吳氏家族截然相反。此外，兩個家族對南宋的主要影響不同。吳氏家族雖對南宋產生了消極影響，但他們抗擊金軍、保衛南宋的功業更顯著，他們對南宋以積極影響為主。呂氏家族貪污腐敗，嫉賢妒能，助元滅

〔註83〕胡祇遹：《紫山大全集》卷十二《寄張平章書》，文淵閣四庫全書本，第 1196
　　　　冊，第 229 頁。
〔註84〕劉一清：《錢塘遺事》卷六《下郢復州》，上海古籍出版社，1985 年，第 137 頁。
〔註85〕屠寄：《蒙兀兒史記》卷一百一十二《范文虎傳》，上海古籍出版社，上海書店，
　　　　1989 年，第 692 頁。
〔註86〕屠寄：《蒙兀兒史記》卷一百一十一《呂師夔傳》，第 689 頁。

宋，對南宋產生了極大的消極影響，與他們所立的軍功相比，居主導地位。所以，呂氏家族對南宋主要起了消極作用。

原載韓國《歷史文化研究》，第 54 輯，2015 年。